基于主体视角的法治文化建设研究

JIYU ZHUTI SHIJIAO DE FAZHI WENHUA JIANSHE YANJIU

王曼倩 / 著

人民出版社

目　录

自　序

法律的文化研究是中外法学中的经典命题。20 世纪 80 年代，中外学者在法律文化研究热潮中都产出了数量可观的著作，其中不少可称之为当代经典。党的十八届四中全会提出“建设社会主义法治文化”，中国逐渐形成了新一轮法治文化的研究热潮。与 20 世纪不同，法治文化是中国在特定时代背景和实践诉求下提出的本土原创概念。法治文化的提出，表明中国的法治建设已经由应对制度层面转向文化和制度的互动共生层面。故而，提出法治文化概念可说是中国实践回应社会变革的一项法治理论尝试。

回应时代和实践的需要，是法学研究的问题意识所在。到 2035 年，中国要基本实现国家治理体系和治理能力现代化，人民平等参与、平等发展权利得到充分保障，基本建成法治国家、法治政府、法治社会。这一建设目标，离不开法治文化的支撑作用。法治文化研究热潮的兴起，正是对当代法治中国建设以及国家治理现代化的直接回应。形成与法治国家、法治政府、法治社会相适应的社会主义法治文化，才能为法治中国注入强大的精神动力。作为本土原创概念，法治文化表达了中国提炼本土法治实践、塑造“中国”法治符号的理论决心，也为研究者进行理论创新提供了契机。

目前，法治文化领域已经形成了一些成果，对法治文化的概念、范畴，法治文化认同、法治文化建设等问题进行了初步探讨，具有积极意义。而这一论题的研究仍未走出以往法律文化研究的思维，形成独立自洽的法学命题。究其原因，法治文化研究仍需要挖掘新的视角、新的工具改变旧有的研究范式。《基于主体视角的法治文化建设研究》正是一本尝试突破既有思维的法治文化研究之作。

本书的独特之处在于基于主体视角进行法治文化研究。笔者认为，主体是法治文化的核心。主体对法治文化具有重要意义，体现在以下方面：其一，主体是法治文化概念研究的基点。主体不仅是文化的核心，也是现代化的核心，是理解法治文化的出发点和归宿。其二，主体是化解当代中国法治文化实践问题的关键。多元法治文化冲突、法治文化认同、法治文化建构、中华传统法律文化创造性转化等诸多实践问题，都依系于主体才可能得以解决。因此，主体是法治文化研究的一个必要视角。通过主体为研究视角，可以突破传统上以法治或文化为切入点研究法治文化的限制，转而从法治文化内部寻求当代法治文化建设的思路，亦可与其他法学概念形成有效衔接提升法治文化的概念化和学理化。

王曼倩

2022 年 3 月于大有庄 100 号

绪 论

文化是时代变革的先声。繁荣兴盛的法治文化对法治国家建设具有重要意义。党的十一届三中全会发出了“加强社会主义法制”的号召，中国重新走上法治建设的道路。党的十八届四中全会提出了“必须弘扬社会主义法治精神，建设社会主义法治文化”，中国开辟了法治建设的新境界。从法律文化到法治文化，一字之差，道出了时代的需要，显示出法治文化研究的时代背景和实践关切。法治文化的兴起，必然引领法治国家建设。

法治文化是法治国家建设的重要支撑。法治国家建设是一个系统工程，需要从完备的制度、创新的体制、繁荣的文化三个方面共同推进、协调发展。法治文化是法治的灵魂，蕴含着宪法法律至上、法律面前人人平等的法治理念。法治事业的稳步推进离不开法治文化的有力支撑。引导全体人民成为社会主义法治的忠实崇尚者、自觉遵守者、坚定捍卫者，形成全社会办事依法、遇事找法、解决问题用法、化解矛盾靠法的法治环境，建设人民衷心拥护和真诚信仰的法治文化是法治中国建设的思想保证和精神动力。

一、法治文化研究的主体视角

法治文化是新时代建设法治中国的重要组成部分。2014 年党的十八届四中全会提出，必须弘扬社会主义法治精神，建设社会主义法治文化。文化是制度体制的表征。法治文化不仅反映着法治的制度和体制，也将社会主义先进文化融入法治建设之中，增强法治国家建设的实效性，成为支撑推动法治国家的文化力量。

（一）法治文化研究的一般方式

在党的二十大报告中，“法治”“依法治国”多次出现，成为新时代建设社会主义的高频热词。与法治文化的实践热度相比，理论研究则一直未有突破性的进展。目前，法治文化的理论研究主要包括以下几种方式。

1. 侧重从法治的视角来分析、评价不同的文化

这是20世纪法律文化热潮中较为多见的一种研究进路。从概念归属上来说，法治文化是一种特殊的法律文化。因此，虽然作为正式概念的法治文化确立时间很短，但是几乎大部分法律文化的研究方法仍是可以适用于法治文化研究的。从20世纪80年代开始，弗里德曼的法律文化研究传入中国后曾经形成过一股研究法律文化的热潮，也正是这一时期的学者翻译和撰写的一系列成果奠定了中国法律文化研究的基本观点和方法。这种研究进路是在已经明确了法治和法治的构成要素的前提下，以法治作为标准来分析、评价不同的法律文化中的法治因子和法治发展程度的方式。例如李德顺在《法治文化论纲》中将法治与人治的区别要素作为标准，区分了法治文化和人治文化，并将法治文化定位为“以法治为核心的文化体系”①。苏力在《“法治中国何以可能”背后：伪假定VS真命题》中认为法治按照字面意思理解即为规则之治，从这个角度来理解中国传统文化中是有法治的因子和文化的。②张文显在《法治的文化内涵——法治中国的文化建构》中从法治的观念、理论和价值中提取出十个方面的文化要素。③意大利法学家戴维·奈尔肯在《法律文化概念的界定与使用》中区分

① 李德顺：《法治文化论纲》，《中国政法大学学报》2007年第1期。

② 参见苏力：《“法治中国何以可能”背后：伪假定VS真命题》，《探索与争鸣》2016年第10期。

③ 参见张文显：《法治的文化内涵——法治中国的文化建构》，《吉林大学社会科学学报》2015年第4期。

了作为规范性的法律文化和描述性的法律文化，并且认为在英语法域之外，描述性的法律文化意味着迈向"'合法性'的雄心……而这种文化最接近于英语中的'法治'。"[①]奈尔肯所说的描述性的法律文化正是以法治作为标准来评价不同国家的文化，在弗里德曼的法律文化概念中也有相似的表述。

2. 侧重从文化的视角来解读法律、法治的因素

这也是比较典型的研究法治文化的进路，其选取文化作为视角来解读法律和法治。这种方法既受到20世纪80年代弗里德曼关于法律文化的研究影响，也一定程度上受到人类学、文化人类学等其他社会科学的影响。弗里德曼在《法律文化与社会发展》中将法律文化定义为"与法律体系密切关联的价值与态度"，后来又表述为"法律文化是一般文化的组成部分"[②]。高鸿钧从初民社会法律与文化浑然一体发展到现代社会开始分离，总结出"法律与文化密不可分，法律是文化的副产品"[③]。刘作翔吸收了美国人类学家克鲁克洪的观点，认为"法律是文化的一种特殊表现方式"，而文化又是"某个人类群体的生存样式"。[④]以文化的视角研究法律、法治也较为容易形成对不同法律文化、法治文化的比较。例如，美国罗伯特·A. 卡根的《美国与欧洲法律之路：六个根深蒂固的差异》总结了美国与欧洲法治文化的基本差异以及形成差异的多种影响因素。[⑤]

3. 对以上研究进路的分析

由于法治文化这一概念本身是由法治和文化两个概念组成的复合概念，因此选择其中之一作为切入点去解构另一个是社会科学进行研究的普遍做法。

---

① ［意］戴维·奈尔肯：《法律文化概念的界定与使用》，高鸿钧、赵彩凤主编：《法律文化读本》，清华大学出版社2016年版，第39页。

② 高鸿钧：《法律文化的语义、语境及其中国问题》，《中国法学》2007年第4期。

③ 高鸿钧：《法律文化的语义、语境及其中国问题》，《中国法学》2007年第4期。

④ 刘作翔：《从文化概念到法律文化概念——"法律文化"：一个新文化概念的取得及其"合法性"》，《法律科学》1998年第2期。

⑤ 参见［德］沃尔克玛·金斯纳、［意］戴维·奈尔肯：《欧洲法律之路：欧洲法律社会学视角》，高鸿钧等译，清华大学出版社2010年版，第46页。

第一种研究进路选择法治作为研究法治文化的切入点。这种方法可以迅速地在法学尤其是法理学、法哲学的领域形成法治文化概念的学术性定位，从而运用已有的法学概念、方法和理论来展开对法治文化的研究。运用这种方法的研究将法治本身作为评价标准，往往以一种文化是否崇尚法治、尊重法治权威以及法治在社会生活中的普及性等作为标准来评价、判断该文化是否属于法治文化、法治文化的程度高低等。因此，其内容和旨趣基本还是严格限定在法学学科内部的。研究的目的也多倾向于以法治文化作为一种价值标准衡量中国的法治现实，寻找现实的差异和不足，从而推动中国的法治实践。另一个方面，这种方法也反映出其研究立场是以内行的法治文化作为一种视角和标准来进行研究的，研究者往往较少关注外行的法治观念。故而，这种研究方法采用的衡量标准是法律职业群体所共享的文化，却未必是其他群体所了解和理解的法治文化。这也意味着，这种方法所研究的法治文化更多的是一种价值的法治文化而非事实的法治文化。从这个意义上而言，研究者所定义的法治文化更多展现的是一种理想图景而非对现实经验的描述。

相比第一种研究方式而言，以文化的视角解读法律、法治的研究方法则已经跳出了原有法学研究方法的限制，这种方法可以从社会生活中更宏大的范围和视角来审视一个国家的法律和法治。这种对法律的观察和思考并不拘泥于法律专业群体所重视的概念和术语，而更注重将法律、法治作为一个整体进行考量。因此以这种方法对某种法治文化所进行的研究往往比第一种更贴近真实的法治文化，也就是事实的法治文化。当然，社会科学对经验现实的研究只能是尽可能接近真实而不可能绝对化。对人类学和文化人类学等相关学科的吸收也拓展了认识法治文化的观点和研究方法，易于形成新的研究论题和范畴。可以说 20 世纪以来，以研究法律文化、法治文化见长的学者几乎都采取了这种方法，这种方法本身也比较符合社科法学的分析方法。① 但是这种研究方法也存

① 社科法学倡导运用社会科学的方法分析法律问题，直接与法教义学相对，最早由苏力在 2001 年提出。参见侯猛：《社科法学的传统与挑战》，《法商研究》2014 年第 5 期。

在一定的缺陷。对其他学科观点的汲取所形成的新论题，在相当长的一段时间内并不能有效地与法学领域的其他研究形成对话和互动，借鉴的研究方法短时间内也未能完全融入法学方法业已形成的体系。

根据以上对法治文化研究进路的分析，可以发现从“法治”或“文化”的视角均试图用一个概念去解构另一个概念以达成法治文化的整体性研究，其效果也各有所长。这些研究在很大程度上推动了中国法治文化的学术研究和实践发展。同时，这两种研究进路也具有一定的共性，均是将法治文化作为一个整体用“法治”或“文化”的方法从外部去切入整体进行分析，这种方式也有点类似于中国传统上所说的“格物”。因此这两种方法实际上均未能关注到法治文化本身内部的机理。

（二）基于主体视角研究法治文化

文化是一个动态的系统，更像是一个活的机体。法治文化与法治的实践、经济、政治和社会生活有复杂的互动性关联。从外部将其作为整体进行研究，准确地把握这些动态的关联是十分困难的。因此对于研究法治文化而言，寻找到一个能够观察、研究法治文化的内部视角，并且尽可能有效地反映法治实践、法治实践与其他社会活动的关联是十分重要的。人，作为法治文化的主体是不可忽视的研究视角。

1. 主体是法治文化的创造者

法律、法治本身属于文化的一部分。无论是原始的习惯法，还是现代的新兴法律规范，都包含有主体在解决实际事务中的智慧和经验。正像萨维尼所说，法律是一种“民族精神”，是社会群体的集体经验的总结。这种经验是主体的人在长期的、因时因地的社会活动中总结出来的。这些经验自然包含着人在应对类似事件类似做法的共性。法治作为人在治理国家中的一种智慧和经验具有国际普遍性。同时，主体在解决社会生活中的活动又总是因时因地的。法律与道德、经济、政治、地理等等因素的互动关联决定了人所创造的法治文化显示出具体细节的多样性。正是这种多样性才引起了研究者对法治文化的比较和评价。

2. 主体是法治文化的践行者

广义的文化既包含物质的层面也包含精神的层面。精神的层面往往是一种文化中最深层最稳固的部分。法律、法治和文化都是实践活动的产物，彼此影响也共享很多价值。随着法律专业性的增强，法律和法治越来越表现为一个独立和专业的领域。对普通人来说，法治既是一个需要专业知识、极具门槛的词汇，也常常可能表现出与自己原有的价值观、理念和情感的差异。由于法律通过规范主体的行为来实现对社会的调整，因此一般认为主体行为背后的动机、态度或观念本身并不属于法律调整的范围。而事实上，由于法治强调人们对法律的普遍遵守，这本身就蕴含了主体行为背后的观念和态度。主体的观念、价值观等，对于主体的行为来说才是最直接、最稳固的影响因素。只有法治成为大多数主体基本的观念、价值观时，一个社会才能形成崇尚法治的文化。因此，通过主体的角度可以考察主体的行为和对待法律的观念和态度，从而更准确和直接地把握法治文化的理论和实践。

3. 主体是法治文化建设的目的

中国传统儒家文化一直重视人的主体性，强调人的价值，并将人视为“天地的中心”①，探讨如何关爱人。从西方文化看，古希腊时期的普罗泰戈拉则提出“人是万物的尺度”来强调人的主体地位。现代，康德提出的“人为自己立法”则更加明确了人作为主体的性质。事实上，法治为主体提供了可靠的规则依据和秩序保障。法治保障自由、平等和人权等价值，这些价值只有依系于人才具有实际的意义。正像拉德布鲁赫在经历了第二次世界大战之后对法律所作出的判断：“法律要求对个人自由予以某种承认，而且国家完全否认个人权利的法律是‘绝对错误的法律’。”② 人的尊严和价值在法律的确定性与正义和权宜之间存在冲突时，显示出绝对的优先性。根本而言，法治不是社会生活发展的目

① 《张岱年选集》，吉林人民出版社 2005 年版，第 407 页。

② ［美］E. 博登海默：《法理学：法哲学与法律方法》，邓正来译，中国政法大学出版社 2004 年版，第 186 页。

的，追求法治仅仅是给人提供一个可以获得自由和发展可能性的社会。发展法治文化是为了给主体提供一个稳固的秩序结构，从而能够“发挥为人类服务的才能”①。因此，以主体作为研究法治文化的视角，提供了一个有效的观察、评价依据。

二、基于主体视角的研究意义

主体研究方法包括从个人主体、群体主体和社会整体主体三个层面考察研究对象。法的价值主体是具有社会性的个人、群体、人的总体的统一。个人主体是权利、义务的直接持有者，也是法治文化实践的逻辑起点。保障个人主体的权利、实现人的自由全面发展是法治文化发展的根本动因。群体主体是一定数量的个人主体基于职业、政治理念、宗教、价值观等因素结合在一起的主体。发挥群体主体性的积极效应是发展法治文化的关键。社会整体是共享一定的地域和文化的主体的联合。社会整体的法治观念、法治思维和法治态度决定了法治文化的总体水平。相比其他研究方式，以主体进路研究法治文化具有以下价值：

（一）理解社会中的法治及其效果

法治文化的主体研究进路能够更好地理解社会中的法治，并且可以通过主体进行实际的调查测量从而评估法治的效果。近年兴起的法治评估通过指标和指数来评估一个国家或地区的法治水平。法治评估指数包含客观指标和主观指标，“主观指标直接反映了人民对法治的内心感受，测评效度高”②。主观指标以主体对法治的评价作为基准，正是从主体角度实际地评估法治，达到观察法治文化发展水平的结果。而对不同主体和尤其是不同群体的测量则可以更好地

① ［美］E. 博登海默：《法理学：法哲学与法律方法》，邓正来译，中国政法大学出版社 2004 年版，第 407 页。

② 蒋立山：《中国法治指数设计的理论问题》，《法学家》2014 年第 1 期。

反映出不同群体间法治文化的差异性。可以说主观指标的设计直接说明了主体研究进路对于研究法治文化和推进法治发展的重要性。

理想状态下一个社会中不同的个体和群体间对法治文化的理解和态度应当相近甚至相同。而在法治发展水平初期的地区中，不同群体间的法治观念却会表现出差异甚至一定程度上的冲突。我国很多学者曾对大学生、农民、公务员等群体的法治意识、法治观念进行了实证性的调查，从调查结果上来看外行的法治文化仍与内行的法治文化具有明显差异。例如郝亚光、张建国在对全国31个省区市的农民调查中发现有55.74%的农民对宪法完全不了解。① 而从近几年关注度较高的于欢案、江歌案、许霆案判决结果来看，内行的法治文化与外行的法治文化对法治的态度和理解也有很大差异。事实上即使在法律职业业已形成，较为成熟的法治社会，内行的法治文化与外行的法治文化之间也会存在某些差异甚至是冲突。

埃利希曾经分析过法律职业群体主要关注的是法律在裁判机关解决的纠纷，而在社会生活中实际上被遵守的“活法”才是真正的规则，对社会生活起到预防纠纷的作用。对很多主体来说，直接指导其行为的规则更多的是文化意义上的法律和法治，而并非法律职业群体在法院解决纠纷时所适用的制定法。弗里德曼最初使用法律文化的概念即是想表达在社会中人们“关于法律及其在社会秩序中的种种观念，在不同社会不尽相同”②。这些观念会影响法律实践。一个群体的形成首先是这些主体能够共享一定的观念和文化。从主体的角度去关注不同的个体、群体中所秉持的观念和文化，才能够理解主体所进行的行为，从而理解在社会生活中实际存在的法律和法治。对于在法律职业愈加专业化的今天，以主体的角度关注职业群体和非职业群体、不同的收入群体之间对于社会规则的理解对法治的发展无疑是有帮助的。

---

① 郝亚光、张建国：《多元回归分析下的中国农民法治观念现状研究——基于全国31个省市8054户农民的实地调查》，《江汉大学学报（社会科学版）》2015年第6期。

② ［英］罗杰·科特威尔：《法律社会学导论》，彭小龙译，中国政法大学出版社2015年版，第23页。

法治文化作为一个官方概念的提出，以及前述第一种以法治来切入法治文化的研究进路都明确表现出以法治，尤其是理想意义上的法治来推进中国法治文化发展的目的。而这种法治又基本表现为法律职业群体所共享的法治理念，或者是政府和执政党作为法治发展目标所要实现的法治理念。这些群体是目前中国法治的主要实践者。但对于这些群体之外的很多人来说，他们所了解和理解的法治却往往与前者有很大差异。因此主体研究进路对于关注不同群体主体以及社会整体的法治文化水平具有直接的作用。

（二）沟通规范、权利等基本法律概念

法治文化的主体研究进路能够直接与已有的法学概念进行学科内的沟通。法治文化的主体首先是个人主体，在此基础上又拓展至群体主体和社会整体主体。个人主体是法律主体的最基本形式，也是法学研究中的权利、义务和责任概念的基本单位。约翰·齐普曼·格雷在《法律主体》中区分了六种主体："正常的生物人；非正常的生物人，如痴呆者；超自然人；动物；无生命物，如轮船；法人。"① 这其中最基本的形式即是生物人。我国的法学教材中则一般经常使用"法律关系的主体"这一概念，例如在张文显主编的《法理学》中认为："法律关系的主体又称法律主体，是指在法律关系中享有权利和履行义务的人。"② 可见，中外的法学研究中一直都将法律主体作为一个基本的法律概念进行使用。因此，使用主体研究进路，也就是从法律主体的角度考察主体在法治实践中对法律的规范、法律权利的观点和态度既能够最直观地评价规范和权利的实效，也可以直接与法学基本概念进行学科知识上的沟通。例如，法治文化的个人主体在法治实践中哪些权利受到了保障，是否存在权利受侵害的现象；法治文化实践中哪些群体主体是反歧视法中的特殊群体，这些主体对法治的观点态度如何？这些都是在主体研究进路中值得关注的问题。

① ［美］约翰·齐普曼·格雷：《法律主体》，龙卫球译，《清华法学》2003年第1期。

② 张文显：《法理学》，高等教育出版社2018年版，第154页。

规范和权利是法学的基本概念。主体则是沟通规范和权利的节点。离开了主体，任何规范和权利都只能是文本中静止的符号。“一个法律体系的基本结构是建立在‘由法院、政法官员、个人……复杂的实践，创造的习惯性社会规则的基础之上。”①一种对主体的行为具有习惯性指导意义的社会规则应当就可以归属于文化的范畴了。主体会自觉按照这种习惯指导自身行为、安排规划生活，而未必刻意区分对其具有规范意义的规则究竟是法律规范还是道德规范。法律的专业化使得法律与道德等其他社会规则的牵连被淡化。在莱斯利·格林为哈特所做的绪论中曾指出：“一个典型的法治社会，更多依赖的是为数不多的官员的共识，而不是广泛的社会共识。法律的存在要求普罗大众去做的，不比心怀敬意地默认法律体系的强制规范更难。”②事实是普罗大众对法律的心怀敬意本身就是法治文化的一种表现。无论法治是少数官员的共识，还是广泛的共识，只有通过主体的行为才能将法律、法治的规则与真实的社会生活建立联系。

法律主体在法律中的“诞生”首先要解决的是将现实中富有个性的人抽象为整齐划一的平等人格。在法律的世界中，对主体差异的关注要远远少于对主体平等和一致性的关注。因此，法律主体在中外的法学理论中多年来不太受到重视。英美法理学中只有少数学者对主体问题进行了片面的评述，杜兹纳就曾经指出，“法律主体是一个不能忽视的问题”③。我国学者胡玉鸿对法律主体做过有益的研究。④法律和法治追求的是相同的情形进行相同的处理方案，平等的主体受到平等的对待。只有这种“相同”和“平等”才能赋予法律运用规则应对社会生活的万千变化的可能性。因此，法律和法治首先关注的是秩序和效率，而不是个性化。相反，文化则是以个性化和特殊性为标志的存在。尽管文化存在普遍性的东西，但当我们探讨一种文化的时候，关注更多的则是这一文

---

① ［英］哈特：《法律的概念》，许家馨、李冠宜译，法律出版社 2018 年版，第 8 页。

② ［英］哈特：《法律的概念》，许家馨、李冠宜译，法律出版社 2018 年版，第 18 页。

③ ［英］科斯塔斯·杜兹纳：《人权的终结》，郭春发译，江苏人民出版社 2007 年版，第 246 页。

④ 参见胡玉鸿：《法律主体概念及其特性》，《法学研究》2008 年第 3 期。

化的特殊性和个性化的特点。理解不同文化的一个关键点正是主体。主体人的创造性活动产生了文化。20世纪以来，研究法律文化的国内外学者多借助人类学和人类文化学的方法和观点，恰恰是因为以主体的角度易于理解文化，理解是什么造成了迥异的文化。因此主体的研究进路，不仅能够以文化研究的关键视角理解文化，更重要的是可以提供一个内部的视角观察、思考法治文化。同时，主体研究进路能够直接使用法律主体的概念，与权利、规范等基本概念进行连接。

（三）衔接传统与现代的规则文化要素

法治文化的主体研究进路能够通过对主体具有规范意义的规则衔接历史与现代的文化要素。美国的哈里·艾克斯坦在研究文化变迁时，总结社会在发生战争、政体更迭、外来文化冲击时会发生文化断裂的情形。文化断裂会造成一个社会的核心价值观受到较大破坏，甚至可能发生文化消失的结果。①

中华传统法律文化中并不缺乏对规则的强调。"儒家以礼为维持社会秩序之行为规范，法家以法律为维持社会秩序之行为规范"②。只是这种规范是以秩序为首要目的的不平等规范。自清末以来的法治现代化是一个破除旧文化和宣扬新文化的过程。从清末以来，中国人陆续受到西方自由主义的法律文化、马克思主义和苏联的法律文化等外来文化的影响，这些法律文化与中国传统的礼法制度均有很大的差异，在传统法治文化与现代法治文化之间势必会产生断裂。同时，外发型法治道路的现实又意味着中国的法治实践始终是由少数知识分子和政府、政党主导的，中国的法治文化是少数法律职业群体和政府、政党的文化，而非大众的文化。这些历史性的因素造成了人在制度上和观念上的断裂。在实际社会生活中，法律规则与其他规则相比是否是最占主导性的规则？这并非是依靠法律的国家强制力来决定的，而更多是受制于主体所接受的文化

① 转引自陈孔立：《两岸文化断裂的历史与现实》，《台湾研究集刊》2016年第2期。

② 瞿同祖：《中国法律与中国社会》，商务印书馆2010年版，第349页。

来主导的。主体对法律的态度如何，是否愿意选择诉讼解决日常纠纷，这些观念通常与道德、宗教或礼俗等其他社会规则有复杂的牵连。当今中国，法律以外的社会规则对于日常行为的调整仍然具有不可忽视的力量。

法治文化在现代化过程中发挥着不可替代的作用。现代化是近代以来世界各国发展的主题之一，是人类、国家从传统农业社会向现代工业社会发展的过程。中国的现代化体现在政治、经济、法律等各个方面。然而，从总体上来说，政治、经济的现代化又需要通过法律的规范来实现。这种将社会生活方方面面纳入法律的过程，正是法治文化形成的过程。对于法律职业者和法学研究者来说，始终需要保持警醒的是应当区分法律与其他社会规则的界限。在现实的社会生活中，法律的规则至少不能“特立独行”，至少应当与传统规则协调一致。这就需要法治文化对法律与其他社会规范进行衔接和沟通。法治文化的主体研究进路，能够揭示对主体的行为施加影响的不同规则，进而探索如何围绕主体实现传统和现代的规则文化的衔接。

三、基于主体视角研究的逻辑展开

法治是通向现代化强国的必由之路，也是人类文明的重要成果之一。法治文化应当体现我国现代化建设的目标和愿景，吸收借鉴世界优秀的法治文明成果，以法治精神为中国梦保驾护航。建设社会主义法治文化，需要着力建设民族的、科学的、大众的法治文化。社会主义法治文化是中国特色社会主义文化的重要组成部分。改革开放以来，在建设中国特色社会主义的伟大实践中，中国的法治建设取得了巨大成就。中国特色社会主义法律体系已经形成，法治政府建设稳步推进，司法体制不断完善，全社会法治观念明显增强。法治建设取得举世瞩目成就的背后，是我国一直重视法治文化对法治事业的支撑和推动作用，注重将法治精神、法治理念、法治思维和法治方式贯彻到依法治国的全过程。

法治文化是推进法治国家建设的战略性、基础性工作。只有加强社会主义法治文化建设，才能充分发挥法治文化对法治国家的支撑作用。目前，世界面临百年未有之大变局，我国发展正处于重要战略机遇期。到 2035 年，我国将基本建成法治国家、法治政府、法治社会。推动我国经济社会持续健康发展，开启建设现代化强国的新征程，实现法治中国建设离不开法治文化提供强大的精神动力，必须充分发挥法治文化的支撑作用、夯实治国理政的法治文化基础。法治文化的繁荣和发展，离不开主体对法治精神、法治理念的接纳和认同，这也是基于主体研究法治文化的缘起。

本书除绪论以外共七章、分为三个部分。

第一部分为第一章，梳理法治文化的概念、内涵和基本要素。以法治文化与法律文化的关系作为切入点，从法律文化概念研究的积累入手，分析法治文化研究的应有价值，提出法治文化的时代性以及如何超越、传承法律文化概念。

第二部分为第二章至第四章，从法治文化的建设主体出发，拓展至法治文化与主体权利的关系、法治文化的主体认同等现实问题。这一部分的主要目标是：基于主体视角，发现、分析法治文化建设中的具体问题，并基于主体给出有针对性的对策建议。这一部分研究立足法治文化、主体以及二者之间关系进行，基本将关注点聚焦于中观层面和微观层面来讨论法治文化的建设问题。基于主体视角理解法治文化概念、剖析法治文化实践中存在的现实问题，有助于发现、分析和解决当前制约我国法治文化建设的实效性问题，这也是笔者最主要的思路创新和方法创新，以期与以往的法治文化研究有所不同。

第三部分为第五章至第七章，从法治文化的历史资源出发、挖掘法治文化建设需要的传统资源，探讨法治文化与国家治理的关系，立足当代法治文化建设经验、提炼法治文化建设的中国模式。这一部分的主要目标是，在基于主体视角理解法治文化概念的基础上，将法治文化研究拓展至法治和国家治理实践，从相对宏观的层面理解、看待当代法治文化建设的理论诉求和建设意义。这一部分笔者关注了以中华法系为代表的中华优秀传统法律文化创造性转化、国家治理现代化和中国模式等问题。之所以将法治文化研究与这些命题联系在一起，是因为法治文化研究离不开社会、离不开对社会问题的观察和思考。法治文化注定无法局限于法律和法治的内部进行纯理论的构想，而应当放眼观察文化主体所身处的社会和时代。国家治理现代化、中华优秀传统文化创造性转化和中国模式等问题，都是当代中国社会发展的重要命题，因而笔者在研究中关注到法治文化与这些问题的关联性。

第一章　法治文化的基本概念

法治文化是以法治为精神内核的现代法律文化。法治文化是法治意义的现实化，体现着法治中蕴含的法治理念、法治精神和法治价值。

第一节　法治文化的概念透视

法治文化的研究离不开对法治文化基本概念的准确把握。2014 年，党的十八届四中全会提出，“必须弘扬社会主义法治精神，建设社会主义法治文化”，十分鲜明地提出法治文化建设的重要性。自此，学界对法治文化的研究开始深入，也一定程度上加深了对法治文化的概念研究。目前，学界对法治文化的研究形成了多个学科、多种观点共存的概念判断，这也一定程度上造成了法治文化概念不确定的现状。概念的清晰化和学理化是理论研究的基础。从学理性上来说，对法治文化的研究必然需要从法理学的角度对其内涵、外延进行界定，以形成具备科学性、体系性的概念基础。

一、文化与法治文化

“文化”一词在中国古已有之，近代又吸收了西方的学术思想并赋予了新的含义。“文”的本意是指各色交错的纹理，引申为包括语言文字在内的各种象征符号，进而具体化为文物典籍、礼乐制度，与“德行”对称的“道艺”等。“化”则指变、改，化生、造化、化育等含义，一般指二物相接，其一方或双方改变形态性质，由这层内涵引申为教行、迁善、化而成之等。文与化连用，较早见于易传，以天的变化规律比拟人伦有规律可循，具体指社会生活中人与人之间的各种纵横交错关系，如夫妇、父子、兄弟、朋友、君臣等构成了复杂网络。西汉以后，“文化”一词专指体现道德政治伦序的诗书礼乐教化世人，与武力征服相对应。可以说，中国古代的“文化”概念基本属于狭义的概念，以“人文”与“自然”相对，与无教化的“质朴”和“野蛮”形成对照。“文化”概念的演化，实际上反映了随着历史的发展，文化内容日益丰富，人们对文化的理解也向着广度、深度不断延展。

在西方，文化源于拉丁文 Cultura，含有耕种、居住、练习、留心或注意、敬神等多重含义，包含着人为努力摆脱自然状态的意味。16 世纪后，英语的 Culture 逐渐由耕种引申为对树木禾苗的培养，并进而被指为对人类心灵、知识、情操、风尚的化育。与中国的“文化”不同，西方的 Culture 主要是从人类物质生产活动引向精神生产活动的。文化（即 Culture）一词作为一个内涵丰富的概念被广泛使用、研究源于欧洲，主要源于欧洲文艺复兴和航海探险活动。文艺复兴以后的多次反封建文化运动，使民众认识到风俗、信仰、社会形态和语言并非固定不变的，而是随着社会发展而变迁的历史性动态过程，因此文化是具有时代性的。而航海活动则促使人们发现不同地域的社会制度、风俗习惯和语言文字之间具有巨大差异，因此文化是具有地域性的。

关于文化的重要作用，政治学家亨廷顿曾总结了保守和开明的两条真理：保守地说，对一个社会的成功起决定作用的是文化，而不是政治；开明地说，政治可以改变文化，使文化免于沉沦。① 他比较了 20 世纪韩国和加纳的经济

① 参见［美］塞缪尔·亨廷顿、劳伦斯·哈里森：《文化的重要作用》，程克雄译，新华出版社 2010 年版，第 8 页。

发展变化，二者在20世纪60年代时处于基本相同的经济水平，30年后韩国经济已经名列世界第14位，而加纳却几乎没有变化。究其原因，文化是一个重要影响因素。这些发现促使社会科学界对文化的研究兴趣大增。

在文化研究中，关于文化的概念可谓观点林立，定义繁多。“文化就是吾人所依之一切……文化之本意，应在经济、政治，乃至一切无所不包。”[①]从文化的内容上，有经济文化、政治文化、法律文化等。不同学科中关于文化概念的内涵和外延具有较大差异。即使是同一学科，由于在文化研究的发展中衍生出了不同派别，也产生了多种多样的文化概念。早在1952年克鲁伯和克拉克洪出版《文化：概念和定义的批判性回顾》时，就已经收集了100余种关于文化的定义。[②]随着文化研究的深入和发展，人类学、民族学和社会学等学科都在不断运用各自的方法进行文化研究，并形成一些交叉学科，例如文化社会学、文化人类学、文化哲学等，几乎每一个学科和学派都有自己关于文化的定义。

从词语结构上，法治文化由“法治”和“文化”两个词构成，如果在使用法治文化这一概念时，不谨慎地扩大其中任何一个词都会造成法治文化概念的泛化，从而使概念本身丧失意义。法治文化与文化的关联性决定了法治文化研究需要从文化研究中汲取概念和方法的积累。从任何一个学科或学派借用一种文化概念，法治文化研究都可能产生一种不同的法治文化概念。可以说，文化研究中概念林立的文化概念既使法治文化研究得到了丰富的滋养，又可能造成法治文化的概念陷入混乱。

二、法治文化概念的内涵

概念是人们认识事物的工具基础，对具体事物的研究一般由概念入手逐步

① 梁漱溟：《中国文化要义》，上海世纪出版集团2005年版，第6页。

② 参见冯天瑜等：《中华文化史》，上海人民出版社2015年版，第12页。

形成相应的理论体系。概念依靠语言进行表达，对具体事物的研究前提是人们依靠语言形成关于该事物相对确定的含义。因此，对法治文化进行体系化研究的前提是法治文化研究的相关学者就法治文化概念形成了相对确定的含义。E.霍贝尔在《原始人的法》中认为："一个探索者在任何领域中的工作总是从创造该领域中有用的语言和概念开始……开始工作时，人们总是企图把新思想装入原有的语言框架中。但当他扩大了知识领域或加深了某一观点时，他必然发现旧词的意义实际上已经变更，或者新词已从新现象中被锤炼出来。而这些概念所包含的意义是大不一样的……因此，在任何法律的研究中，理想的情况是法理学在尽可能的限度内同时创造词汇和概念。"① 形成较为明确的法治文化的概念是开展法治文化相关研究的前提，也是法理学对其他学科贡献学术智慧的要求。

笔者认为，法治文化是人类法治实践的产物，是相关主体崇尚法治、以法治为内核而形成的一种现代法律文化，主要表现为与法治有关的心理、意识、观念、思想、理论、价值观等精神形态。② 法治文化是法治的精神部分，承载了法治的价值和灵魂，是人们在长期的法律和法治实践中积累起来的法治意识、法治素养和法治环境等精神性因素。法治文化不仅体现着法治的制度和体制，也是法治中最内核、最稳固的部分。

在逻辑上，根据概念所反映的事物的数量可以将概念分为单独概念和普遍概念。法治文化既是一个单独概念，也是一个普遍概念。在单独概念的意义下，法治文化是指法治作为一个整体的文化。法治文化是人们对法治作为一个整体所具有的认知、态度和价值感受。在普遍概念的意义下，法治文化泛指在法治实践过程中形成的各种文化，其外延可以描述为英国法治文化、德国法治

① ［美］E.霍贝尔：《原始人的法》，严存生等译，贵州人民出版社 1992 年版，第 17 页。

② 此处所论述的法治文化属于狭义的法治文化。广义的文化包含器物文化、制度文化和观念文化，中义的文化主要指制度文化和观念文化。学界在界定法治文化概念时，使用中义和狭义的角度都较为常见，参见刘作翔：《法律文化理论》，商务印书馆 1996 年版；高鸿钧：《法律文化的语义、语境及其中国问题》，《中国法学》2007 年第 4 期；李林：《社会主义法治文化概念的几个问题》，《北京联合大学学报》2012 年第 2 期。

文化、中国法治文化等等。

三、法治文化概念的划分

法治文化是随着法治的实践动态形成的文化，其内涵必然会随着法治的实践丰富其本身的思想精髓。因此还应当从概念的外延上进行适当的划分，以帮助我们明确法治文化的概念。根据法治文化概念的不同属性可以对其进行多种方式的划分，以下几种划分方式对理解当前的法治文化具有一定帮助：

（一）传统的法治文化和现代的法治文化

通常认为现代法治文化是包含民主、法律至上、权力制约等要素为核心的国家治理、社会活动方式。如果从法治的要素角度来衡量，中国古代的法律文化中存在一些蕴含法治要素的文化。因此根据历史的角度，可以将法治文化划分为传统的法治文化和现代的法治文化。

中国传统的法治概念由法家思想家发展而成，这种法治主张"以法治国"，例如《管子·明法》中提出，"威不二错，政不二门，以法治国，则举措而已"①。儒家思想则主张德法互补，重视通过法律实现德的教化功能，至唐朝已经基本形成了德法互补，天人合一的法治文化。中国传统法律主要以刑法为主，无论是法家思想还是儒家思想对法律的观点态度，均呈现出以法律为手段强化皇权的特点。这种权力至上、义务本位的法律制度中蕴含了少量的法治文化因素，道家的自然法之治、墨家的天法之治，以及儒家的仁法、礼法之治，在树立法的超然权威的意义上，都相当于我们现在所说的"法的统治"（the rule of law），只是他们还没有落实在或还没有完全落实在实在法的层面上。

现代法治文化开启于对传统法治文化的突破。清末梁启超、严复、陈天启

① 刘海年：《中国古代的法治与社会经济发展》，《法学研究》1992 年第 1 期。

等主张“法治主义”的新法家，在救亡图存的目标下，吸收西方的法治思想和国家观念，融合中国传统法治思想开启了现代法治文化的发展。1978 年党的十一届三中全会明确了加强民主法制、确保法律权威、保持国家长治久安的历史任务，提出“有法可依、有法必依、执法必严、违法必究”的十六字方针。为现代法治文化的发展开创了良好的政治、法律环境。2014 年党的十八届四中全会第一次作出了《中共中央关于全面推进依法治国若干重大问题的决定》，法治文化的概念正式明确提出。

（二）事实的法治文化和价值的法治文化

区分“是”与“应当”、“事实”与“价值”是哲学的基本问题。事实的法治文化描述人们关于法治的态度、评价和价值感受。自提出法治指数以来，我国制定了推行法治政府建设相关方案。法治指数的设计中区分了主观指标和客观指标。其中主观指标反映了人们对法治的内心感受和评价，客观指标反映了法治客观状况的综合结果。

价值的法治文化反映人们对法治图景的理想、期待和评价。法治是一种动态的社会秩序，理想的法治状态是形式法治与实质法治的结合。价值的法治文化是人们对形式法治和实质法治的追求。形式法治强调依法统治、法律面前人人平等、法律与其他社会规范相分离。实质法治重视法律的正义以及法律与其他社会规范的关联，强调个人的尊严和权利实现。这样的法治状态所体现的法治文化本身正是值得追求的价值的法治文化。

（三）内行的法治文化和外行的法治文化

弗里德曼在对法律文化的研究中将法律文化划分为内行的法律文化和外行的法律文化。由于弗里德曼区分这两种文化时所讲的法律文化实际就是指的法治社会中的法律文化，因此以这个划分标准也可以将法治文化划分为内行的法治文化和外行的法治文化。内行法治文化是法律职业群体对法治的态度、观念和评价，外行的法治文化是非法律职业群体、普通人对法治的态度、观念和评价。

内行的法治文化是以法律职业阶层对法治的观点、态度和价值评价为主形成的文化。随着现代化进程和法治的实践，国家、社会、个人生活的方方面面已经纳入法律的规范体系中。法律的技术化和专业化程度也愈加提高，这使得内行的法治文化更加专业化、学理化，从而与一般大众的道德观念和常识愈加分离。内行的法治文化直接推动国家的法治制度建设和国家治理的现代化。外行的法治文化是普通人在法治的实践中逐步形成的法治文化。内行的法治文化通过参与国家法治实践、民主政治制度；学习国家的法治制度；观察政府、公务人员的依法执政；了解司法个案的审判结果等途径获取直接的认识和观念。外行的法治文化通过民间的社会活动交往间接地习得。

（四）广义的法治文化、中义的法治文化和狭义的法治文化

文化研究中常常将文化划分为广义的文化、中义的文化和狭义的文化三类。广义的文化范围最广，不仅包括器物的文化、制度的文化，也包括精神的、行为模式的文化，几乎可以说无所不包，正如梁漱溟说："文化就是吾人所依之一切……文化之本意，应在经济、政治，乃至一切无所不包。"①中义的文化一般指制度的文化，例如政治制度、法律制度等都属于典型的中义的文化。狭义的文化往往指的是精神层面的文化。行为模式的文化则比较模糊，因为行为方式既与心理学中的意识有关，有些情境下也可能与无意识或潜意识有关。细致分析的话，似乎很难界定行为模式完全是精神层面的，因此有的文化研究将其单独作为一类文化。

借助文化研究的这种分类，刘作翔曾将法治文化划分为广义、中义和狭义三个维度："广义的法治文化包含所有与法治相关的物质财富和精神财富；中义的法治文化包含法治的制度和观念；狭义的法治文化仅包含法治的理念。"②目

① 梁漱溟：《中国文化要义》，上海世纪出版集团 2005 年版，第 6 页。

② 刘作翔：《法治文化的几个理论问题》，《法学论坛》2012 年第 1 期。

前学界对法治文化的研究，不同研究者也多在不同的维度上使用着法治文化这一概念。

第二节　法治文化与法律文化

一、法治文化与法律文化的关系

（一）从两次“文化热”说起

从概念研究上看，法学研究对文化作用的兴趣是通过法律文化的概念得以发扬光大的。20 世纪 80 年代，随着社会科学对文化重要性的关注，法律文化研究逐渐受到关注。法律文化的概念是美国学者劳伦斯·弗里德曼最早提出来的，他认为法律文化是“与法律体系密切关联的价值与态度，这种价值与态度决定了法律体系在整个社会文化中的地位”①。弗里德曼使用法律文化表明不同社会中关于法律及其在社会中重要性的一系列观念，认为法律文化可以影响法律实践。弗里德曼提出的法律文化概念引起了由美国辐射到世界范围内对法律文化的研究兴趣。法律文化作为法律体系中的一个影响因素，解释了为什么表面相似的法律制度在不同社会的运作方式却不尽相同，这正是法律文化在发挥效用。这些研究促进了当代法学对那些难以通过法律制度、法律设施得以解释的法律现象进行观察和阐释，形成了多种多样的法律文化概念。

几乎同一时期，中国法学界也形成了一波法律文化的研究热潮，产生了一大批法律文化著作、译作及知名研究学者，形成了法学研究中的“文化热”。20 世纪 80 年代末，我国法学界也出现了一大批研究法律文化的法学家，基本形成了法律文化作为法理学基本范畴的共识。“法律文化最初是指观念之法，

① L.Friedman, “Legal Culture and Social Development”, *Law and Society Review*, 4（1）1969, p.34.

即特定社会中的人们对法律的认知、价值、态度。”① 是“由社会的经济基础和政治结构决定的、在历史进程中积累下来并不断创新的有关法和法律生活，特别是权利义务的群体性认知、评价、心态和行为模式的总汇”②。

2014 年，随着十八届四中全会提出“建设社会主义法治文化”，法治文化成为法治中国的重要议题。对法治文化进行概念化研究遂成为发挥其文化作用的必要基础。“研究任何制度或任何法律，都不可忽视其结构背后的概念……从这些概念中，我们才能明白法律的精神”。③ 作为本土原创的法治命题，想要更快地将实践话语转化为学理研究，将政治目标转化为概念范畴，对概念本身进行适时的知识供给是法理学的题中之义。达成这一目标的有效方式，莫过于借助既有的法学概念和知识体系。因此，承袭法律文化的积累成为论证法治文化概念的主要方式。在法治文化研究起步阶段，学者们纷纷借助已有的法律文化概念，这也决定了法治文化与法律文化必然具有密切的关联性。

（二）法治文化与法律文化的联系与差异

法律文化是人们对法律规范、法律技术和法律设施等客观法律制度的主观反映，反过来法律文化也可以对客观法律制度施加影响。法律文化既是一个单独概念，也是一个普遍概念。作为普遍概念的法律文化包含一个个、一类类的具体法律文化，例如中华法律文化、美国法律文化、伊斯兰法律文化、资产阶级法律文化等。这些法律文化虽然具体的内容和价值追求不同，但是都从属于法律文化的概念范畴之中。因此，法律文化即是法律中的文化，是人们对法律制度的精神反映。法治文化与法律文化的关系是一种逻辑上的种属关系。法治文化、人治法律文化等概念构成并列的关系，共同从属于法律文化。法治文化是法律文化中的一种文化，是法律制度中以法治为价值内容的精神反映。

目前，几类界定法治文化的研究或多或少都采取了归属、对照等方式将法

① 高鸿钧：《法律文化的语义、语境及其中国问题》，《中国法学》2007 年第 4 期。

② 张文显：《法哲学范畴研究》，中国政法大学出版社 2001 年版，第 235 页。

③ 瞿同祖：《中国法律与中国社会》，商务印书馆 2010 年版，第 12 页。

治文化与法律文化进行关联，以此来阐释、说明法治文化的概念。[①]这也造成了某种程度上的简单化认识，即法治文化概念就是法律文化的“法治版”或“升级版”。然而，是否仅仅区分了“法治”与“法律”，法治文化概念就能够迎来研究的范式升级呢？法律文化的概念研究本身存在着哪些价值和局限？法治文化概念能否超越法律文化的既有局限？如果对这些问题不加以审慎思考，仅仅对概念进行模糊性处理，就可能造成法治文化概念难以实现学术知识上的有效增长。因此，当我们厘清法治文化与法律文化的关系如何时，才可能获得一个独立的、具有学术“合法性”的法治文化概念，提升法治文化在实践中的积极作用。

从研究的角度，厘清法治文化与法律文化的概念分野才能有效区分二者，进而提出能够回应当代实践需要的法治文化概念。这主要包括：第一，法治文化和法律文化具有种属关系。从“法律”与“法治”的不同来看，法治文化只能是法治的对应物，世界上其他非法治的法律文化范围要远远大于法治文化的范围。从法律的发展历程来看，法治受到社会推崇并成为社会普遍奉行的文化，多是人类步入现代社会以降的事情。[②]法治文化往往是现代社会推崇的社会文化。第二，二者都认可法律具有文化的属性。法律是文化的一部分，这在前现代社会似乎并不构成一个可质疑的问题。资产阶级革命以来，孟德斯鸠在《论法的精神》中启蒙了人们思考法律与文化、环境等因素的互动关系。当法律文化、法治文化成为一个法学研究的命题，可以说法律以及法治具有文化的属性这一点已经取得共识。第三，二者共享一定的研究方法。一些法律文化研究中使用的方法，例如文化和制度的分析、文化阐释和文化比较等方法，在法治文化研究中仍然可以继续使用并可能产生有益的成效。

---

① 参见刘作翔：《法治文化的几个理论问题》，《法学论坛》2012 年第 1 期；李德顺：《怎样理解法治文化》，《中国政法大学学报》2012 年第 1 期；李林：《中国语境下的文化与法治文化概念》，《中国党政干部论坛》2012 年第 6 期。

② 法治起源于 1215 年英国大宪章，中国传统法律文化中亦存在一定法治的基因，但尊重人权、限制权力等法治思想成为社会普遍尊崇的文化却多是资产阶级革命以后的事情。

对于二者的差异，一些研究也已经开始予以关注，例如，二者范围大小不同、价值立场不同。① 这类直观的分析虽足够正确，却未能充分揭示法治文化的概念定位和研究前景。可以预见，如果不能对法治文化与法律文化进行有效的区分，那么法治文化与法律文化的差别只是“法律”与“法治”的差异而已，法治文化概念的提出将很难为实践提供应有的理论指导。因此，这就必然需要充分反思法律文化研究的不足，把握法治文化提出的时代背景和实践关切，使法治文化概念解决那些法律文化概念没有解决的研究问题，由此才可能形成一个科学、恰当的法治文化概念。

二、法律文化概念的兴起

法律文化的概念是法治文化研究的资源宝藏。当我们尝试为法治文化设定明晰的概念界定时，回归概念的历史无疑成为追寻这一目标的必要路径。法律文化成为一个学术概念有其历史原因，由此带来的学术影响和文化意义也为当今开创法治文化研究的新局面提供了借鉴。

党的十一届三中全会后，法学研究逐步开始走上恢复重建的轨道。一般认为，法律文化概念的兴起以及形成蓬勃增长的研究热潮，与 20 世纪 80 年代中国出现的“文化热”具有密切关联。“文化大革命”结束后，思想领域的解放和政治环境的变化为社会科学的发展提供了绝佳契机。当时国内的资源极为有限，人们迫切地希望寻求其他文化资源来丰富社会科学研究，重新认识中国的传统和引进介绍西方的著作成为当时哲学社会科学领域的两个主要发展方向。在这一契机之下，中国的哲学、政治学、经济学、社会学、法学等多个领域都出现了挖掘或批判传统文化，学习借鉴西方文化，以及借助文化话语进行研究等与文化有关的研究。由此形成的“文化热”在中国持续

① 参见杨建：《作为政治概念的法治文化：内在张力和规范诉求》，《法制与社会发展》2018 年第 1 期。

了十余年，成为那个时代的标签式注脚，也深刻影响了改革开放后中国的哲学社会科学研究。

“文化热”对中国的法学研究产生了极大的影响。1978 年后，中国法学界形成了一波法律文化研究热潮。法律文化成为法理学和法律史学研究中的热门话题，随后部门法中也开始使用法律文化进行相关研究。从 20 世纪 80 年代末至 21 世纪初，中国产生了一批法律文化著作、译作及知名研究学者。目前国内知名度较高的法律文化著作，如梁治平的《法辨》《法律的文化解释》，刘作翔的《法律文化的理论》，张中秋的《中西法律文化比较研究》等，基本都首次出版于 20 世纪 90 年代末。认可度较高的国外研究像弗里德曼的法律文化概念、茨威格特和克茨的《比较法总论》、埃尔曼的《比较法律文化》等，也都是这一时期被翻译到国内的。

三、法律文化概念的类型

对中国法学界中出现的几种法律文化概念进行类型化的分析，有助于我们重新定位法律文化研究，从而准确厘清法律文化与法治文化的分野。这一时期，法律文化研究中有三类较为典型的法律文化概念，包括人类学意义上的法律文化、比较法意义上的法律文化、传统文化意义上的法律文化。

（一）人类学意义上的法律文化

人类学应属人文社科之中进行文化研究最具系统性的学科。虽然哲学、社会学等其他学科中也涉及文化研究，但都不像人类学这样将文化置于最核心的位置。研究法律文化概念的开拓期里，最具有借鉴价值的研究资源就是人类学的文化概念。

文化人类学中一些关于文化的基本观念，也成为受法律文化研究学者喜爱的话语。像法律的文化属性，地方知识，以及由此衍生出的法律多元等观念，已经成为法律文化相关研究的热词。地方知识是人类学家格尔茨提出的新型知识观念，以区别于全球化知识和文化普遍主义。在格尔茨看来“法律是地方知识，而非不受地方局限的通则”①。形成地方知识的“地方”，不仅包括特定的地域，也包含知识形成的特定语境，特定文化群体的价值观，利益关系等。因此法律的比较研究应把注意力放在文化所代表的想象或阐释的力量。法律是地方性的，又必然引申出法律、法律文化是多元的。日本的千叶正士在多元法体系的框架下，对法律文化进行了一个描述性的概念界定：法律文化是“一个法主体的多元法体系的整体的文化特征”②。这一概念又需要对法主体、多元法体系和文化特征三个关键词再进行操作性定义。这样法律文化研究就可以延展至对某一具体的法主体进行文化特征的阐释，或对几个法主体之间的法律文化互动进行描述。比如时下关于民间法、国家法与民间法关系的研究就是这种法律文化概念的衍生品。③

在分析具体的文化现象时，人类学多采用田野调查、民族志、主位与客位研究、大传统与小传统研究等方法。20 世纪 80 年代，运用人类学方法的法律文化研究，绕不开梁治平和他的《法辨》《法律的文化解释》等著作。在众多人类学的文化概念中，梁治平选取的是美国人类学家格尔茨的文化概念。④格尔茨理解文化的方式是将其视为一种“象征体系”⑤，考察象征符号是为了寻求象征符号如何形塑社会行动者看待和思考世界，探索其中的意义并进行

① ［美］克利福德·格尔茨：《地方知识》，杨德睿译，商务印书馆 2016 年版，第 344 页。

② ［日］千叶正士：《法律多元——从日本法律文化迈向一般理论》，中国政法大学出版社 1997 年版，第 239 页。

③ 此类研究参见王学辉：《双向建构：国家法与民间法的对话与思考》，《现代法学》1999 年第 1 期；张佩国：《乡村纠纷中国家法与民间法的互动——法律史和法律人类学相关研究评述》，《开放时代》2005 年第 2 期；周世中、周守俊：《藏族习惯法司法适用的方式和程序研究——以四川省甘孜州的藏族习惯法为例》，《现代法学》2012 年第 6 期。

④ 梁治平本人将自己的法律文化概念与格尔茨的文化概念定位为事后发现的契合，而非研究前的借鉴模仿。参见陈柏峰等：《对话梁治平：法律文化论再审视》，《法律与社会科学》2016 年第 1 期。

⑤ See Bruce M. Knauft, *Genealogies for the Present in Cultural Anthropology*, New York: Poutledge, p.10.

阐释。这一概念与梁治平在1985年发表的《比较法与比较文化》中着重阐述的“用法律去阐明文化，用文化去阐明法律”的信念（或称为研究方法）是一致的。在民族志这种人类学方法上，格尔茨将深描（thick description）作为重要的写作要求，提倡在阐释异文化时从极端细小的事情出发达至更广泛、更抽象的分析。[①] 这种研究方法对人类学意义上的法律文化概念具有很大的影响。

但是，梁治平的法律文化研究并没有遵循从概念到理论的论证方式，直到他的法律文化研究传播开来，才对法律文化概念有了一些清晰的概括。梁治平在1987年才撰文论证了法律文化的概念，分析了广义的法律文化和狭义的法律文化，并提出法律文化研究指的是狭义的法律文化，“主要包括法的各种观念形态、价值体系和行为模式”[②]。后来在《法律的文化解释》中，梁治平再次强化了法律文化的概念不应仅被限定于法律研究或法律社会学研究中的一个分支，而应被视为一种立场和方法的观点。[③] 这种立场和方法正是源于人类学学科所特有的一些认识论和方法论。

人类学意义上的法律文化概念引入人类学的理念和方法，激发了法学研究的活力也推动了法律人类学的诞生。但是这种法律文化概念坚守人类学观察、阐释、分辨的立场，也必然带来一些问题：人类学意义上的法律文化概念必然是以描述性为主的概念，它跳出法律自身并以外来者（outsider）的视界看待法律，从而将研究引向更宏大的视角。这种概念难以参与到那些强调规范分析的法律研究中去，一旦穷尽了对具体法律文化现象的描述，这种概念所激发的研究就可能会走向衰落。

（二）比较法意义上的法律文化

比较法中的法律文化问题是法律文化研究中相当丰富的一个分支。在比较

① 参见［美］克利福德·格尔茨：《文化的解释》，韩莉译，译林出版社2014年版，第27页。

② 梁治平：《法辨》，广西师范大学出版社2015年版，第12—13页。

③ 参见梁治平：《法律的文化解释》，生活·读书·新知三联书店1994年版，第4页。

法的研究中学者们逐渐关注到文化的重要性，提出了对不同法律进行文化分析的概念和方法，实现了比较法和法理学、法律社会学的结合。不少比较法学者的法律文化概念因此成为法律文化研究的资源。

较早进行此类研究的埃尔曼对20世纪中国的法律文化研究产生过不小的影响。而他对法律文化概念的界定又是吸收了弗里德曼提出的法律文化概念。弗里德曼认为一个有效的法律体系由结构性的要素、实质性的要素和文化性的要素构成。法律文化就是法律体系中的文化性要素，是将法律体系凝结于一体的价值观和态度，决定了法律在整个社会文化中的位置。① 弗里德曼在其多年研究中陆续提出过好几个版本的法律文化概念，例如“针对法律体系的公共知识、态度和行为模式”，“与作为整体文化有机相关的习俗本身”，② 国家间的法律文化是“一种令人眼花缭乱的文化矩阵”③。这些概念被一些学者批评缺乏精确性，难以阐释法律文化包含的因素及其相互关系。但弗里德曼的法律文化概念却激发了很多法律文化研究。例如埃尔曼在《比较法律文化》中提出的法律文化概念就基本与弗里德曼一致。他仿照政治文化概念提出法律文化的概念，认为法律文化包含人们的主观观念方面，从人们的一致意见中能够辨别出法律的特殊位置。具体而言，法律制度中的执行者与运用者(以及受害者）的信念、情感与法律制度起作用的方式密切相关，使用法律文化概念可以把个人观念中的变化与法律制度的效用联系起来。在方法上，埃尔曼致力于功能研究，试图通过法律文化的概念去解释不同法律制度为社会和人类做了什么，对社会和人类有什么影响。

功能方法一度是比较法研究中独领风骚的研究方法。弗里德曼和埃尔曼

---

① See Lawrence M. Friedman，*Legal Culture and Social Development*, Law & Society Review , Aug., 1969, pp. 29-44.

② Lawrence M. Friedman，*the Legal System: A Social Science Perspective*, New York: Russell Sage Foundation,1975, pp.193-194.

③ Lawrence M. Friedman，*The Republic of Choice: Law, Authority and Culture*, Cambridge ,Mass.: Harvard University Press, 1990, p.213.

虽非比较法学家出身，但其法律文化概念却以功能方法发展出法律文化的比较研究。以功能方法对不同国家或民族的法律文化进行比较，可以发现具有同一功能的法律制度哪个更具有优越性，从而为法律移植和法律文化传播提供依据。20 世纪末期，比较法律文化研究兴起的原因之一是为向非西方国家法律移植提供理论支持。显然，这种功能方法的法律文化概念默示了一种法律的进化论意识，可能招致西方文化的霸权。因此，在对功能方法的批判基础上，比较法中的诠释方法得到发展。与“求同”的功能方法形成对照，诠释方法强调“求异”。认为法律文化研究应当在具体情境中理解不同法律的意义。例如比较法学家勒格朗就强调比较法学家必须“使自己成为发现差异的工程师”，① 对外国的法律文化进行人类学方法上的“深描”。这种方法实际上又回到了人类学的法律文化概念上去，突出对作为地方知识的法律进行描述。

比较法意义上的法律文化，其概念界定应围绕实现对不同国家或民族的法律进行有效的比较。一种能够促进比较法研究的法律文化概念，并不一定能够成为法理学中最具有科学价值的法律文化概念。但是以功能方法发展出的法律文化概念为我们提供了一种可供借鉴的研究思路：将法律文化从作为整体的法律中抽离出来，以特定的人之观念、态度来考察法律制度的运作和效果。正像科特雷尔评论的那样，法律文化能够概括人们无法精确分清的一些社会关系集群，并把它们作为集合整体加以强调。② 我国学者高鸿钧承袭了比较法上的法律文化概念，将法律文化定义为“特定社会中植根于历史和文化的法律价值和观念”，并将法律文化的中国问题总结为“法律文化与法律制度之间以及不同法律文化之间的冲突”。③

① ［法］皮埃尔·勒格朗、［英］罗德里克·芒迪：《比较法研究：传统与转型》，李晓辉译，北京大学出版社 2011 年版，第 262 页。

② 参见［意］D. 奈尔肯：《比较法律文化论》，高鸿钧、沈明等译，清华大学出版社 2003 年版，第 49 页。

③ 高鸿钧：《法律文化的语义、语境及其中国问题》，《中国法学》2007 年第 4 期。

（三）传统文化意义上的法律文化

从 20 世纪 80 年代至今，传统文化意义上的法律文化可以说是中国法律文化研究中最长青的一种研究范式。这类研究以法律史学者居多，基本都对中国传统法律制度史、法律思想史等内容进行了深度的挖掘和解读。虽然学者们对法律文化概念的界定缺乏统一性，但在研究方法上却颇具共性，可以称为传统文化上的法律文化。

传统文化意义上的法律文化研究重心是对历史中的法律文化进行重新阐释。文化在这类研究中更多是作为研究的视角或是工具。因而多数研究未对法律文化概念进行过多着墨，就转向对某一阶段的历史或历史中某一具体情境、事件、文本进行分析。其中有些借用广义的文化概念，例如武树臣将法律文化界定为法律实践活动的精神内核和外化方式，包括法律思想、法律规范、法律设施和法律技术。[①] 何勤华认为："法律文化是指与法律有关的各种活动的创造性成果的积淀，包括物质的和精神的两个方面。"[②] 有些则使用狭义的文化概念，例如张中秋认为法律文化是文化的组成部分，指内化在法律思想、法律制度、法律设施以及人们行为模式之中并制约其发展的一般观念及价值系统。[③] 有些研究未对法律文化进行明确界定，而是通过对法律史的梳理和重述呈现中国传统法律文化的某些特征和因素。例如张晋藩总结中国法律传统的"以人为本，明德慎刑""恭行天理，执法原情"[④]，范忠信归纳中国法的"家族本位""公法化"特征[⑤]，张中秋归纳中国传统法律文化"无讼"的价值取向[⑥]。

传统文化意义上的法律文化研究与人类学意义上的法律文化研究具有相似性，类似于在法律的历史领域进行的"深描"。但其研究目标不在于创建一种

---

① 参见武树臣等：《中国传统法律文化》，北京大学出版社 1994 年版，第 32—34 页。

② 何勤华：《法律文化史论》，《法学》1996 年第 10 期。

③ 参见张中秋：《比较视野中的法律文化》，法律出版社 2003 年版，第 29 页。

④ 参见张晋藩：《中国法律的传统与近代转型》（第四版），法律出版社 2019 年版，第 118 页。

⑤ 参见范忠信：《中西法文化的暗合与差异》，中国政法大学出版社 2001 年版，第 52—58 页。

⑥ 参见张中秋：《中西法律文化比较研究》，法律出版社 2009 年版，第 353 页。

新方法，而是要呈现那些虽已经丧失制度功能但具有文化生命力的法律传统，或是经过“创造性转化”可以在现代社会发挥积极意义的法律价值观念。正是由于这类研究的法律文化概念非常松散，学者们至今仍能从历史中挖掘出很多可供详解的、具体的法律文化。这不仅包括了历史上的国家法、民间法以及二者的互动，也包括对历史人物、特定职业进行的文化解读。① 在法理学领域，苏力在《秋菊的困惑和山杠爷的悲剧》中提取的“法治本土资源”也属于这类传统文化意义上的法律文化。总体而言，传统文化意义上的法律文化研究价值不在于概念的形成，只是呈现传统法律文化中的一些特征、价值和因子，传承法律中的民族精神、赋予法律传统更强的生命力。

四、法律文化概念研究的意义

（一）法律文化研究的文化意义

法律文化研究热时期的法律文化研究具有独特的价值。法律文化研究虽因时代的“文化热”而起，却因诸多学者的努力迅速转变为法学研究中的一个命题。这就使法律文化从泛泛而谈的社会话语转变为一度高效增长的学术概念。而今回顾这段历史，当初从事这项研究的学者在有意无意之间，成就了时下政治话语中强调的“文化自觉”“文化自信”“弘扬中华优秀传统文化”等战略目标。

第一，法律文化研究意味着中国法学的文化自觉。费孝通将文化自觉解释为“生活在一定文化中的人对其文化有‘自知之明’，明白它的来历、形成的过程，所具有的特色和它的发展的趋向”②。事实上，生活在一定文化中的人往往对其文化缺乏自知。更通常的情况是，在自身文化与外来文化发生交流、碰撞

① 此类研究参见徐忠明：《众声喧哗：明清法律文化的复调叙事》，清华大学出版社 2007 年版；蒋传光：《中国古代的家族法规及其社会功能——“民间法”视角下的历史考察》，《东方法学》2008 年第 1 期；［美］麦柯丽：《社会权力与法律文化：中华帝国晚期的讼师》，明辉译，北京大学出版社 2012 年版。

② 费孝通：《关于“文化自觉”的一些自白》，《学术研究》2003 年第 7 期。

时，人们才会反思、审视自己所处其中的文化。因此费孝通总结，20 世纪前半叶中国思想一直围绕中西文化发生争论，这一时期的中国知识分子一生都被困其中，所要解决的根本问题是在传统和西方之中究竟如何进行文化认同。

这一问题在 1978 年恢复法制建设的中国，再次被置于法学界的面前。改革开放后，法制建设的需求高涨，但 1949—1978 年之间留存的法律资源却并无太多可供拿来使用。在“文化热”的推动下，重新认识传统中国法律资源和引进介绍西方法律知识这两种方式再次营造出传统文化与西方文化的碰撞。在西方法律文化的映照下，不少学者热衷于研讨中国法律文化中有没有自然法、权利、人权、法治、民主等概念，这些概念在中西方文化中有什么相同之处和不同之处。① 其中一些类比和推演，难免也有牵强附会之嫌。但总体而言，这些研究促进了对中国传统法律文化的审视和“自知”。这种“自知”又敦促了法学界的反思，学界在探讨中逐渐对中国法有了“自知之明”，认识到中国法律文化是一种独特的文化。

第二，法律文化研究凸显了中国法律的文化基因。文化基因是文化哲学和文化人类学中热衷使用的概念，他们都受基因遗传技术的启发来解释文化问题。文化哲学使用文化基因描述一个民族的心理结构和思维模式，以基因复制的方式类比前人文化传统对后人的影响。② 文化人类学则以基因结构类比文化结构，研究人类文化最深层次的普遍性。③ 前者侧重历时性，看重一个民族的文化传承问题；后者侧重共时性，寻求人类普遍意义的文化本性。

法律文化研究中这两种概括文化基因的方式都有所运用。一类研究倾向于挖掘中国传统法律中的文化基因，提取中国传统法律中民族性的、传统的基因

① 这类研究参见梁治平：《“法自然”与“自然法”》，《中国社会科学》1989 年第 2 期；罗昶：《中国“法自然”观与西方“自然法”说比较》，《法商研究》1996 年第 5 期；余博汝、刘杨：《论中西法治思想的差异及其现代启示——以荀子和西塞罗为例》，《甘肃社会科学》2011 年第 4 期；万斌：《论中国传统民主观》，《苏州大学学报》1992 年第 2 期。

② 参见刘长林：《宇宙基因 · 社会基因 · 文化基因》，《哲学动态》1988 年第 11 期。

③ 参见吴秋林：《文化基因论》，商务印书馆 2017 年版，第 39 页。

符码，目的侧重于中国法治建设中应当对这些内容加以弘扬和运用。这其中又以法律史学者居多，① 同时，这类史料分析也可以促进相关法理的提炼。另一类研究倾向于提炼中国法律文化与世界法律文化在发展轨迹上的共性，尝试从文化发展变迁的规律上解析现代化是不同法律文化都面临的挑战。这类研究以20世纪90年代公丕祥、夏锦文等人所进行的法制现代化研究最为典型。②

（二）法律文化研究的学术影响

法律文化的概念研究从兴起到蓬勃再到意兴阑珊，给法学研究留下了哪些遗产是值得思考的。这不仅有助于我们重新审视法律文化的概念，也更有可能成为研究法治文化的起点。

第一，法律文化的研究主题得以确立。法律文化研究的成果之一，是“法律文化”成为法学这一学科中广泛使用的概念和普遍接受的主题。从中国知网的文献检索情况看，1979年中国已经开始出现明确使用“法律文化”一词的法学研究论文。③ 此前，中国法律界也曾使用过“法律文化”一词，但没有真正实现学术研究意义上的使用。在20世纪八九十年代，法律文化是否能够称得上一个“合法性”的概念还存在着质疑。④ 但这种疑虑在今天早已消除。1989—2011年，国内以法律文化为主题的论文一直保持数量上的持续增长，在2011年达到708篇的最高数值。从2012年起，法律文化为主题的论文数量开始下降，但多数年份仍保持在一年400—600篇的数量。⑤ 如果将上述搜索的范

① 这类研究参见徐忠明：《解读包公故事中的罪与罚》，《现代法学》2004年第3期；艾永明：《中华法系并非“以刑为主”》，《中国法学》2004年第1期；曾宪义、马小红：《试论古代法与传统法的关系——兼析中西法传统在近代演变中的差异》，《中国法学》2005年第4期。

② 参见公丕祥：《中国法制现代化进程》，中国人民公安大学出版社1991年版；夏锦文、唐宏强：《儒家法律文化与中日法律现代化》，《法律科学》1997年第1期。

③ 参见李放：《谈加强法制的几个问题》，《吉林大学学报（社会科学版）》1979年第2期。

④ 参见刘作翔：《从文化概念到法律文化概念——“法律文化”：一个新文化概念的取得及其“合法性”》，《法律科学》1998年第2期。

⑤ 此为在中国知网根据“法律文化”为搜索主题，不限制学科区分获得的数据。

围限定为 16 家法学核心期刊，可以发现以“法律文化”为主题的论文从 1985 年的1篇至1992年迅速增长为21篇，此后稳定保持着每年一定数量的发文量。这也说明了法律文化已经成为法学研究中一个较为稳定的研究主题。

第二，法律文化的概念渐受关注。仅从 1979 年起算，法律文化研究也已经过 40 多年的时间。在这一段时期里，法律文化的概念问题并没有引起学界太多的关注，也没有形成明确的、普遍接受的法律文化定义。多数研究并不热衷于追究什么是法律文化，而更倾向于将法律文化当作不言自明、无须解释的概念进行使用。什么是法律文化？法律文化的内涵和外延如何？法律文化与法律、法律制度、法治等其他法律概念的关系如何？多数研究对这些问题似乎并未予以深究，仅有一部分学者关注到法律文化的概念问题并对此进行了论证。在收集到的资料里，专门论述法律文化概念的学者包括刘学灵、张文显、刘作翔和高鸿钧等人。① 但这些学者关于法律文化概念的认识存在较大的差异，彼此之间也没有形成有效的争论和对话。

第三，法律文化研究空间的宽泛与狭窄。概念是人们认识事物的工具基础，具体事物的研究一般都需要经由概括性、准确性的概念才能形成相应的理论体系。概念和命题对于法学学科而言，更是科学研究的基础和知识增长的依据。哈特在《法律的概念》中将“什么是法律?”称为“恼人不休的问题”，回答这一问题也成为法理学中最为经典的概念和命题研究。在这种概念化和命题化的研究中，法学的知识能够不断得以增长。从这一角度而言，既然法律文化还没有形成普遍接受的定义，其研究应当还具有相当宽广的空间，但法律文化研究热潮的褪去从某种程度上又暴露了其研究的局限和狭窄。作为文化概念的衍生品，法律文化需要借助文化研究的知识和方法。但这些法律概念是否能够增进法学本身的研究，是扩展还是限制法律文化研究的空间则是值得反思的。

① 参见刘学灵：《法律文化的概念、结构和研究观念》，《河北法学》1987 年第 3 期；张文显：《法律文化的释义》，《法学研究》1992 年第 5 期；刘作翔：《法律文化理论》，商务印书馆 1996 年版；高鸿钧：《法律文化的语义、语境及其中国问题》，《中国法学》2007 年第 4 期。

第三节 承袭与超越：新的法治文化概念

一、法治文化提出的时代性

法治文化概念的出现和研究升温有明显的阶段性。从研究时间上看，知网上以法治文化为主题的论文最早出现在1998年，使用这一概念创作的背景是党的十五大提出依法治国方略。[①]之后，法治文化概念并未引起太多关注。直至2011年，法学领域才突然出现了多篇论证法治文化的论文。[②]显然，这与2011年十七届六中全会提出“深化文化体制改革、推动社会主义文化大发展大繁荣”有密切关联。2014年，十八届四中全会明确提出法治文化概念，要“建设社会主义法治文化”，法治文化概念受到的关注开始空前热烈起来。[③]

法治文化的提出有其特定的时代背景。正像法律文化研究热潮受到“文化热”和改革开放的推动，法治文化概念的提出也有自身的时代背景。1978年后，中国的国家治理重新转向法治轨道。十一届三中全会提出法制建设的16字方针，法制建设成为20世纪八九十年代中国重要的治理议题，与之配套的法律文化遂成为法学研究的热潮。1997年十五大提出依法治国方略，法治的制度建设备受重视。随着国家治理的深入推进，“法治化是国家治理现代化的必由

① 参见周友苏：《社会主义法治文化建设论》，《中华文化论坛》1998年第2期。

② 参见刘作翔：《法治文化的几个理论问题》，《法学论坛》2012年第1期；李德顺：《怎样理解法治文化》，《中国政法大学学报》2012年第1期；李林：《中国语境下的文化和法治文化概念》，《中国党政干部论坛》2012年第6期。

③ 参见龚廷泰：《法治文化认同：概念、意义、机理与路径》，《法制与社会发展》2014年第4期；孙育玮：《中国特色社会主义法治文化的理论与实践》，《学习与探索》2014年第4期；马长山：《法治文化视野下公民精神与品格的“自觉性生态”转型》，《新疆师范大学学报》2015年第3期；王曼倩：《法治文化认同：人的革新与寻根》，《法学论坛》2019年第1期。

之路”,[①]“法治建设促进国家治理体系和治理能力现代化”[②]等命题已经成为共识。在国家治理现代化、法治化的背景下，法治文化概念逐渐取代了法律文化成为与国家治理现代化目标一致的法治符号。

新概念的产生不仅源于学术范式的更新，更是对实践诉求的回应。法治文化虽在概念上与法律文化有亲缘关系，但并非单纯由法律文化推演而来的概念或研究范式的更新升级。学者研究热度与政策文件的不谋而合，也不仅仅是对政治口号的追随附议。作为法学研究命题的法治文化，概念的提出源于治理时代的理论诉求。对中国的国家治理而言，法治的轨道意义是在实践中逐渐被社会各方接受的。法治是一个综合的复杂系统，需要制度、体制、文化和实践的多方配合，这一点也是随着中国法治建设的推进才被逐渐认识到的。由此可知，法治文化的重要性是伴随国家治理的需要逐渐突显出来的。法治文化概念的产生并非政治言辞的修正或学术概念的转变，而是有更深刻的实践动因在推动。只有把握法治文化提出的时代背景、洞悉法治文化与法律文化背后不同的实践关切，才能形成一个超越于法律文化研究、对中国未来法治实践具有指导价值的法治文化概念。

二、法治文化对法律文化的概念传承

承袭相关的概念积累能为新生概念较快地搭建学理化基础，实现日常话语向学术概念的转化。对法治文化而言，20 世纪兴起的法律文化研究就提供了这样的概念积累。通过人类学意义上的、传统文化意义上的、比较法意义上的三个层面对法律文化概念进行类型化分析，有助于我们承袭这类研究的遗产。法律的文化研究开启了当代中国法学的文化自觉，敦促法学研究始终关注中国在法治建构中的历史传统和文化独特性问题。法律文化“热”的动因，在于通

① 张文显：《法治化是国家治理现代化的必由之路》,《法制与社会发展》2014 年第 5 期。

② 应松年：《加快法治建设促进国家治理体系和治理能力现代化》,《中国法学》2014 年第 6 期。

过文化的棱镜可以洞察到法律的地方性、传承法律的历史传统并保存法律的多样性。20世纪，中国的法学适时抓住了这一契机，将法律文化打造为法学研究中的经典命题，由此可以看出概念化和命题化对日常话语转变为学术概念的重要性。同时，由于陷入具体现象描述难以为实践提供价值指引、概念松散难以进行规范分析等局限，致使法律文化概念趋于平淡，这对法治文化的概念研究也颇具反思意义。

法治文化承袭了法律文化的学术积累。法律文化研究为法治文化奠定了基础，以后仍然能够向法治文化提供有益的知识借鉴。法律文化研究开拓了法学中以文化作为视角和工具进行考察的一套方法，在这个基础上法律的历史研究、区域比较研究都获得了更多活力。对传统法律文化的研究则提供了文化基因式的知识片段，虽然这些知识难以避免过于具体甚至琐碎的特质，但也是形成当代中国法治文化概念必不可少的材料。更重要的是，法律文化概念给法律、法治的研究提供了一种细致有效的分析方法，这就是我们在看待法治的时候不仅应将其视为一个整体，还须时时注意法治的制度、体制与文化之间的差别及互动关系。这一观点和方法主要来自“比较法意义上的法律文化概念”留下的“遗产”。但对法治文化而言，它能够说明的问题不仅仅在于不同地域的法律文化比较，或是法律移植如何通过文化获得生命力。法治文化概念应在这些观点的基础上推进开来，从法理的角度考虑法治文化作为法治的一个要素有什么独特性，法治文化的基本内容包括什么，对社会而言法治文化是否具有法治的制度和体制不具备的作用。

法治文化是本土原创的概念，其价值可能超越于法律文化。中国的法律文化研究受益于“文化热”和国外的法律文化研究，而法治文化概念则完全是本土实践和研究推动生成的原创性概念。搜索目前国外的研究动态可以发现，相关研究中并没有与法治文化直接对应的概念。只是在法律文化的分类方式中，惯于以传统与现代、本土与外来①进行区分，或以法系进行区分不同的法律文

① See Lawrence M. Friedman, *Is There Legal Culture?* Ratio Juris Vol.7, No.2 July, 1994, p.117.

化。在比较法和法律移植中，现代法律文化、外来法律文化往往是法治文化。这种划分方式自然包含着西方法治文化是现代法律文化的标准之隐喻。而中国提出法治文化概念自然也包含着文化强国、文化自信的战略意图。但法治文化概念的确可能成为中国法理学提高自身理论能力的契机。苏力在 1996 年为《法治及其本土资源》写作的序言中发问“什么是你的贡献”？创造“法治文化”这样一个新生概念并不必然为世界提供中国法学的智慧。只有当概念是从中国的法治实践中反思而来，能够解释中国的法治实践并为其提供有价值的指导，甚至为世界提供中国版本的法学概念、法治智慧时才可能有所贡献。

法治文化概念应是对法律文化概念的创新。创新不是从“法律”到“法治”的升级，而是法治文化应成为对实践更具有规范意义、更富于解释力的法学概念。能否实现法治文化概念的创新很大程度上取决于有效把握中国的实践。法治是一个综合系统，包含法治的制度、体制、文化等多个层面。在法治的内部构成上，法治的制度、体制和文化所承担的功能是不同的。这一点早在弗里德曼提出法律文化概念时已经有所提示，但并未引起法律文化研究的充分重视。

推进国家治理现代化是当代中国最深刻的社会变革，社会对法治的需求也在不断升级。面对国家治理的现代化需求，单纯的法治制度供给已经显示出动力不足。尤其对于建构型法治，制度和体制可以通过立法在短时间内进行改变，而与之适应的法治文化却难以在短时间内形成。法治文化的滞后性会随着实践深入逐渐显露并掣肘法治对治理功能的释放。

事实上，这一治理需要正是法治文化与法律文化概念分野的实践坐标。法治作为国家治理现代化的必需品，仅仅提供制度供给是不充分的，将承载法治价值内核的法治文化注入国家治理的结构之中才是推进法治的灵魂工程。从法律文化到法治文化的概念变化，是对法治从“制”到“治”的认识加深。更重要的是，法治文化作为一种法治知识供给，应是对国家治理实践的有效回应。2013 年十八届三中全会提出国家治理体系和治理现代化，2014 年十八届四中全会接着提出全面推进依法治国和建设社会主义法治文化，这对于中国社会发展的政治判断已经提示了法治文化对国家治理现代化的重要作用。理解概念产生的实践关切，才能避免概念的研究走向空洞。法治文化的概念应在国家治理现代化的实践需要下进行体系性重构。

三、法治文化对法律文化的概念超越

提出法治文化这一原创概念，是当代中国面向时代要求和实践问题进行的一项话语尝试。其意义并不局限于提出一个中国式的新概念，更具有提升中国法治话语权的鲜明导向。通过法治文化与法律文化的比较，不难发现法治文化在概念定位和研究旨趣上都应当与法律文化有所区别，应是对法律文化的传承、超越与创新。这一目标导向的达成依赖于新生概念的学理化、命题化，并从中产生理论生命力。对此，承袭相关概念的既有积累和创新超越旧的概念藩篱可谓赋予新概念理论生命力的一体两面。一方面，法治文化承袭了法律文化的学术积累。另一方面，突破旧的研究思路并超越既有的概念藩篱，才能赋予新生概念真正的理论生命力。

第一，法治文化是原创概念具有文化符号意义。法治文化是本土原创的概念，这不同于法律文化受益于“文化热”和国外的法律文化研究。目前，国外的相关研究中并没有与法治文化直接对应的概念。提出法治文化概念本身可以说是中国法学的一种理论尝试，带有文化符号的意义。这样一个中国式概念包含着文化强国、文化自信的战略意图。就学理研究而言，文化自信的根本还在于本土原创概念在多大程度上能够产生理论贡献。

法治文化概念若超越法律文化的研究局限，或可能产生新的理论贡献。带有“文化”属性的复合概念，都需要在研究过程中借助文化研究的知识和方法。因此，法律文化遭遇的局限应成为法治文化概念的前车之鉴。从任何一个学科或学派借用一种文化概念，法治文化研究都可能产生一种不同的概念。但对于法学研究而言，这些繁杂的概念是增进了法学的知识增长，还是演变为自说自话的概念游戏则值得审慎思考。因此，如果能够对法治文化的概念进行准确的定位和界定，弥补法律文化在回应实践以及规范分析上的局限，促使其成为法学研究中的经典概念和命题，那么法治文化这样一个原创概念则可能超越于法律文化所带来的贡献。

第二，法治文化是回应实践的概念，能够指导国家治理。作为新时期中国提出的原创性新概念，法治文化并非仅仅是政治言辞的修正或学术概念的转变，更是对实践诉求的回应。

推进国家治理现代化是当代中国最深刻的社会变革，社会对法治的需求也在不断升级。在法社会学看来，通过法律实现社会变革是法律的主要功能之一。社会系统的复杂性会随着结构化而增加。“要实现高级的、结构化的复杂性的成就，法律如果不是具有决定性的、也是具有基础性的作用。”① 可以说，法治既承担着国家治理现代化的轨道作用，也兼具释放治理效能的基础性作用。实现法治的这些基础作用，必然仰赖于法治系统自身的完善。

实践中，中国在这一问题上与其他国家所处的环境是不一样的。多数追求治理现代化的国家已经是一个法治国家，法治系统已经具备基本的治理作用。而中国则需在同一时空之下，渐进地解决法治建设和治理现代化的双重目标。二者在时空上的重合，不仅加剧了推进目标的难度，也意味着这一实践本身没有完全相同的前车之鉴可供参考。因此，学界对法治系统复杂性的认识是随着国家治理现代化的需要逐渐加深的，发现法治系统不足和缺漏的直观窗口就是国家治理现代化实践中的法治缺位。

法治是一个综合的复杂系统，需要制度、体制、文化和实践的多方配合。在法治的内部构成上，法治的制度、体制和文化所承担的功能是不同的。对于建构型法治，制度和体制可以通过立法在短时间内进行改变，而与之适应的法治文化却难以在短时间内形成。法治文化的滞后，不仅制约法治的制度建构，也影响其作用的有效发挥。这一点早在弗里德曼提出法律文化概念时已经有所提示，但在法律文化研究中却并未引起足够的重视。面对国家治理的现代化需求，单纯的法治制度供给显然是不充分的，也将导致法治对治理效

① ［德］尼克拉斯·卢曼：《法社会学》，宾凯、赵春燕译，上海人民出版社2013年版，第45页。

能的释放动力不足。法治文化的概念正是面对这一实践问题所提出的一种具体回应。

第三，法治文化是规范概念，具有价值指引作用。法治文化可以成为对实践更具有规范意义、更富于解释力的法学概念。过去，法治文化研究多倚重法律文化的学术积淀，在内涵的理解上也更倾向于将“法治文化”作为一个偏正短语，即用文化去统摄法治，将法治文化视为文化的一种。但事实上，法治文化作为一个法学概念可以进行多重维度的理解。法治文化是一个复合概念，理解概念的切入点不同，侧重也不相同。

如果我们将法治文化概念的切入点反过来，即用法治去统摄文化，则可能更关注的是法治文化作为法治的一个组成部分。这样一来，由于法治文化包含着现代法治精神因而能够成为衡量其他事物和现象的价值标准。例如，社会主义核心价值观中的“法治”一词，就可以视为这种意义上的法治文化。作为当代中国社会弘扬的核心文化，法治对社会交往、社会规范和制度约束均具有规范指引的作用。这也促使法治文化概念跳出从外部观察法律、转而从法治内部的构造和功能区分去理解法治文化的含义，避免陷入繁杂现象描述的法律文化研究困境。

在研究方法上，法治文化可以考虑借鉴功能方法提高概念的分析能力。在看待法治的时候，不仅应将其视为一个整体，更应当时时注意法治文化与法治的制度、体制之间的差别及互动关系。将法治文化从作为整体的法治中抽离出来，以特定的人之观念、态度来考察法律制度的运作和效果，这一方法主要来自“比较法意义上的法律文化概念”留下的“遗产”。但它试图说明的问题不在于比较不同地域的法治文化，或是法律移植如何通过文化获得生命力，而是考虑法治文化作为法治的一个要素有什么独特性，是否具有法治的制度和体制不具备的社会作用，法治文化的基本内容包括什么等问题。这一方法的优势在于能够通过法治文化概念分析法治文化与法治的制度、体制之间的冲突。对于建构型法治而言，这尤其能够洞察国家治理现代化中法治缺位的具体环节和要素，以此补足法治系统的漏洞。

第二章　法治文化的建设主体

法治文化研究离不开对建设主体的研究。随着法治实践的深入，法治精神、法治理念、法治思维和法治方式①等对相关主体的法治文化建设要求已经逐渐提上议程。2014 年，党的十八届四中全会正式明确法治文化的概念，强调“使全体人民都成为社会主义法治的忠实崇尚者、自觉遵守者、坚定捍卫者”②。这也对法治文化建设中的主体提出了具体、明确的定位和要求。2019年，党的十九届四中全会提出“建设共建共治共享的社会治理制度”，又为治理中的多元主体良性互动提出了建设要求。

然而，目前法治文化研究多聚焦于法治文化的概念、范畴等问题，对法治文化的建设以及主体在法治文化建设的作用关注度不高，这也导致法治文化建设缺乏足够的针对性。主体及主体的互动对中国的法治文化建设有何作用？主体在法治文化建设中是如何实现互动的？如何以多元主体的良性互动推动法治文化建设？这些都是法治文化建设不能回避的问题。

① 习近平总书记在 2014 年 1 月 8 日中央政法工作会议上提出法治思维和法治方式，参见《坚持严格执法公正司法深化改革　促进社会公平正义保障人民安居乐业》，《人民日报》2014 年 1 月 9 日。

② 《中共中央关于全面推进依法治国若干重大问题的决定》，人民出版社 2014 年版，第 26 页。

第一节　法治文化的建设背景

“法治是使人类服从规则治理的事业。”① 法治的事业牵涉到法治的制度建设、体制建设和文化建设。罗素曾经将中国的问题归结为经济、政治和文化三个方面，认为“无论对于中国还是对于世界，文化问题最为重要”②。对于中国的法治事业来说，法治的制度和体制建设已经卓有成效，而法治文化建设却相对滞后，这一现实问题正是法治文化提出的实践背景。可以说，法治文化在中国的提出是具有鲜明问题导向的。法治文化研究应当着眼这些现实问题，才能有效地回应社会现实诉求。在此背景下，对法治文化的研究就不能忽略其特定空间维度和时间维度，尤其是法治文化建设的概念基点——主体性。

一、法治文化建设的基点——主体性

法治文化的主体性是建设法治文化的概念基点。主体性是在主客体关系中，主体相对于客体而言所具有的一切属性，主要表现为主体的自我意识和自我价值。所谓法治文化的主体性，是一种法治文化在多元文化的关系之中对自身文化具有的自我意识，是一种文化形成文化自觉、文化自信和文化自强的基础。中国正在推进的法治文化建设，应当是现代中国民众的法治文化建设，它是特定时代、特定空间、特定主体所需要与参与的法治文化建设。

法治文化的主体是人。③ 这里所说的人是个体与总体的统一。首先，法治文化的主体是个体的人。个体的人在法的一般意义上指的是自然人，在现代国家中最主要指向的是公民。个体的法治心理、法治意识直接影响个体的行为。

---

① ［美］富勒：《法律的道德性》，郑戈译，商务印书馆 2005 年版，第 55 页。

② ［英］罗素：《中国问题》，秦悦译，学林出版社 1996 年版，第 14 页。

③ 参见王曼倩：《法治文化认同：人的革新与寻根》，《法学论坛》2019 年第 1 期。

这主要表现为个体对法治的主观认识、对个体利益能否受到法治保护的主观判断、对法治本身所具有的价值判断等个体感受和心理认知。如果个体对法治持正向的、积极的心理态度，在社会生活中就更倾向于选择运用法治的方式做出行为。其次，法治文化的主体是群体的人。虽然个体的法律心理和法律意识具有直观的意义，但是只有大量的、群体的人的法治意识形成共识，才能形成一定的法治文化。在现代国家中，社会团体、社会组织、企事业单位等一般社会组织和国家机关、政党等公权力组织是法治实践中重要的群体。不同的群体的可能会形成不同的心理、观点和亚文化。特定群体的法治意识和法治文化水平影响其法治的参与程度，进而影响法治国家、法治政府和法治社会建设。再次，法治文化的主体是社会整体的人。民主是现代法治的题中之义，只有社会整体普遍认同的价值、精神和理念才能真正形成法治文化。民主的形式有具体的差异，但最基本的内核首先是全体人民均有机会参与统治、表达意志。从这个意义上来说，只有社会整体成为法治文化的主体才能真正形成全社会对法治的崇尚、尊重和捍卫。

法治文化的主体性围绕主体展开。主体对法治是否具有积极性和主动性，决定了一个社会能否形成厉行法治的社会氛围和文化。党的十八届四中全会提出，法治文化建设要“使全体人民都成为社会主义法治的忠实崇尚者、自觉遵守者、坚定捍卫者”①。这一要求说明，法治文化的提出不单纯是 20 世纪八九十年代中国法律文化热潮的学术升华，而更是一个具有鲜明实践导向和建构意图的法治实践目标。这一目标直接指向主体对法治的崇尚、遵守和捍卫。对于建构型法治国家而言，主体对法治的崇尚、遵守和捍卫并非任由其在法治实践中自我生长，而是可以通过主动作为积极建构的。建构的前提则是对法治文化的时空维度具有清醒的认识。具体到中国而言，这既需要看清中国与世界、中国法治文化与世界法治文化的关系；又应当注重弥合中国传统法律文化和现代法治理念的隔阂，只有在时空维度上形成对法治文化的“自知之明”，

① 《中共中央关于全面推进依法治国若干重大问题的决定》，人民出版社 2014 年版，第 26 页。

才能形成法治文化的主体性。

二、法治文化建设的空间维度

中国与世界的关系、文化的特殊性与普遍性关系，是建构法治文化必须思考的问题。文化蕴含着一个社会中普遍认同的价值观、态度、信念、取向和见解，不同的文化显示出价值观、信念上的巨大差异。文化的多样性决定了无论主张“文明的冲突”或是“文明的共存”①，任何一种文化都必须面对自身文化与其他文化的关系问题。现在世界上越来越多的国家都步入了法治的轨道，现代各国法律制度中，从来未曾吸取外国经验或借鉴外国模式者极为少见。以全球化的眼光来看，国家、地区之间的法律文化、法治文化相互影响和借鉴是人类社会发展的基本规律。中国的法治文化建设不能回避域外法治文化，这就决定了法治文化的主体性建构必然要认真地对待中国与世界、普遍性与特殊性的关系。

现代法治肇始于西方，西方自古希腊时期就形成了法治的初步理念，这些成为世界法治文化的智慧源泉。例如亚里士多德提出的“已成立的法律获得普遍的服从，而大家所服从的法律又应该本身是制定得良好的法律”②，已成为法治文化的经典法谚。即使在中世纪，法学家和宗教学家也极力主张法治对国王权力的限制，使人人遵守法律的观念成为社会共识。近代以来，西方法治文化实现了民主基础上的更新完善，从17、18世纪开始逐步以理性、正义为基础，将严格制约权力的理想转为现实，到19世纪已经逐步将法治的规则、要素和经验制度化。当代的法治实践中，通过法治解决实际社会问题、回应社会需求已经成为法治文化的发展趋向。随着新大陆的发现和西方殖民地的扩张，西方国家在全球化的过程中不断地向世界输出法律，使西方的法治文化与市场经济

① 汤一介：《“文明的冲突”与“文明的共存”》，《北京大学学报（哲学社会科学版）》2004年第6期。

② ［古希腊］亚里士多德：《政治学》，吴寿彭译，商务印书馆1983年版，第199页。

一起向全世界扩张开来。在过去的1850年到2000年间，法律全球化的三次浪潮均是西方法律思想向全世界的输出。① 一方面，法治文化作为一种文明形式，是西方贡献给世界人类文化的宝贵资源；另一方面，由于非西方国家近代以来基本处于法治文化的输入国，无形中有将西方的法治文化等同于世界法治文化的倾向。事实上，西方法治文化的发展过程中，法治的内涵表述、组成要素都几经变迁，一直处于不断调整的状态。近年来，世界上非西方国家的法治也逐步形成和发展出各具特色的法治文化，成为世界法治文化的有机组成。越来越多的国家已经意识到如果仅仅将西方法治文化简单抽象为几个原则和价值观念，进而将其推定为世界法治文化的标准，是一种不成熟的观念。如果世界法治文化的概念能够成立，其内涵必定应当是世界的，而绝非仅仅是西方或东方的。

中国传统法律文化有着十分鲜明的自身特色。由于制度完备、礼法一体和德主刑辅等特点使中华法系所代表的中国法文化屹立于世界法文化之林。但是种种因素导致了中国传统法律文化未能生发出现代法治的因子。从清末修律以来，中国开始了一条模仿、借鉴世界法治经验、逐步实践摸索的法治文化发展路线。清末开始广泛吸收、借鉴了包括英美法系、大陆法系的西方法治文化，新中国成立以后吸收了马克思主义法律文化和苏联法律文化，改革开放之后复又翻译、学习了广泛的世界法治文化。在这个历史过程中，中国法律文化原有的特色往往被视为痼疾和糟粕，是应当予以改造的阻碍法治形成和发展的滞后性因素。无论是清末修律时的礼法之争，抑或改革开放后中国法律发展的外来资源论与本土资源论之争，都显示中国的法治文化在世界法治文化的交往中，长期缺乏主体性意识和文化自觉。

从空间维度上来说，当代中国的法治文化建设有着现实的问题场域，直接指向如何在中国与世界、中国与西方的关系中看待、评价、总结中国正在发生

① 参见［美］邓肯·肯尼迪：《法律与法律思想的三次全球化1850—2000》，高鸿钧译，《清华法治论衡》第12辑，第48页。

的法治实践，如何在法治文化普遍性和特殊性的对立统一中定位中国法治文化的主体性，如何在法治文化主体性的基础上实现中国与世界的统一。

三、法治文化建设的时间维度

传统与现代的关系、中国传统法律文化与现代法治理念的关系是建构法治文化必须重视的。传统社会向现代社会变迁的现代化进程始于西方，并且逐渐席卷整个世界范围。现代化对人类社会的影响是多方面的，经济、政治、法律、生态和文化无不接受现代化的洗礼。法律现代化的最突出表现正是法治从神治、人治、德治等方式中脱颖而出，成为人类现代治道的主要方式。中国传统法律文化是以人治为价值核心的法律文化，其诸多特点和理念均与农业社会相得益彰，而恰恰是这些特点使其与现代社会工业化、商品化的需要形成隔阂。很长一段时间以来，中国的法治实践都在致力于剔除中国传统法律文化对法治的不利影响。而我们今天的法治文化建设，应当对这一现代化进程中传统与现代关系有更清醒的认识。如何处理法律传统与现代法治的关系，如何实现中国传统法律文化创造性转化是法治文化建设的重要任务。

中国传统法律文化博大精深，以其鲜明的特色在世界上独树一帜并广泛影响了东亚地区。一些典型的特点，例如德主刑辅、礼法结合、义务本位、权尊于法、执法原情①等，在很大程度上都是极为适应传统农业社会的。自周朝起，中国就提出以明德慎刑的思想缓和社会矛盾、推动社会经济发展，至汉朝明确了德主刑辅的二元社会控制手段，并沿着道德为主的轨道对法律制度进行设计，强化百姓道德义务与法律义务的统一。中国传统法律通过立法、法律注释和春秋决狱等方式逐步实现引礼入法，将儒家精神注入法律之中。由于礼是中国传统文化的核心，不仅反映着中国人关于人与宇宙的哲学观，也影响着人与人、人与家庭、人与社会生活的各个方面，这就使得中国传统法律与文化紧

① 参见蔡枢衡：《中国法理自觉的发展》，清华大学出版社 2005 年版，第 35 页。

密地结合起来。同时，中国传统法律维护特权和等级、义务本位、权高于法律的特质，也决定了中国传统法律的根本精神是维护人治的。中国传统法律文化中缺乏现代法治的精神和观念，也因此一直在吸收借鉴域外的现代法治文化。

现代法治文化与中国传统法律文化之间存在一定的矛盾。这一矛盾在整个法律现代化的进程中反复以不同的概念形式出现。鸦片战争后，一些西方法律文化开始影响中国的传统法律文化，在清末修律过程中，沈家本为首的法理派与张之洞、劳乃宣为首的礼教派之间关于变法中的西法与国情问题有过多次交锋，彼时就已经显现出传统与现代之间存在的冲突。虽然法理派在变法问题上取得了优势，但是无论法理派还是礼教派都未能科学地认识西法与国情的关系。改革开放恢复法制建设以后，这一矛盾仍可以从当代一些学者的论述和争论中明显地感受到。例如，在世纪之交苏力的《送法下乡》所分析的中国基层司法制度中所提倡的地方性知识与当时学界普遍赞同的法律移植[①]观点之间就具有明显的价值差异，仍旧凸显出法治文化中传统与现代之间的张力。近年来，一些社会关注度较高的司法案件，例如许霆案、于欢案等，司法效果上普遍存在着民意与司法之间的冲突和争论[②]。这些争论之中既反映了情、理、法之间的冲突，也映射出中国的法治实践中形式法治观与实质法治观之间的矛盾，但从历史发展的长时段来看，这一矛盾本质上仍旧是法律现代化过程中，未能很好地衔接现代法治文化与法律传统所导致的冲突。在法律制度上大规模地引进、移植西方法治，虽然可以迅速地改变制度的缺漏，但是法治实践中制度与国情、现代法治文化与法律传统之间的矛盾却一直制约

① 这一时期有多篇论述法律移植的代表作品。参见郝铁川：《中国法制现代化与移植西方法律》，《法学》1993 年第 9 期；吕志强等：《中国经济特区法律移植研究》，《法律科学》1994 年第 6 期。

② 相关研究参见吕芳：《大众的法律意识与法官职业思维——以许霆恶意取款案为研究范本》，《法律适用》2008 年第 9 期；王启梁：《法律世界观紊乱时代的司法、民意和政治——以李昌奎案为中心》，《法学家》2012 年第 3 期；伍春辉：《走向裁判理性：对司法效果的追问——以 30 件典型案件为分析对象》，第八届中部崛起法治论坛论文。

着中国法治的发展。

从时间维度上来说，当代中国法治文化建设的提出有其特定的现实背景，中国法治实践中一直在以不同的形式表现出传统与现代之间的隔阂。西法与国情；法律移植与法治本土化；司法与民意，这几对概念其实共同反映出中国现代化中存在的一个症结，它不断提醒着我们法治文化建设中的现实：一方面是中国的传统确实没有内生出现代法治的观念，现代化过程中我们必须广泛地学习、吸收域外的法治文化；另一方面则是某些传统在中国社会始终发挥着重要的作用和功效，我们应当客观理性地看待这些传统存在的原因和意义。法治文化的建设不能“全盘西化”或是“文化回归”，只能通过法治文化的主体性建构增强自身的转型能力，弥合传统和现代之间的隔阂。

第二节　主体与法治文化建设

一、主体—文化的系统与结构

文化与人、人的社会活动具有密切关系。这一点从文化的定义就可见一斑，无论是人类学家泰勒所谓“人作为社会成员而获得的所有能力和习惯”①，还是中国学者梁漱溟所指“人类生活的样法”②，都反映出文化与人、人的社会活动之间的紧密关联。人类所面对的自然环境、社会经济环境和社会制度环境构成了制约人类生存的客观条件，文化正是人类在不同的限制条件下适应环境、改造环境、改造自身的过程和产物。

文化社会学进一步论证文化是人类创造的特质。文化是一个具有独立的起

① ［英］爱德华·泰勒：《原始文化》，连树声译，上海文艺出版社 1992 年版，第 1 页。

② 《梁漱溟全集》第一卷，山东人民出版社 1989 年版，第 380 页。

源、积累和突变过程的独立系统，[①] 主体和社会因素与文化相互作用。结构功能主义的代表帕森斯提出了行动理论的模型，详细分析了人、人的社会行为与文化系统之间的相互作用关系，可以清晰地反映出主体—文化的系统与结构。帕森斯以行动总系统作为最普遍的系统，来解释社会变迁以及文化变迁。人类的交互行动构成了社会系统的基本单位。行动总系统包括文化系统、社会系统、行为有机体和个性系统四个子系统，系统的存续必须始终能够解决AGIL[②] 四个方面的问题。文化系统体现了 L（即潜在因素），始终面临系统内部的变化和系统外部的输入，只有保持自己特有的形构力量才能维持文化系统的存续。这也说明了文化作为一个独立的子系统，始终与主体（包括生物性的人和社会化的人）、社会进行着多方面的交互作用。

文化系统内部各子系统、各要素之间具有相对稳定的秩序和联系，形成了文化的结构。任何文化系统的结构都具有稳定性、开放性和变异性的特点。文化一旦形成，就能够指导和控制人的价值观念和行为方式。尤其是法律和道德这类人们所认可的合法性文化，能够为社会提供合理性证明，更能够起到控制社会，从而使文化系统更加稳定的作用。同时，由于文化系统必然与外界环境和其他文化发生相互作用，会引发文化系统内部的结构发生变化。当文化结构发生巨大变化时，文化系统就可能解体或更新。因此，文化变迁往往与文化结构有关。这种变化的发生一般首先是物质层次，其次是制度层次，再次是风俗习惯层次，最后是思想与价值层次。这种文化变迁实质上反映出的是人对于文化的创造和升华。

---

① 参见司马云杰：《文化社会学》，山东人民出版社 1987 年版，第 26 页。

② AGIL 是系统存续必须解决的四个方面机能的缩写，A（adaptation）表示改变性适应，是人的行为有机体系统的主要体现；G（goal attainment）表示达到目标，是人的个性系统的主要表现；I（integration）表示系统的协调、同和，是社会系统的主要表现；L（Latency）表示潜在因素，是文化系统的主要表现。AGIL 之间存在着同时的、多向的交换关系。由于人的行为有机体和人的个性系统实质上即人的生物性和社会性，所以，中国学者认为 AGIL 系统也可以简化为人、文化和社会三者的交互关系。

二、主体与法治文化建设的关联性

法治文化建设是一种文化变迁的过程。文化是与主体、主体的社会活动相互作用的系统，系统内各组成要素的秩序和联系形成了文化结构。当文化结构发生巨大变化时，可以形成文化变迁，这一过程通过主体及主体的互动实现。

文化受其成员的影响，也影响着其成员。法治文化是文化的组成部分，也是文化系统中的一个子系统。如何理解文化变迁的机制，文化符号学提供了较为契合的说明。文化是文本的系统，当一个群体从大量信息中甄选出一定数量的文本，标志着文化的形成。例如，圣经这一文本在欧洲曾经是广泛接受的行为准绳，形成了宗教文化。文化的系统中存在着中心文化和边缘文化，它们存在着竞争的关系。中心文化被社会相关成员视为其身份认同的根本因素。文本对相关文化的成员来说具有建构社会现实的作用，并为其生活和行为制定了标准。①法律、法治也是一种文本的系统。对法治后发国家而言，建设法治文化就是将法律和法治从各种竞争性的社会规范文本中甄选出来成为中心文化，并为社会成员的生活和行为提供准则。

主体与法治文化建设具有密切关系。主体—文化的系统、文化结构和文化变迁的原理说明，人构成了法治文化繁荣的关键性因素。文化是人类群体的显著成就，是人类活动的产物。②法治文化的生成、运行和发展离不开人。任何法治文化的生成、发展和实现都不是凭空发生的，不过是主体在特定的时空条件下法治实践的产物。法治文化建设只有通过主体、主体的行动才能实现。具体而言，主体包括作为个体、群体和社会整体的人。民法上的自然人、宪法中的公民都是典型的个体。两个以上的个体之间的交互行为，构成了理解主体—文化系统的基本单元。群体是文化和社会研究中的基本单位，对特定群体的关

---

① ［德］安斯佳·纽宁、维拉·纽宁：《文化学研究导论》，闵志荣译，南京大学出版社 2018 年版，第 78 页。

② 参见［美］克罗伯、克拉柯亨：《文化：概念和定义的批判性回顾》，转引自冯天瑜等：《中华文化史》，上海人民出版社 2015 年版，第 10 页。

注也影响了法学研究，政党、政府、阶级、法律人阶层、弱势群体等在法社会学、宪法学中都是重要的群体类型。社会整体是抽象意义上的主体概念，例如卢梭论述的人民、滕尼斯的共同体概念等。

三、多元主体互动的文化生成意义

法治文化是多元主体合力的结果。在社会发展动力问题上，恩格斯的“历史合力论”无疑为主体的互动提供了经典的解说。历史的最终结果总是从许多单个的意志的相互冲突中产生出来的，无数互相交错的力量形成无数个力的平行四边形，由此产生出一个合力。在法治发展的动态过程中，不同主体的力量也在塑造着法治文化。这之中有因国情、社情因素而显示出独特性的一些主体，例如英国国王爱德华一世推动了英国法治文化的形成；也有不同法治文化形成中都存在的一些主体，例如法律人阶层、市场主体和广泛的公民。当不同主体对于法治的思想和观念在互动中形成合力，法治获得普遍的共识和认同，法治文化就具备了形成的条件。这一条件不是少数主体精心设计的产物，而是多方主体合力形成的结果。

互动是形成多元主体合力的实践方式。文化是不断进行能量转化、信息传递的动态开放系统。①不同主体间的互动是进行能量转化、信息传递、更新与保持文化的实践方式。法治文化建设的本质是实现文化的更新。如果能够明确主体之间的具体互动方式，就为我们提供了理解法治文化建设的一种方法。社会学家吉登斯认为，个体间任何形式的社会接触都是互动的方式，我们人类的大部分生活就是由社会互动构成的。②个人之间、群体之间、个人与群体之间发生相互的社会行动，构成了现实的社会并塑造了文化。麦休尼斯更将互动界定为“人们在与他人的联系中如何采取行动并作出反映的过程”③。由此可以看

① 参见冯天瑜等：《中华文化史》，上海人民出版社 2015 年版，第 10 页。

② ［英］吉登斯：《社会学》，李康译，北京大学出版社 2009 年版，第 851 页。

③ ［美］约翰·J. 麦休尼斯：《社会学》，风笑天译，中国人民大学出版社 2009 年版，第 168 页。

出，主体之间的互动方式是多种多样的，积极的行动、甚至消极的沉默和不作为都构成了现实社会中的互动情形。具体而言，互动包括积极的形式和消极的形式，合作、协商、竞争、博弈、冲突、调适和融合等方式都是互动的具体形式。

主体的互动对法治文化生成具有建设意义。不同主体对法治的观点、意识和价值观念存在差异，如果主体之间对法治的理念缺乏足够的共识①，就会产生不合作、竞争、博弈甚至冲突等消极互动。这也导致法治文化建设受到阻滞，并迫使主体继续寻求法治共识、形成不同主体都能够接受的法治文化。在实践中，主体总是通过各种方式影响法治文化建设。无论是积极参与、促进，还是消极冷漠、阻碍，都可以在事实上形成对其他主体的影响，并以这种互动作用于当代中国的法治文化建设。

第三节　法治文化建设中的互动机制

通过对法治文化建设实践的观察不仅有助于发现法治文化的主体互动机制，更有助于提炼主体在建设中的作用。主体—文化的系统与结构说明，主体间互动所形成的社会事实和社会交往总是以文化的形式得以传递和延续。主体互动活动的背后则反映出权力结构、权力与反抗在文化上的映射。布尔迪厄曾论证一个社会的文化活动显示出社会主体不同的利益。② 文化是一种多方争夺的资源，能够形成立场、行为方式和互动。可见主体的利益、权力分配是文化结构及其变化背后更深层的动因。当代中国的法治文化建设中，权力和权利的

① 关于实践中缺乏法治共识的分析，参见季卫东：《找寻构建中国法治秩序的核心价值》，《检察日报》2011 年 6 月 30 日；顾培东：《当代中国法治共识的形成及法治再启蒙》，《法学研究》2017 年第 1 期。

② 高宣扬：《当代社会理论》（第 2 版），中国人民大学出版社 2017 年版，第 854 页。

组织分配形成了自上而下和自下而上的双向互动机制，并逐渐围绕法院形成互动的中心格局。

一、自上而下的互动：普法活动

普法是一项极具中国特色的法治文化建设实践。在普法活动中，政党、政府发挥了最重要的推动作用，承担普法工作的法律人和法学家也发挥了一定的促进作用，广大的公民和社会群体则主要处于接受的一方。

政党和政府主导着中国的普法活动。1985 年，中宣部和司法部联合报中共中央、国务院《关于向全体公民基本普及法律常识的五年规划》，后来人大常委会通过了国务院提出的议案，由此拉开了中国的普法工程。至今，中国已经进行了 30 多年的普法活动，这一宏大的工程能够长时间、不间断、有计划地推进，离不开政党和政府的强大推动力。从“一五”普法到“八五”普法，每五年为一个阶段对普法活动进行部署，在结束时对照计划反思普法的效果和经验，并在此基础上制定下一届普法规划。各地方政府在贯彻普法规划时，也多采用这种制定计划的方式结合本地区实际细化普法的目标和方式。政党和政府的推动，成功将法治推广为全民接受的理念，实现了中国法治文化建设的飞速发展。

普法的宏大工程也涉及了其他众多主体。公民、企业、学者和法律人等多元主体都实际参与了普法活动。“一五”普法中，有 7 亿多公民学习了相关的初级法律知识；“二五”普法中，有 96 个行业制定了普法规划，组织学习专业法律法规；“三五”普法中，30 个省、自治区、直辖市结合普法活动开展了依法治理；“四五”普法中，有 8.5 亿公民接受了各种形式的法治教育①；“五五”普法中，有 2.46 万多人次省部级领导干部、41.53 万人次厅局级领导干部参

① 参见中华人民共和国国务院新闻办公室《中国的法治建设》，中国政府网，2008 年 2 月 28 日，http://www.gov.cn/zhengce/2008-02/28/content_2615764.htm。

加了法制讲座[①]；“六五”普法中，每年举办青少年网上知识竞赛，5年共吸引1000多万青少年参加[②]。几乎每一次普法都对特定主体进行有针对性的法律知识、法治理念的宣传教育，实际承担这一工作的学者和法律人等主体也起到了传播法治文化的促进作用。

普法活动的法治文化建设效果也具有一定局限性。普法活动伊始，追求教育对象和教育内容的数量指标，不可避免地造成了形式化和运动式的普法结果。普法的对象定位为一切有接受教育能力的公民，希望通过普及法律常识建立起社会全体成员对于法治的普遍认同。共识在结构功能主义的文化和社会分析中是一个重要的概念。主体对基本价值观念具有普遍的共识，文化系统以及社会行为总系统才能协调一致地运转。[③]而普法活动意味着这种建设方式是自上而下式的政治活动，往往局限于一种单向流动的文化传播方式。事实上，任何主体都有关于法治的理解。普法接受者原本对法治的理解与政府、专家、法律人等社会精英之间存在差异，但往往以不懂法治的理由简单化处理。接受者有时就会对普法产生冷漠、应付或缺乏认同的态度，消减了普法的效果。

二、自下而上的互动：民主参与

民主参与是主体通过合作、协商等良性互动建设法治文化的主要方式。20世纪60年代以来民主与文化的研究说明，参与者文化（Culture of Participants）才能较好地与民主搭配。民主是法治的题中之义。立法、行政和司法实践中，主体通过民主参与的方式自下而上地建设法治文化。

在立法方面，公民、企业和社会组织可以通过应邀参加座谈会、听证会、

① 《国务院关于“五五”普法工作情况的报告》，中国人大网，2011年4月20日，http://www.npc.gov.cn/wxzl/gongbao/2011-07/20/content_1665375.htm。

② 参见《国务院关于“六五”普法决议执行情况的报告》，中国人大网，2016年4月25日，http://www.npc.gov.cn/wxzl/gongbao/2016-07/11/content_1994448.htm。

③ ［英］安东尼·吉登斯：《社会学》，李康译，北京大学出版社2009年版，第85页。

论证会、对法律议案提出意见和建议等方式参与法治文化建设。在中央立法中，由于程序设置和专业性等原因，无论是公民还是企业或社会组织的参与程度都非常有限。参与主体的局限性造成了社会中大部分主体不能在这一过程中实际发挥互动作用，参与感和认同感的减损是不可避免的现实情况。相比之下，无论从参与民主的理念，还是国家治理的方针来看，地方立法都是实现民主参与的主要途径。2015 年修改后的《立法法》明确了省、直辖市、较大的市和设区的市都具有就自治性事务进行立法的权限，并且规定了通过座谈会、听证会等方式听取公众意见。从立法设计来看，鼓励和推进多元主体在地方自治事务中发挥主体性作用，参与法治文化建设的决心已经非常明显。

在行政方面，除在抽象行政行为中以座谈会、听证会、问卷调查等方式进行民主参与，主体还通过具体行政行为参与法治文化建设。公民参与公共行政是行政法治的必然要求。行政主体与公民、企业和社会组织等行政相对人之间的关系，影响着法治文化的建设实践。在行政处罚、行政许可等一些具体行政行为中，虽然涉及的总是个别相关主体，但行政行为与社会生活的密切关联性决定了实际参与这类实践的主体极其广泛。例如《行政处罚法》《行政强制法》中，行政相对人具有申述、申辩和拒绝的权利，要求说明理由、要求听证的权利，这些权利的设置使公民、企业和社会组织在行政行为中的交互作用成为可能。

在司法方面，人民陪审员制度是司法民主、司法参与的最主要形式。2018 年通过并实施的《人民陪审员法》，从法律上明确了以广泛有效的方式实现公民通过司法方式参与法治实践，以公民的朴素正义观、价值观来增进司法的社会效果。事实上，司法领域的互动实践远不止民主参与方式。多元主体在具体的司法审判中，可以通过更多的互动和角力实现对法治文化建设的影响。

三、主体互动的中心：通过司法的角力

法治后发国家中，制度的发展往往先于文化，社会的急速变迁也使一些纠

纷在立法中难以找到明确清晰的规范指引。如何实现法律在规范上的封闭性和认知上的开放性，卢曼构想了法律的自创生沟通系统，而应对社会变迁的任务是由处于法律系统中心地位的法院来进行的。① 这也促使围绕司法审判为中心展开的多元主体互动成为必然。多元主体通过司法的角力给法院、法官带来了压力和挑战，也逐渐塑造了司法在法治文化建设中的制度意义。法庭的判决并不终止于向双方当事人宣布，还将传播到整个社会。“争端愈为人知，法官的职位越高，那末影响就愈大。”②这使司法在法治文化建设中具备了立法、执法等环节所不能比拟的重要作用。

民众通过民意对司法施加外部压力影响法治文化建设。中国在传统上一直有天理人情高于国家法的文化情结。在快速推进法治的当代，当一些轰动案件的审判结果有违民众的道德观念、情感取向时，这一文化情结就会通过媒体、舆论等方式形成对司法的外部压力。例如在李昌奎案、邓玉娇案和许霆案等案件中，通过网络、媒体发酵的民意不仅对法院和法官的审判形成了巨大的外部压力，在一定程度上确实影响了案件的审判过程和结果。民意的影响是复杂的。从消极方面考虑，民意具有一定的非理性成分，受制于信息不对称、从众和易于变化等因素。具体个案中，民意对司法的外部压力可能造成对法治的损害，易变的民意更增加了法治文化的建设困难。但从积极的方面来看，民意对法治文化建设提出的挑战迫使法治理念变得更加本土化和具体化，由此获得文化的生命力。例如，“生存权和发展权是首要人权”“良法善治”“法治是形式法治和实质法治的统一”这些已经深入人心的理念，都是既符合法治又反映民意的法治文化。

政党和政府也可能对司法施加压力影响法治文化建设。当个案的案情或审判结果与公众常识相左时，政党和政府可能会以领导讲话、批示等方式对具体案件的司法审判施加压力。

法学家围绕司法说理影响法治文化建设。近年来，民意与司法的关系已经

① 参见［德］尼克拉斯·卢曼：《法社会学》，宾凯、赵春燕译，上海人民出版社 2013 年版，第 13 页。

② ［澳］维拉曼特：《法律导引》，张智仁、周伟文译，上海人民出版社 2003 年版，第 328 页。

成为法学家的关注问题。虽然态度的激烈程度、援引的论据各不相同，但基本上都对民意的影响保持着警惕和不欢迎的态度。这其中既有呵护中国法治的良苦用心，也可能掺杂了法律精英阶层在智识上的优越。

法院通过追求法律效果和社会效果统一的策略应对外部压力。在一些疑难案件中，法院和法官面对民意和政治的外部压力，坚持严格的法条主义可能将难以获得社会的认同。而如果司法审判被民意和政治压力左右，又会损害法律的确定性和法治。在此境况下，最高法院提出的“法律效果和社会效果统一”的司法政策，可以说是法院做出的应对策略。面对法条主义和民意、机械司法和政治判断的一系列紧张关系，如果法院能够以法治的规则对案件进行审判，又能够妥善地应对民意、政党和政府的外部压力，无异于对社会进行了一场法治的精神洗礼。

第四节　法治文化的建设逻辑——实现人的主体性

法治文化是现代文化，而现代化的核心是人的现代化。因此，法治文化的生成、展现和运用实际上都是围绕实现人的主体性进行的。中国传统法律文化蕴含着丰富的人文精神和高度的文化自觉，具有十分鲜明的主体性，中华法系在历史上源远流长就是最好的例证。步入现代化以来，西方的冲击和中国自身国力的衰弱导致中国人对自身文化丧失了信心，中国的法治文化一直在西化与本土化的矛盾中摇摆，逐渐丧失了文化的主体性，这已经成为制约中国法治发展的严重问题。建设法治文化，正是要重拾中国法治文化的主体性，这也就要形成法治的文化自觉、文化自信和文化自强。

近年来，文化自信已经成为中国文化发展的目标方向，“文化自信是更基本、更深沉、更持久的力量”①。一个民族文化自信的前提是要有文化的自我意

① 习近平：《在哲学社会科学工作座谈会上的讲话》，《人民日报》2016年5月19日。

识和文化自觉。“文化自觉是指生活在一定文化中的人对其文化有‘自知之明’，明白它的来历，形成过程，所具的特色和它发展的趋向”①。人应当对其文化当中的传统、当下和未来具有客观理性的认识。文化自觉就是要客观、理性地认识自己的文化及其在世界中的位置，在多元文化中认识自己文化的长处和短处，才能取长补短。文化自觉是文化自信、文化自强的基础，法治文化的主体性就是在文化自觉的基础上逐步实现法治文化的自信和自强。

一、法治文化的生成

首先，法治文化是理性的产物。例如西塞罗说自然法的本质就是正确的理性，是“明理之士的智慧和理性，是合法和不合法的尺度”②。理性是人作为主体把握客观事物本质的思想能力。早在古希腊时期，柏拉图就提出人的理性能够认识本质性的理念世界，从而获得具有普遍性的知识和真理。近代以来，笛卡尔明晰了人的理性认识与感性认识的差别，认识的首要任务就是从感性认识上升到理性认识的层面，这也是人类获得科学认识的根本途径。18世纪以后，康德对人的理性能力进行了系统的论述，从而将理性与现代化建立了明确的联系，理性成为现代主体的基本特征。人类的群体生活若要存续下去，首要任务是维持一个有秩序的社会。因此，人类历史上产生了神治、人治、德治和法治等诸多治道方式。与人治、德治等治道方式相比，法治的运作需要人力、财力等高昂的成本投入，但是仍然成为现代社会中文明国家的共同选择。可以说，法治成为现代社会的主要治理方式，这一过程本身正是人的理性选择的结果。

主体意识的理性和理性化对法治文化的生成具有决定性的意义。在西方，韦伯以“理性化”的概念来描述现代资本主义的经济、政治和法律的现代化过程，这在经济上表现为对投资和收益的精确计算；在政治上表现为行政管理的

① 费孝通：《反思·对话·文化自觉》，《北京大学学报（哲学社会科学版）》1997年第3期。

② ［古罗马］西塞罗：《论共和国 论法律》，王焕生译，中国政法大学出版社1997年版，第190页。

科层制；在法律上表现为法律规则的一般化，法律制度的形成及其系统化。现代化也就获得了与全面理性化同构的含义，现代化就是借助科学不断增进主体的理性和理性化的过程，这一“世界的祛魅”正是西方文化千百年来所经历的文化世俗化过程。① 虽然在20世纪初，韦伯预见到现代社会中“理性的铁笼”将会导致周期性的法治危机，但是其论述仍旧说明了理性对资本主义现代化和现代法治的重要作用。现代化的核心是人作为个体被推论为一个理性的构造，能够独立地运用理性、为个人行为负责，因而在法律上能够成为普遍的权利主体。在这种背景下，社会的核心问题是如何保护个体人的主体性，同时又将自由的个体联合为具有合法性的共同体。因此，以契约、平等和信用为基础，以人为本、理性为精神的法治文化成为主流。在中国，法治成为现代治道的根本方式同样也是人的理性选择的结果。与西方不同的是，中国的传统法律文化没有形成法治而是滋养了较强的人治传统。西学东渐过程中，对科学和民主的重视实际上开启了中国先进知识分子对国家命运和国家治理的理性思考。法治是优于人治的、法治是强国之治的思想是在中国现代化的进程中逐渐形成的理性认识。新中国成立后，中国的法治发展初创后又经历曲折，这些历史经验充分说明人治传统多建立在愚昧、迷信等非理性因素之上，一旦出现偏差会对社会秩序造成巨大的打击。这也说明了政党、领袖的理性意识和社会整体的理性化对于中国社会的重要性。改革开放后，恢复法制建设正是一次实现公共理性的结果，此后中国的法治实践逐步在理性的指导下步入正轨。

其次，法治文化应体现人之常情。法治不仅体现主体规定秩序的理性，也应当符合主体对生命智慧和人情事理的追求。“法律必须体现人情，法与人情并无矛盾之处，或不应有矛盾之处”② 这一传统观念成为中国人对法的基本认识，并且这一认识至今仍然在社会中起着重要的影响。人情的概念能够在一定程度上比附西方法律中感性、情感的概念，但是其关涉点并不完全一致。“天

① 参见胡长兵：《法律主体考略——以近代以来法律人像为中心》，《东方法学》2015年第5期。

② 范忠信、郑定、詹学农：《情理法与中国人》（修订版），北京大学出版社2011年版，第17页。

理可以对应自然法则或良心，国法可对应国家法律或王法，人情可对应民意或习俗。”①与西方理性与感性、法律与情感、形式正义与实质正义的冲突和对立②划分不同的是，中国的人情概念中情与理是相互交融的。人情的含义是多层次的：其一，是指人的情感和人的合理需要，就是众人之情、平庸者之情，其内容是人“想长寿、想有钱财、想安全逸乐，还有爱护自己的亲友等”③。其二，是社会公认的人与人之间的合理关系，在传统中国主要表现为礼教的核心内容即三纲五常。④其三，是法律运行尤其是司法审判中的国情、社情和民情。因此，可以说人情的概念中，既包含有人的喜怒哀乐等情感因素，也包含仁义礼智信等人伦因素，亦包含了人在特定情景中的实践理性因素。由于法律是符合人情的，所以“浸润了‘神圣的符号’，可以同‘终极意义和生活目的’相关，可以唤起人们的情感和信仰”⑤。这也从一个侧面说明了，法合乎人情对于法律文化的主体性生成具有重要意义。虽然这时的法律文化并没有具备独立的人格、人权和人的尊严等现代法治的文化因素，但是不可否认的是中国传统法律文化是浸润着人文精神的。中国法律文化以人的命运智慧和悲欢离合为关注点，法律的产生、运作和实现都因为人、依靠人作为发展主线，从而使其具有高度的自觉性、主体性。

再次，法治文化生成的基础是法理情的统一。法理情的统一是中国人对法治的正义要求。人类社会的发展促使法作为社会控制的手段也不断发展，但是正义始终是人类的追求之一。在传统中国法观念中，天理、国法和人情三者是统一的。由于人的人情能够通过共同的“理”使天理、国法彼此相通，国家制定法仅仅是法的形态之一，是连通法上之法（天理）与民意的中间层面。人情

① 张中秋：《传统中国法理观》，法律出版社2019年版，第273页。

② 参见［英］韦恩·莫里森：《法理学——从古希腊到后现代》，李桂林等译，武汉大学出版社2003年版，第22页。

③ 范忠信、郑定、詹学农：《情理法与中国人》（修订版），北京大学出版社2011年版，第19页。

④ 张中秋：《传统中国法理观》，法律出版社2019年版，第191页。

⑤ 梁治平：《法律的信与信仰》，《文汇学人》2015年12月18日。

在天理、国法和人情之中处于主体位置，天理和国法作为客观存在都需要人来阐述、人来制定。这就使中国传统法律文化形成了以人为核心，自然法(天理)与实证法（国法）相互促进的和谐局面。情理法的统一对于法律秩序和法律文化的生成具有积极作用，这一点对今天的法治文化建设仍具有启发意义。在传统中国社会，由于法律文化的核心是礼，而礼又是由习俗自然生成并得到官方认可的秩序，因而社会不同阶层对于天理、国法和人情的认识是具有极大共识的。[①]这也就意味着在国家与社会之间、官方与民间能够比较容易地形成理性的是非标准。国家的立法由于符合天理具有了正当性；司法由于实现了具有普遍社会共识的天理之“理”可以获得良好的社会效果。当代中国的法治文化主体性不彰，原因之一就在于自移植西法以来，中国社会对于人情本身、国法与人情的关系都存在共识不足的问题。只有法治文化根植于大众的道德并与社会的主流价值观一致，才能更为促进不同群体之间的法治文化共识。法治文化不仅仅是法律冰冷理性的条文，还应与中国人对天、地、人和谐共生的世界观、人生观和价值观相协调。在法治的运作中，法律的规则、原则和程序不应当因人情而受到干扰，国家制定法的威严在法理情三者之中应当具有至上性，否则法治的形式正义将受到危害。强调法理情的统一更多是指向实质正义的要求，这必将是一个动态发展的过程。

二、法治文化的展现

法治是一个整体问题。法治以法律制度为基础，由法律规范、法律原则和法律体系等构成。法治离不开完备、系统化的法律制度，法律制度又需要组织、机构等法律体制作为物质载体进行运转。法治的制度、体制和文化三者相互适应，才有可能实现法治的整体推进。其中，文化与制度、体制之间的互动

① 关于古代法文化共识的相关论述可参见艾永明：《关于中国古代“法文化共识”的思考》，《法治研究》2016 年第 3 期；张中秋：《中国传统法理学的精髓及其当代意义》，《法律科学》2019 年第 1 期。

性关系对于法治的整体推进具有重要影响。一种制度的确立和运行根源于特定的经济基础，又必然有其相应的文化作为观念基础；而反映和承载制度价值、意义的文化又起到具有维护制度、维持社会秩序稳定的作用。一种文化能够在社会中形成和确立，意味着其所蕴含的价值观和行为规范被社会普遍接受和遵守，从而实现维持社会秩序稳定的作用。同时，文化又需要有相应的制度、体制作为保障才能发挥精神的力量。“任何法治观念在一定国家中的传播及其对传统法观念的变革，都需要一种适当的制度模式和组织结构的支持。”①在实践中，法治文化既蕴含在法律制度、法律体制的规定性之中，又以精神的力量促进法律制度、法律体制的更新和完善，法治文化的主体性自然也遵循这两方面得以展现：其一是法治文化转化为法治的实然，在具体的法律制度、法律体制中以人的权利和自由为基础肯定人的主体地位；其二是法治文化形成法治的应然，将人对法治的理想和价值追求转化为法理指引法治的发展。

首先，法治文化转化为法治的实然。从法治的历史来看，世界各国法治制度的建立都经历了法治文化作为先导和控制的历程。例如在 13 世纪初英国的布拉克顿主张“王居万民之上，惟居神与法之下”，使国王服从法律的观念在社会中受到支持。这一法治文化的流行促进了议会、法院和平民与王权的斗争，《大宪章》就是这一法治文化的制度成果。16—18 世纪，西方在启蒙思想的影响和罗马法的思想洗礼下，一些思想家明确地提出了法治思想，他们有的从自然法角度、有的从功利主义角度、有的从哲理角度反对神治和人治、主张法治。这些法治文化既来源于对 12 世纪以来法律实践的总结，又进一步推动了英法美等国家的法治实践。例如，1689 年英国《权利法案》、1776 年美国《独立宣言》就是十分流行的社会契约论的产物，1789 年法国的《人权宣言》则受惠于自然法思想。在我国，法治文化转化为法治的实然则更加显示出法治文化作为社会变革的精神作用。19 世纪中叶，林则徐推动翻译进了《四洲志》《华事夷言》，魏源完成的《海国图志》，以及当时的传教士、商人和洋务推动翻

① 王人博、程燎原：《法治论》，山东人民出版社 1998 年版，第 230 页。

译、出版了伏尔泰、卢梭、孟德斯鸠等人的学说和法律思想，将法治文化传入中国。这些文化传播了民主、人权的思想逐渐改变了传统法律观念，是后来戊戌变法和清末修律的思想基础。国民政府的《六法全书》则吸收了当时美国的宪政和分权思想，将其转化为当时的法律制度。这些立法活动都是在法治文化的先导下进行的法治实践，虽然并未取得成功，但可谓法治文化转化为法治实然的努力。这也再次提醒我们法治文化与法治制度、法治体制相互适应的整体性问题，既不能夸大法治文化的作用导致文化决定论；也要注重在法治的整体中生成法治文化的主体性。这一判断在新中国成立后借鉴苏联法律文化的经验中再次得到验证。

法治文化转化为法治的实然，较为成功的中国实践是改革开放以来的法治建设。[①]1978 年十一届三中全会提出“为了保障人民民主，必须加强社会主义法制，使民主制度化、法律化，使这种制度和法律具有稳定性、连续性和极大的权威，做到有法可依，有法必依，执法必严，违法必究”。1979 年以来思想界关于要“人治”还是“法治”、“法大”还是“权大”、“权利本位”还是“义务本位”等法治问题进行了大讨论，明确了法律面前人人平等、法的本质、权利本位等法治思想。自 1985 年开始，中国的五年普法规划一直致力于普及法律常识、树立法治观念，这些活动都促使中国形成了一定的法治文化基础，并推动中国的法制建设，实现立法、执法和司法的法治化。

其次，法治文化形成了法治的应然。法治文化包含主体的法治意识、法治理念、法治思维和法治行为方式、法治信仰、法治思想等，描绘出法治的理想形态从而指引法治朝向更完善的方向发展。法治是一种理想，无论西方还是中国，至今都远没有完全解决法治面临的种种挑战。在法治发展的过程中，不同时期、不同国家的思想家都曾经尝试着论述法治的定义、要素和原则，形成了关于法治的法理学说和思想论断，成为对法治应然状态的系统解说。19 世纪

① 参见蒋传光：《从两个“十六字方针”看我国法治建设的跨越式发展——纪念改革开放 40 周年》，《东方法学》2018 年第 6 期。

英国的戴雪提出法治三原则的时候，英国形式平等还尚未实现，戴雪所强调的法律面前人人平等的原则并不完全是对当时英国宪政和法治实践的总结，实际上更多是针对法治应然层面的强调。在这之后，西方法学界形成了以形式法治为主线的法治文化，拉兹提出的“法的统治”的八项原则，富勒的法治八项原则，芬尼斯的法治原则都对法治应当符合的形式要素进行了详细的解说。这些法治文化对世界上很多国家如何建构法治提供了形式要素的借鉴。我国恢复法制建设以来，不但广泛地吸收了世界法治文化的合理因素，也提出了一系列关于法治的理念和思想。1997 年党的十五大提出到 2010 年要形成中国特色社会主义法律体系，十六大提出“依法执政”理念，都是对当时中国的法治提出的应然构想。而在这之前，我国法学学术界和社会各界已经经过了深入的学理争鸣，认为用“依法治国”替代“以法治国”，使“依法治国”不仅作为一个新的法学概念、法学命题，更作为一项重大的“基本”的“治国方略”被中国共产党正式确立起来。[①] 西方 20 世纪 70 年代后面临形式法治种种现实挑战，一些法学家提出了实质法治的思想。例如美国的莫尔所论述的法治内容中包含了实质公正，澳大利亚的沃克列举的 12 项法治原则中包含了自然正义和公正审判，都旨在引导法治走向更理想的状态。我国在新时代的法治建设中，提出了“法治中国”“建设中国特色社会主义法治体系”“社会主义法治是良法善治”等法治的应然命题，指引中国未来法治发展。纵观法治的历史过程，法治文化一直处于调适和发展的状态。因为，法治文化为法治设定的应然状态总是根据法治的现实问题提出的超越于现实的理想，而法治的现实又总是在解决问题中不断发展的。现代法治文化包含资本主义法治文化和社会主义法治文化。由于意识形态、价值导向的差异，这两种法治文化必然存在不同的风格，但应当说关于法治规律的共性是多于个性的，这也正是法治缘何成为不同国家治理的根本方式、形成世界法治文化的原因。

---

① 中共中央文献研究室本书编写组：《中国：1978—2008》，中央文献出版社 2009 年版，第 234—235 页。

三、法治文化的运用

法治文化运用的形式是多种多样的，应当说所有使得法治文化发挥功能和作用的方式都是法治文化的运用。仅从人的行为和行为动因角度来考虑的话，法治文化的运用至少表现为主体的守法意识、主体的法治思维和法治方式、主体的法治信仰，从这几个方面可以较为明显地考察主体是否具备对法治的崇尚、遵守和捍卫，这也是法治文化主体性的最直观表现。

首先，主体的守法意识。法治秩序之中，主体守法的理由可能是复合性的，惧怕惩罚、利益考量、道德义务、社会压力等因素都可以促使主体服从法律的规范，但主体的守法意识才是法治文化不可缺少的。尤其后发型法治国家的现代法治体系往往是通过社会变革输入的，现代法治常常受到传统的习俗和道德规范的干扰，能否在民众中树立新的守法意识是克服法治的制度流于形式的重要因素。法治文化是主体崇尚法治、以法治为精神内核的现代文化，影响守法意识的关键因素有两个，其一是人是否具有主体意识，其二是人是否认同法律背后的价值。川岛武宜曾就日本法律近代化缺乏守法精神导致法治缺乏实效的问题提出，主体性的意识是影响守法精神最根本的基础因素，包括“第一，人要认识自己作为人的价值，是有独立价值的存在”，“第二……大家互相将他人也作为这种主体人来意识并尊重其主体性”①。因此，人对自身主体地位的自觉和主体间的尊重，是主体具备守法意识的基础，在法治实践中又表现为主体对“自己权利的主张”和“对他人权利的承认和尊重”。这两条切中了现代社会秩序的关键，因为任何一种社会都需要解决个人与群体的关系，现代法治正是通过民主、法治的框架将个人自由与群体合作之间的紧张关系缩小到最低。同时，法律背后所体现的价值决定了主体对法律的认同。只有社会中的大多数成员接受法律规则以及规则背后的价值观念，人们才能在行为上忠诚于法律。② 在多元

① ［日］川岛武宜：《现代化与法》，王志安等译，中国政法大学出版社 1994 年版，第 53 页。

② 参见谢晖：《法治与法治（公民）政治智慧》，《东方法学》2014 年第 4 期。

文化并存的现代社会，法治文化所包含的民主、自由、人权、公正等基本价值才最有可能被不同的群体所接受，从而使主体的守法成为可能。现代社会中全民守法是法治中国建设的保障措施之一。

其次，主体的法治思维和法治方式。思维是“立足于某种根据的信念，这种根据……是真实的知识，或是被信以为真的知识”①。法治思维是主体以法治的精神作为信念，按照法治的具体内容来认识人与人、人与社会的关系，从而安排自己行动的思维方式。法治方式是主体在遇到具体问题时运用法治思维处理、解决问题的行为方式。具体而言，就是在日常生活和纠纷解决中以法治的要义认识事物、判断是非和解决问题。法治精神的丰富性决定了，法治思维至少包括规则思维、程序思维、理性思维、民主思维、平等思维、人权思维等等，其中规则思维是法治思维的基础。法治思维和法治方式是守法意识在主体的思维和行为方式上的具体体现，也反映出主体的法治信念。在社会活动中，主体的守法意识和法治信仰还主要是侧重主体的精神活动，而法治方式是意识、思维和信仰见之于行为的外在表现，因而主体的法治思维和法治方式是法治文化最鲜活的表现。法治思维是以实在法规则为基础，要求主体“遵守规则、尊重规则、依据规则、运用规则进行的思维”②。从这个意义来说，法治思维是直接针对人治思维、德治思维的，在日常活动和法律实践语境中，意味着在法理情三者之中实在法的统摄性。只有首先坚持法治的形式价值才不至于使法治遭到倾覆，法治的实质价值才具有保障。法治思维是主体将价值追求诉诸法治的方式，通过权利义务来安排行动、解决问题的思维。③主体坚持法治思维和法治方式，并非以形式理性否定价值理性、以形式法治否定实质法治；而是通过主张权利和尊重他人权利，权利和义务、权力和责任的统一来实现主体对民主、自由、平等、人权和正义的价值追求。在中国的法治实践中，法治思维和

---

① ［美］约翰·杜威：《我们如何思维》，伍中友译，新华出版社 2014 年版，第 5 页。

② 庞凌：《作为法治思维的规则思维及其运用》，《法学家》2015 年第 8 期。

③ 参见陈金钊：《用体系思维改进结合论、统一论——完善法治思维的战略措施》，《东方法学》2018 年第 1 期。

法治方式更强调政党、领袖和领导干部等群体的模范作用。法治的核心是如何约束权力的行使。政党、领袖和领导干部的法治思维和法治方式直接表现为依法执政、依法行政，这对于社会大众来说，具有示范、引导的效应。

再次，主体的法治信仰。信仰是一个社会中的文化群体和个体基于共同的价值目标对客体所形成的内心信赖和外在遵循的统一。法治信仰是主体在对法治的诚服、坚信的心理基础上，严格以法律规则作为支配自己行为准则的一种信念，包含了主体对法治的认知、情感和意志。影响主体的法治信仰形成的因素主要有三项：其一，主体对法治的认知。法治信仰不同于宗教信仰，是建立在主体对法治这一客观对象的理性认识基础上，自主选择形成的。法治信仰的前提是主体对法治的意义、法律规范具有一定的知识和素养，这主要是认识到自身的权利和义务、法律对自身利益需要的保障等价值意义。一般来说主体获取的这些知识主要来源于社会对主体的教育、灌输和培养。其二，主体对法治的情感。从功利主义的角度来看，主体的生存和发展都有着各种各样的需要，法治是现代社会中保障主体需要的最有力方式。法治对主体的需要的满足，促使主体形成对法治的价值认同和情感体验。信仰的本质是生活价值的导向问题，具体表现为“某一社会、民族和社群所选择并确定的一以贯之的价值理想和终极目标”①。从本质来说，法治信仰就是一个社会、民族选择并确定以法治而非人治、神治等其他方式作为维系社会秩序的方式和价值理想。其三，主体对法治的意志。在法治实践中，主体通过审判仪式的神圣感、法治传统的影响、法律权威的至上性和法律规范的普遍性都更容易形成法治信仰。而更重要的是主体对法治的认知和情感要转化为以法律规范指引自身行动，这在行为上表现为主体在社会生活中积极地学法、尊法、守法、用法，在社会矛盾和纠纷解决时更倾向于运用法律行为和法律方式。主体对法治的认知、情感和意志的统一形成了法治信仰，在法治社会中，主体的法治信仰对法治秩序的确立、法治的整体发展都具有积极的作用。

---

① 万俊人：《信仰危机的“现代性”根源及其文化解释》，《清华大学学报》2001 年第 1 期。

四、法治文化建设的主体逻辑

（一）法治文化建设的价值目标是实现人的主体性

文化依其本质而言就是“人化”，是人在与自然相对意义上所形成的人为世界。在文化的创造和发展中，主体是人，客体是自然，而文化便是人与自然、主体与客体在实践中的对立统一物。有了人，才开始有了文化，因此文化的出发点是以实践改造自然、改造社会的人。法治的主张和法治的实践总是以某种关于人的理论作为前提的。在文化的发展历史上，对人的地位、人的价值、人的本质、人性、人的需要的认识不同，形成了不同的人的理论。这既有区域、文化类型的差异，也有历史阶段的差异，前者例如中国文化、印度文化、伊斯兰文化和西方文化的差异，后者例如传统文化和现代文化的差异。法治文化是一种现代文化，必然反映着现代化的种种精神和要求。现代化的核心是人的现代化，其鲜明特征是“发现”了人的主体性，而人之主体性的确立和实现则依系于现代法治的保障。现代法治包括资本主义法治和社会主义法治，虽然二者对于个人、个人与群体、个人与社会的关系的解读不同，但都以个体的人作为法律的基本单位。具有意志自由和独立人格的人、能够独立承担权利义务的个人成为现代法治中的基本“人”之形象，实现人的价值、人的尊严、人的自由和解放成为法治的价值意义。

（二）人之主体性的发现、确立和实现是法治文化主体性的内在逻辑

法治文化是一种现代文化，其特质就在于以法律确认人的主体性存在、在法律中彰显人的主体性价值、以法律实现人的主体性作用。首先，法治文化肯定人的主体性存在。这集中体现为平等的人格是现代法治秩序中立法的逻辑起点。现代文化的基础是个体的人自我意识的生成。在这一过程中，人的启蒙和人的主体意识觉醒起到了关键作用。“启蒙就是人类脱离自己所加之于自己的不成熟状态。”人的“不成熟状态，就是不经别人的引导，就对运用自己的理

智无能为力。"①这一启蒙和觉醒的过程，在西方主要受惠于人本主义思潮、文艺复兴运动和新教改革；在中国则主要归因于近代的西学东渐、新文化运动、五四运动等。主体意识的觉醒促进了现代法治的产生，而现代法治又通过法律对人的主体性存在予以确认。人具有平等的人格是现代法治的伦理基础。人格概念忽略了人的其他内在属性和外在特征，仅以人是为人作为根据，就应当获得法律对人主体资格的确认。其次，法治文化彰显人的主体性价值。这集中体现为现代法治对人的尊严的保障。人是具有理性的生命存在，人的内在价值决定了人具有的尊严。人的尊严是对人作为主体所具有的自主、自治、自由的肯定。自联合国宪章以来，承认并保障人的尊严已经成为国际人权法和各国国内法中体现人权精神、保障人权实现的重要因素。再次，法治文化推动人的主体性实现。这集中体现为法治的起点、终点和目标都以实现人的需要、人的权利、人的价值为根本。人的需要是人的本性，需要同人类共始终。人的需要是多样的复合体，从作用上来说包括人的生存需要、享受需要和发展需要。在一个社会中，正当需要的满足是人不可剥夺的权利。法治是保障人的正当需要、人的权利的根本方式。人们对哪些是正当需要的共识会凝结成基本价值，这些基本价值也是判断法治的正当性基础。当前，和平、发展、公平、正义、民主、自由已经成为全人类共同价值②。人类对这些良善价值的需要是法治产生的动因，法治也为了满足人的价值需要而不断完善，而这一切努力的目的都是为着人这一主体性的存在。

（三）人的主体性提高推动法治文化的发展和完善

人的主体性对内表现为人的人格、个性，对外表现为人的活动能力。③从法治文化的角度来说，人的主体性提高对内表现为法治的理性规则、法治精神不断内化为人的守法意识、法治思维和法治信仰，对外则表现为人的学法、

① ［德］康德：《历史理性批判文集》，何兆武译，商务印书馆1990年版，第22页。

② 习近平：《携手构建合作共赢新伙伴　同心打造人类命运共同体》，《人民日报》2015年9月29日。

③ 参见袁贵仁：《马克思主义人学理论研究》，北京师范大学出版社2012年版，第132页。

尊法、守法、用法行为不断增强；这又更加促使人在实践中以法治文化引导、控制法治制度、法治体制的建设，从而形成更加完善的法治文化。人是法治文化建构的目的，也是法治文化的创造者、践行者。这就意味着，未来法治文化的建构应当注重以人的主体性提高推动法治文化主体性的生成、展现和运用。

第五节　法治文化建设主体的未来

一、法治文化建设主体的未来指向

（一）明确法治文化主体性建构的时空定位

一般认为，中国传统文化并未促成现代法治的形成，甚至一定程度上还成为现代法治的阻碍。因此一段时间以来，传统文化在法律现代化过程中常被当作是法治批判的对象而非法治借鉴的资源。法律规则是特定人群的生存智慧和生活方式的反映，“随着民族的成长而成长，随着民族的壮大而壮大”①。一个国家的法治实践只有与文化和传统紧密关联才能够真正获得活力。实践中文化传统与现代法治之间的隔阂未能完全消弭，是制约我国法治文化主体性的原因之一。如何正确地对待传统是破解这一隔阂的关键。“在现代化的过程中如何正确地对待传统，就是今天中国学术界经常谈起的国情问题。传统应是国情中的重要组成部分。”②传统是“世代相传的东西，即任何从过去延传至今或相传至今的东西”③。传统的价值在于它能够将一个国家、民族过去

① ［德］萨维尼：《论立法与法学的当代使命》，许章润译，中国法制出版社2001年版，第7页。

② 罗荣渠：《现代化新论——世界与中国的现代化进程》（增订本），商务印书馆2004年版，第232页。

③ ［美］希尔斯：《论传统》，傅铿、吕乐译，上海人民出版社2009年版，第15页。

的经验、认识和文化积淀、延续并传递给后人，是对人的行为、思想和价值观产生深刻影响的力量。一个完全丢掉传统的国家，文化必然会丧失生命，更遑论其文化的主体性。在经历了百余年世界法治文化的洗礼之后，中国的法治实践和法治理论已经开始注意到应当对自身法律传统及人文精神进行重新认识和挖掘。[①]“传统、习惯或习性如果能够长期延续，至少得有某种效用。一般说来，人们并不会盲目地长期坚持某个具体的传统。”[②]这也决定了我们应当正视中国的法律传统及其人文价值，实现传统法律文化的创造性转化。从时间维度上来说，中国的法治文化要解决法律的现代化问题，而这既有后发型法治国家必须解决的本土资源与域外法治文化的融合问题，也有世界现代化进程中普遍遭遇的一些现代性弊病。在法律全球化的时代，经济、政治、安全、环境等领域的世界交往和合作加深，信息化、大数据和人工智能等引起的法治变革，似乎更加推进了世界法律趋同化的现象。然而这愈加突显了文化在国家间交往的重要性。法本质上是“一种现实的文化形态，其使法律世界的一切事实得以形成和塑造”[③]。法的规则、法的内容以及法的目的不是凭空创造的，而是人在具体的法律实践中为着其特定目的而创造的。法治和法治文化所具有的意识形态属性决定了，任何一种法治文化都必然蕴含着一定的价值取向，反映着主体在法治实践中所意欲实现的理想和目标。法治文化作为法治的精神部分，必然因法治的客观环境、人的目的等因素而异。同时，法治作为现代国家治理的方式，本身亦成为世界上不同国家的民众共同追求的一种目标和价值。从空间维度上来说，中国的法治文化概念已经表明寻求自身主体性的目的性，并且肩负着为世界法治贡献中国智慧的使命感。

---

① 参见郭忠：《礼如何优化中国法治》，《东方法学》2018 年第 2 期。

② 苏力：《送法下乡——中国基层司法制度研究》，中国政法大学出版社 2000 年版，第 33 页。

③ ［德］古斯塔夫·拉德布鲁赫：《法律智慧警句》，舒国滢译，中国法律出版社 2016 年版，第 9 页。

（二）以人文精神奠定法治的文化基础

人文精神是人类关于人的价值、人的生存意义、人类命运等问题的一系列思考。人文精神显示了人的终极价值，是人类共同的精神财富，也是现代法治的精神源泉和思想宝库。历史上，文艺复兴时期的人文主义曾经是支撑西方法治的精神力量。当代中国的法治建设也离不开人文精神的支撑。法治所需要的人文精神并非简单地照搬西方启蒙运动时期的人文主义，而是在中国传统文化基础上，广泛吸收世界文化中的人文因素形成的现代法治精神。中国传统文化中蕴含着丰富的人文精神，塑造了中国人独特的个性，是当代法治文化建设中不可忽略的文化资源。尤其是以儒家文化为主形成了对人的地位、人的价值、人的人格尊严等独特认识，可以为中国的法治文化提供滋养。这主要表现在：其一，在人的地位和价值上，将人纳入自然、宇宙中认识，从而形成了天地人一体的宇宙观、世界观。这样一种三元的世界观突出了人对于万物的尊贵，例如孔子说"天地之性人为贵"①，荀子说"人有气、有生、有知，亦有义，故最为天下贵也"②。人的尊贵源于人的道德、精神和人在文化上的自觉意识，而不是像西方文化中所理解的来自人对自然万物的征服，因此人的尊贵并未割裂人与天地万物的联系与和谐。其二，在人的人格和尊严上，提倡人格独立，但是始终以人与社会、群体的立场来考虑。例如"三军可以夺帅，匹夫不可夺志也"③中所说的"志"就是人的独立意志，这种个人的独立人格和意志自由主要针对的是政治权威、财富诱惑等外界压力而言的。从根本上来说，一个人的人格和尊严来自人的德性修养和道德实践。中国传统文化的集团本位限制了个人自由和法律权利制度化生成，这是基本历史现实，但以德性支撑人的人格和尊严这一观点对于今天的权利概念和法治建设仍然不乏价值。其三，在人的行为约束和秩序建立上，注重人的主观能动性。因为天地人一体，天道与人道、人性和人心具有同一性，因此"尽其心者，知其性也，知其性则知天

① 《孝经·圣治章》。

② 《荀子·王制》。

③ 《论语·子罕》。

矣”[①]，人的行为和人类社会的秩序不必求诸外力，而要求诸于己，人发挥自己的觉悟和智慧可以实现人道和天道。事实上，20世纪以来西方人文精神的危机已经说明了，法治如果丧失了对人生命意义的终极关怀将陷入正当性危机。因此，以理性、审慎、谦虚的态度反思、重构人文精神并使其成为法治的文化基础，是各国现代化中都面临的课题。人文精神的实质就是一种主体性精神，就是把人视为一切行为和制度的价值中心。从法治的角度来说，人文精神的注入意味着人的尊严、人的权利、人的自由和解放始终是法治的目的和正当性根据。

（三）以人民为中心引导法治文化发展

以人民为中心是中国共产党从革命到建设、改革一直坚持的根本立场。“人民是推动发展的根本力量，必须坚持以人民为中心的发展思想，把增进人民福祉、促进人的全面发展作为发展的出发点和落脚点”[②]。以人民为中心坚持了马克思主义的人民观，也是马克思主义所设想的“每个人的自由全面发展”的时代表达。党的十八大以来，“以人民为中心”“人民日益增长的美好生活需要”“人类命运共同体”的提出，都显现出党领导人民在全面推进依法治国中对人的主体价值、人的生存发展和人类命运的人文关怀。“法律的权威源自人民的内心拥护和真诚信仰”[③]，以人民为中心引导法治文化发展，才能确保法治文化的社会主义属性和中国特色优势。法治文化的发展还要为了人民、依靠人民才能实现法治文化的主体性，具体而言有以下几个方面。

其一，推进法治的人权保障功能，满足人民日益增长的美好生活需要。党的十八大将“人权得到切实尊重和保障”作为全面建成小康的重要目标，党的

① 《孟子·尽心上》。

② 《中共中央关于制定国民经济和社会发展第十三个五年规划的建议》，《人民日报》2015年11月4日。

③ 《中共中央关于全面推进依法治国若干重大问题的决定》，人民出版社2014年版，第26页。

十八届三中全会提出“完善人权司法保障制度”，十八届五中全会明确“产权得到有效保护”，十九大报告提出“加强人权法治保障，保证人民依法享有广泛权利和自由”。将人权作为法治的前提和目的，不断调整、回应人权的社会关切，才能保证法治文化的人民主体地位。

其二，增强普法教育的实效，提高人民的法治知识和法治素养。法治文化的主体性源自主体对法治文化的运用，主体的守法意识到法治思维和法治方式再到法治信仰的升华，不是一蹴而就的。自 1986 年起开展的全国普法工作，是中国法治实践的独特做法，也取得了不少成功经验。法律知识在全社会的普及转化为全民的法治理念和法治文化，仍然有很长的路要走。在七五普法工作中，法治教育宣传实效性、全社会厉行法治的积极性和主动性已经成为加强普法工作的着力点。

其三，拓展法治文化的参与途径，增强不同群体的价值共识。通过沟通和协商的方式提高不同社会阶层和群体的法治共识，可以有效地缓解、减少法治文化建设中传统与现代、本土资源与外来移植的隔阂，形成中国的法治文化共识。通过座谈会、听证会、论证会等方式提高立法的民主程度，通过发布指导性案例、典型案例提高司法公开和司法公正，通过互联网、大数据和人工智能提高法律公共服务，都可以更好地提高人民在法治文化中的参与程度，增强主体对法治文化的认同。

二、提升多元主体互动的因应之策

当代中国的法治文化建设中形成了以普法活动和民主参与构成的双向互动机制，并围绕法院逐渐形成互动的中心。但是，目前企业、社会组织和大量的公民主体未能实现有效的互动，造成文化系统中法律相对于习惯、政策和道德等社会规范的竞争劣势。这就意味着，未来应在理顺主体互动机制的基础上，理性定位多元主体的不同角色和作用，强化多元主体的良性互动，从而推进法治文化建设。

（一）**理顺主体互动的建设机制**

一般认为，文化的系统与结构反映着具体社会的结构和制度。传统的文化、社会的结构既是法治文化建设的先在条件，也是法治文化建设努力改变的实践对象。传统上，中国一直依靠礼、道德和习惯等社会规范与法律一起治理，造成了中国人价值观中的礼俗、习惯和道德对社会结构和制度保持着持久的影响力。这是中国法治先在的文化条件，影响主体的意愿和价值观念进而影响主体在法治文化建设中的交互行为。法律是“一个社会系统的结构，这个结构依赖于规范行为期望的一致性一般化”①。由于具体的法律、法治总是带有地方性知识的意味，是人类的实践智慧在具体环境条件下的产物。因此，一个国家或地区的法治文化必然反映着其成员长期交互行为所形成的社会结构和制度。

目前，普法活动和民主参与所形成的互动机制，未能使企业、社会组织和大量的公民有效地参与法治文化建设。主体就容易寻求在习惯、道德等其他社会规范中互动并形成制度性约束。主体的交互行为形成反映社会关系模式化的结构。“结构最重要的特性就是制度中循环反复采用的规则与资源。”② 对文化系统而言，习惯、法律和道德都是不可或缺的文化资源，也是彼此存在竞争关系的子系统。主体对习惯、道德等文化资源的高度依赖和信任使法治文化在文化系统内的竞争中处于劣势。司法中，多元主体围绕审判的角力反映出政策、习惯、道德等多元社会规范与法律所形成的横向竞争关系。

法治文化建设的理想是使法治文化成为社会的中心文化，提高法律在文化系统中的竞争优势。法治的优势来自对主体追求自由、权利和尊严的保障。由于主体总是寻求表达和参与规则制定的途径，对主体的交互行为就只能给予恰当的空间和通道。只有法治尊重主体的意愿及互动行为，为其提供更具稳定、效率和秩序的制度框架，才能提高主体对法治的文化认同。例如，以法律

---

① ［德］尼克拉斯·卢曼：《法社会学》，宾凯、赵春燕译，上海人民出版社 2013 年版，第 13 页。

② ［英］安东尼·吉登斯：《社会的构成》，李康译，生活·读书·新知三联书店 1985 年版，第 22 页。

的权利保障、程序设置等规则之治引导政党制定党内法规，社会组织制定村规民约、居民公约、自治章程、社团章程等社会规范，不仅减缓了主体意愿和价值观念对立法和司法的直接压力，又可以将这些规范作为法治文化建设的文化资源。促进法治文化成为法律与其他社会规范之间的缓冲地带，形成“法治制度—法治文化—文化”协调促进的同构形式，可以使主体对法治文化建设的互动变得更加清晰规范。

（二）多元主体角色的理性定位

目前，以国家、市场和社会为主要层次的治理结构已逐步清晰。多元主体基于法治进行治理是未来发展的方向，也是法治文化建设的制度基础。在此基础上，法治文化建设的复杂性决定了参与主体应当是多元的，至少包含以下几个具有代表性的主体：政党、政府、法院、企业、社会组织、法学家和公民。

其一，执政党是法治文化建设的领导主体。政党在现代政治中发挥着决定性的作用。这也意味着，一个国家的法治成败必然与政党活动有密切的关联。作为政治权威，执政党的决定、决议和意见建议等党的主张对国家具有重大影响。法治后发国家缺乏文化上的先天优势，主要依靠建构形成法治文化。执政党对法治的肯定、重视和信守直接影响法治文化的建设方向和建设力度。同时，数量庞大的党员群体也是法治文化建设中不可忽视的重要群体。如果能够在党内形成较高的法治文化，更能够通过党员的示范起到文化传播的作用。

其二，政府是法治文化建设的重要主体。政府是国家的基本元素，政府的行政权力法治化是建设法治文化的基本要求。行政权力遍及社会生活的各个领域，对于建构的法治文化而言，政府和行政官员率先树立法治意识、形成法治思维和法治方式可以对整个社会起到示范作用。同时，政府的行政行为以及政府对法治文化的重视和投入程度也影响着法治文化建设的水平。

其三，法院是法治文化建设的关键主体。作为书本上的法律与社会生活的法律的桥梁，司法对于法治的形成具有重要的意义。制定法通过司法实践活动获得了生动性、再生力和可塑性[①]，从而能够在具体的社会生活中与活生生的人和事发生关联。任何主体都有可能通过司法参与法治实践或者感受到法治文化。司法审判活动，尤其是公众关注度较高的案件对法治文化的影响是巨大的。审判的社会效果、法官审判活动中关于法律与民意的平衡技巧，以及具体判决书的审判意见都可能对法治文化建设产生积极或者消极的影响。

其四，企业是法治文化建设的活力因素。企业是市场经济中最主要的活动主体。历史上，零售商贩、远航贸易商、银行家和工业家等商人阶层曾经对西方法治文化的形成产生了重要影响。[②]商人阶层反对封建法律中关于交易活动的限制，争取合同自由，在商人法中形成的信贷制度方法、契约自由的理念都是法治文化的宝贵资源。在现代法治的形成过程中，由私人主体的营利行为自发驱动着企业，尤其是公司的制度生成。法人人格、特许设立制度并非法律的创造，而是在法治的框架下企业主体自主性创造的产物。[③]企业在法治文化中能否具备有效的活动能力和参与热情，直接影响了法治文化建设的活力和质量。

其五，社会组织是法治文化建设的参与主体。在国家、市场和社会三重体系之中，增强社会的独立性和功能性是法治发展的趋势。民间的各种公益组织、利益团体等公民组织，社区组织和自治团体，行业协会等社会组织是社会活动的基本单元。提高社会组织的活力，不仅有助于将一部分国家统揽的治理事务转移至社会中更高效地进行，也有利于形成完善的法治体系结构，更符合法治的目的。未来的社会组织在表达特定群体的意愿、为特定主体维权和承担具体治理事务方面都将发挥更重要的作用。

其六，法学家是法治文化建设的必要主体。法治的知识、信仰和价值观念的理论化、系统化是法治文化形成必不可少的环节，这一工作主要是由法学家

① 参见苏力：《送法下乡——中国基层司法制度研究》，北京大学出版社 2011 年版，第 6 页。

② 参见［美］泰格、利维：《法律与资本主义的兴起》，纪琨译，学林出版社 1996 年版，第 35 页。

③ 参见蔡立东：《公司制定生长的历史逻辑》，《当代法学》2004 年第 6 期。

阶层完成的。在各国法治文化的发展中，法学家阶层[①]都对法治文化产生了重要的作用。法律实践中产生的价值观念经由法学家的理论化、系统化工作，形成了法治理论和法治学说。这些理论往往是针对现实的反思，是高于现实的理想蓝图，又可以为法治实践提供指引。但法学家阶层只是社会中的少数，仅仅依靠法学家对法治理论的“创造”、信仰和传播，法治文化只能局限于一定范围内产生作用。

其七，公民是法治文化建设的最广泛主体。文化是群体共享的价值观念。在现代国家的法治文化建设中，公民构成了文化群体的最小单元。法治是一种生活方式，只有大多数公民崇尚、遵守和捍卫法治；以法治的精神和理念来理解、构想国家和公民、群体和个人的关系；善于运用法治思维和法治方式来处理一定的社会事务，法治文化才真正具有广泛的主体基础。法治文化建设的目标从这个意义上来说才真正实现。

（三）强化多元主体的良性互动

现代法治的发展过程中，回应型法治[②]的思考已经说明对社会公众正义期待进行回应的重要意义。虽然普法活动、民主参与等方式提供了一定的互动途径，但其方式、时间和空间都在一定程度上限制了企业、社会组织和公民等主体的互动质量。如果社会中一部分主体观点、意见和价值观念得不到法治的回应和重视，不仅会造成受压制主体对法治本身产生动摇和不信任，也会促使主体另外寻求其他符合自身意志和价值取向的文化，最终都将有损于法治文化的形成。因此，提高多元主体的有效互动、良性互动是建设法治文化的根本途径。

其一，拓宽普法活动中的沟通对话机制。在普法活动中尊重接受者一方的

---

① 此处法学家阶层意为实际从事法治理论化工作的人，职业不限于教师、研究人员，也包括法官、律师和其他受过法律教育的人。

② 参见［美］诺内特、赛尔兹尼克：《转变中的法律与社会：迈向回应型法》，张志铭译，中国政法大学出版社 2004 年版，第 87 页。

主体地位，将其视为平等的沟通、对话主体是增进普法实效的前提。尤其经过30多年的普法，大部分公众并非没有一点法律常识，关键是民众的正义观念和利益诉求如何在法治中得以体现。如果能够通过实地调研、问卷调查和民意统计等实证方式发现民众对法治的需求和关切，拓宽普法者与接受者之间的沟通回应机制，则可以在普法中有针对地进行法治知识的供给。另外，单纯由政党和政府推动的普法方式已经逐渐向社会过渡，由人民团体、社会组织、公民志愿者等主体承担一部分法治宣传的工作，可以弱化对自上而下式法治教育的消极和逆反。

其二，增强立法环节中民主参与的实效。企业、社会组织和公民等主体在立法环节中的民主参与程度和实效不高，造成这些主体对立法和法治缺乏参与感和认同感，这就必然要通过普法的方式自上而下地进行宣传。立法环节中所形成的民主压力也只能通过行政执法、司法审判等环节进行释放。这种建设法治文化的方式与中国法治的制度建设相生相伴，可以说是法治后发国家在具体的客观情况下所做的不得已选择。随着社会基础的增强，企业、社会组织和公民等主体的民主参与能力和要求也在逐步提高，在立法、公共政策的制定中增强这些主体的民主参与实效不仅可能而且必要。例如在立法环节中对提案程序、评论和意见回复、监督制度等方面进行更具体而硬性的规定，可以将主体的民主诉求拉回立法环节。这不仅更符合法治的理念，也可以在根本上获得社会中多元主体对法治的认同，从而具备文化的生命力。

其三，增加社会力量的建设参与渠道。企业、社会组织和一部分公民主体对法治文化建设的积极性不高，原因之一在于这些主体缺乏治理权限，只能被动参与。但随着原来由行政权力包揽的一些社会事务逐渐向社会转移，企业、社会组织等主体可以通过委托、授权等方式更多地参与国家和社会治理。治理身份的转变将为未来的法治文化建设提供契机，增加社会力量参与法治文化建设的渠道。例如基层组织、社会组织、自治团体等主体的依法治理活动，将书本上的法治运用到实际的社会生活转变为基层法治文化。

其四，妥善的司法应对促进法治文化建设。司法在法治文化建设中的塑造意义尚未得到应有的重视，如何形成保证司法权威又有效吸纳民意的制度也需要在未来实践中不断摸索。在疑难案件中，法院和法官的智慧有助于法治文化的生成。在普通法国家的法治文化形成中，法官的创造性活动为法治的发展开辟了道路。在成文法国家，民意对司法的外部压力给法院和法官的智慧提出了更高的挑战。法官通过法律方法填补法律的漏洞，在法律外部寻求其他社会规范的救济，这本身就是以智慧生成法治文化的过程。同时，法庭的判决以及判决书的说理，可以起到对社会公众的教育作用。这也意味着判决的说理在符合法治的约束、遵循法条的推理和解释的基础上，越能够与公众的常理沟通越能实现这种教育目的，从而起到促进法治文化的作用。近年来，案例指导制度、以案释法制度可以说是这方面的一些制度尝试。

第三章　法治文化与主体权利

第一节　法治文化与权利及其人性基础

权利是法学中经久不衰的理论问题。近年来，随着中国综合国力的提升，学界已经集体意识到增强中国理论建构能力、提升文化自信的重要性。在全面推进依法治国的进程中，如何通过权利建构起坚实的法治中国理论大厦，是法学理论必须科学解答的问题。自清末修律以来，中国广泛吸收了世界法律文化。当今中国的法治之中，既有英美法系、大陆法系和苏联的法治文化因子，亦包含中国传统法治文化的基因。在这种多元法治文化背景下，权利的概念应如何理解，权利奠基于何种人性观念基础之上，权利及其人性基础的共识如何形成，是中国的法学理论应当重视的问题，也是法治文化建设应当重视的问题。

一、权利的概念和源流

权利是现代法治的基础概念。任何一种权利的概念都离不开对人性的解读，这种解读或者明示地作为构建权利的前提，或者潜藏于权利的具体论证之中。这种人性的解读在不同的历史时期、不同的文化当中具有差异性。因此，理解权利及其人性基础不能脱离法治文化。法治文化是文化的组成部分，也是法律现象的精神部分，涉及法律制度；法律实践以及产生法律制度和法律实践的社会情势；人们对法律规范以及其他社会规范的看法、态度、目标以及一个理想社会的憧憬。① 从本质上说，“法是一种文化现象，是社会生活实践的产物和人性的实现及对象化”②。法的产生、发展和实现无不是围绕人类在社会生活中谋求生存、发展、自由权利的展开。权利概念的产生、更新和发展均是法治文化进化过程中的一部分。

权利的概念包含两个重要的因素，其一是“个人”概念的产生；其二是基于人性做出的正当性判断。权利的首要功能是在资源有限性的客观现实下，判断对于一个人来说何种利益、资源、价值具有正当性。因此，正当性的判断直接取决于对人性的解读和预设。例如，人的生存必须依赖于基本的食物、水和安全的获取，这一关于人类生存的人性解读是判断生存权的正当性依据。再比如，西方历史上规定女性不能享有同男性一样的政治权利，其正当性判断基于认为女性不具备基本的理性认识。随着历史的发展，人对自身的认识在不断地加深，以人性预设为前提的权利概念必然要不断地更新。例如，柏拉图所说的不同质料的人就是对人性的一种预设，而这种人性的判断在今天显然是违背人权理念的。同一历史时期，不同的法治文化背景下，对人性的认识不同也必然促使其权利概念具有各自的认识特点。

现代权利概念肇始于西方。我们当今语境中所说的法治国家中的“权利”（rights）一词是源自西方的而非中国式的。自“清同治三年（公元 1864 年），美国传教士丁韪良（W. A. P. Marin）翻译的《万国公法》刊版问世……为将这部近代法学著作翻译成中文”③，中国才有了被赋予新意的权利的概念。权利一词成为具有我们当今所表述的主要意涵的概念，开始于资产阶级革命时期，这得益于众多的理论家对古希腊时期“应得”概念的改造。这种改造始终与文

① 参见张伟仁：《中国法文化的起源、发展和特点（上）》，《中外法学》2010 年第 6 期。

② 张文显：《法文化：法学的一块新垦区》，《当代法学》1991 年第 3 期。

③ 李贵连：《话说“权利”》，《北大法学评论》1998 年第 1 期。

艺复兴和资产阶级革命相连，其目的是为了摆脱长久以来中世纪宗教神权对个人的压制和束缚，将人的自由和理性推崇到一个极显著的高度。因此，权利的含义从一开始就是与个人的自由紧密相连的。

西方法治文化中形成了较为完备的权利概念、个人观念和人性认识。其权利概念经历了几个发展阶段才形成了相对确定的含义。现代权利概念对应于英语的 right 一词，而这个概念来源于罗马法中拉丁语 ius 一词。在罗马法中，一般用 ius 表示自然而然形成的法或习俗，用 lex 表示人的制定法。Ius 代表了“应得”或“公正的份额”，表明一种既可能是带来利益的、也可能带来不利的分配正义。这种正义的观念蕴含着人关于“什么是正义”“什么样的分配是正义的”道德判断，用以指示、约束人的行为。罗马社会没有真正形成个人的观念，法对公民所指示的规范性要求比今天的权利概念要复杂得多，有的规范性要求近似于“权益”，有的则近似于“责任”。因此，罗马法中并没有形成现代法学意义上（个人）权利的概念或与之相类似的概念。这一时期关于正义判断的道德标准与其说是权利的人性预设，毋宁说是法的人性预设。但本质而言，这些道德判断都是建立在某种关于“什么是人”“什么是人性”的人性预设判断之上的。12 世纪开始逐渐出现的个人主义萌芽，导致了正义与法、法与权利，即 ius 与 right 的分离，真正意义上的权利概念才有了出现的可能。1416 年，格尔森在《论教会的权力》中将 ius 和 lex 作为截然分开的两个概念，并将 lex 界定为“是与正当理性相一致的规则”①，可以看作是英语中 right 与 law 截然分开的开始。现代权利概念的直接推动者是霍布斯，《利维坦》中的一段表述清楚地显示了英语 right 与拉丁语 ius 的对应关系：“自然权利（The right of natural），也就是著作家们一般称之为自然法的（Ius naturale），就是每一个人按照自己所愿意的方式运用自己的力量保全自己的天性——也就是保全自己的生命——的自由”，“自然律（A law of natural，Lex naturale）是理性所发现的诫条或一

① Brain Tierney, *The Idea of Natural Rights: Studies on Natural Rights*, Natural Law,and church Law1150-1625, Scholars Press for Emory University, 1997, p.210.

般法则”。[①]在这些表述中，霍布斯将 right 与 ius 对应，而将 law 与 lex（制定法）对应，并认为自然权利是自然赋予每个人在自然状态下，在所有东西和事物上的权利。这种自然权利的理论基础正是霍布斯关于人在自然状态中的人性预设。自然权利是个体的正当诉求，也就是罗马法 ius 中所表达的正义、正当的含义。这一问题后来经由康德《实践理性批判》的论证，将权利的概念引入契约社会中。康德的权利概念直接建立在其对人的人性（理性）预设之上：“唯独有理性的东西有能力按照对法则的观念，也就是按照原则而行动，或者说，具有意志。”[②]从权利概念的嬗变可以看出，权利概念的两个要素——个人观念和基于人性的正当性判断在西方的法治文化中能够找到较为系统和丰厚的理论传统。西方的人性理论一直能够给予现代权利概念坚实的理论支撑，这也是权利概念能够率先在西方形成的原因之一。

中国现代的权利概念自清末才开始形成。中国文化有非常发达的关于人的理论传统，但种种原因却未能生长出权利这一概念。虽然权利一词早在中国传统典籍中就已经出现，例如，《史记》一〇七卷《魏其武安侯·附灌夫》讲道：“家累数千万，食客日数十百人，陂池田园，宗族宾客为权利，横于颍川。”其中已有权利二字。《荀子·君道》说：“安之于声色、权利、忿怒、患险，而观其能无离守也。”其中也已有权利二字。但是，这些典籍中权利的用法都是指“财货和权势”[③]，并不具备现代法学术语中“权利”“正当性”或“应得”的含义。现代法学术语中的“权利”概念是 1862 年美国传教士丁韪良在主持翻译《万国公法》时将英语“right”翻译而来的。翻译过程中，虽然并不能直接在“权”和“利”两个字中体现正当性的含义，但仍然将权利的“应得”“正当”之意作为西学一并传入中国。清末修律以来，中国才逐渐形成了个人观念并接受西方翻译、引进的权利概念。其间经过梁启超、吴经熊等近代法学家的研究和传

---

① Thomas Hobbes, *Leviathan*, Cambridge University Press, 1991, p.91.

② ［德］伊曼努尔·康德：《道德形而上学原理》，苗田力译，上海世纪出版集团 2005 年版，第 30 页。

③ 李贵连：《评论：话说“权利”》，《北大法律评论》1998 年第一卷第一辑，第 115—129 页。

播，后又受到苏联法学的影响一度遮蔽。最终，改革开放后随着中国法学的重建，权利一词才形成相对确定的概念范畴。在论证权利概念时，由于权利的概念引自西方，因此关于人性的正当性判断这一项要素基本也是援用西方理论。

二、现有权利概念与法治文化之间的张力

近年来，权利话语在中国已经形成了蓬勃之势。与此形成鲜明对照的则是，域外移植的权利概念与中国法治文化之间始终处于一种貌合神离的状态：首先，新兴权利的兴起以及权利泛化导致权利话语的冲突和意义模糊。某种意义上来说，权利泛化是权利话语受到人们推崇的一个表现。在一个“权利的时代”之下，人们往往习惯给自己主张的要求、利益和资格贴上权利的标签，用以表达其主张的合理性。然而在没有道德和法律的规范约束、甚至缺乏社会共识的情况下提出的一些“权利”主张，有可能仅仅是个人的情绪宣泄和私利表达。例如，对于动物、植物等自然体的权利主张①，对于反省人类中心主义立场对自然的掠夺无疑是具有意义的，然而将保护这些自然体的利益归于权利的范畴则势必带来立法和法律理论的一系列困难。权利不发达和权利泛化，对于权利理论的发展都是具有危害的，实践中这两种情形可能都源于对权利概念和人性预设缺乏充分的认识。其次，权利的话语冲突显示出权利概念论证的缺陷，尤其表现为权利理论对权利概念的科学性、有效性未能进行充分论证。权利概念的厘定离不开对人性的解读。在实证主义法学大行其道的时期，法学家试图将法学这一学科建立在一个独立完满的科学体系之中。权利的概念似乎能够在一个概念——规则——原则缜密的体系中独立存在。对实证法学来说，虽然权利仍需要一定的人性预设，但这种对人性的考量并不归属于法学家的关注视野。而实际在进行权利研究时，实证法学者所采取的立场多为功利主义的、或自由主义的。这一世界趋势对中国的影响是巨大的，当代中国法学的理论中

① 参见徐祥民、巩固：《自然体权利：权利的发展抑或终结?》，《法制与社会发展》2008 年第 4 期。

实证法学仍然是主流思想，这也导致了很多实证法学对权利的学理研究不能有效回应中国的现实问题。第三，权利概念的正当性判断缺乏自身理论的支撑。中国关注权利问题的学者多倾向于援用西方自然法传统证明权利的正当性，其他对权利及其人性的解读则多为一些零散的表述。自然法理论对人和人性的研究有着丰厚的资源和传统，但是这种对人的理解基本是建立在西方宗教和世俗二分的结构之中的，必须借助西方的宗教、哲学、文化传统才能实现权利概念的正当性判断。自清末以来的西学东渐为中国带来了一整套西方现成的权利理论，这也导致至今中国权利概念的论证实质上是建立在西方法治文化基础上。中国自身也有着独特的人性观，并且这一文化传统深刻而持久，这就造成了中西方文化中对人性的认识有诸多不同甚至冲突之处。虽然中国自身的人性观在道德、文化等领域仍然在发挥作用，却未能对权利概念的正当性判断提供理论支撑。

中国的传统文化中并不像西方文化那样有深厚的宗教传统，对中国文化尤其是政治理念产生重要影响的是儒法两家的文化。儒、法两家关于人性的观点在今天仍然值得挖掘的精神理念表现为：第一，儒家、法家都认识到人有欲望、私利，也承认这种私利的正当性。这种认识直到现代社会仍然显示出其合理性。这也使得儒、法两家在先秦众多思想流派中更被后来的统治者接纳。第二，儒家、法家思想对道德和法律何者作为统治的第一手段的认识上观点不同，但却都十分重视教育在人性中的作用。对人性的教育目的，都是去恶向善。第三，儒家、法家对人性的教化、约束没有借助独立的、外在于人的他物（例如宗教、神明），而是通过人能够认识的规则（例如天、道）、人能够制定的规则来调节欲望与人伦、恶与善的选择。

第二节　多元法治文化中的权利及其人性基础

不同的文化传统对人性的判断有着不同的认识。百年来，中国的法学是在广泛汲取世界法治文化基础上逐步建构起来的，对这些法治文化资源中关于人性的判断进行理性的甄别、认识是建构权利的理论前提。因此，具体分析权利的人性基础在不同法治文化中的差异就成为理解权利、理解法治文化以及二者之间关系的基础。

一、中华传统法律文化中的权利及人性观

中国自西周形成的一套系统性的“礼”的制度，用“德”和“仁”的观念作为政治伦理的标准。这种制度在其后几千年的历史中逐渐发展、完善，形成了浸润着儒家精神的政治、伦理、法律秩序和实践。制度的确立不仅形成了以天子为首、诸侯、大夫、平民不同身份的等级秩序，也确立代表正义的“正当性”“应得”的政治规则。其背后的人性预设不仅是政治秩序、伦理规范和法律规则的基础，更是以儒家思想为系统的关于人的修身实践。一般认为儒家文化中孟子主张性（向）善，荀子主张性恶。孟子说：“人之性善，犹水之就下也。”并且孟子重视教育在人性中的作用，《孟子・告子上》：“人之异于禽者几希，庶民去之，君子存之”。只有通过教育才能保存人异于禽兽的人性。荀子与孟子都继承了孔子的儒家伦理，但侧重从人的自然欲望出发寻找道德根源。荀子认为“人之性恶，其善者伪也”，后来法家的思想更是继承发展了荀子性恶的观点。因此，很多对传统文化的研究都将孟子和荀子作为两个走向的儒家思想家来进行论述。荀子主张用“礼”来调节人与人之间的关系，教育人趋向于“积善”。作为先秦哲学思想的总结者，荀子思想中既有儒家思想的成分，也已经开始出现法家的思想萌芽。后来法家的集大成者韩非继承了荀子性恶的观点，认为人都具有私心，人与人之间的关系都是利害关系，因此可以根据人的利害关系运用法律去约束人的行为。儒家和法家对人性的观点看似截然相反不可调和，而事实上对于人性的预设却存在相似的观点：第一，法家思想侧重于人的私心，应当通过法来扼制人性的恶。而儒家思想看似主张人性善，事实上也在很多论述中承认人的自然欲望和私利。例如，《论语・里仁》中孔子就

说："富与贵，是人之所欲也，贫与贱，是人之所恶也。"儒家并没有否认人性中趋利避害的本能，只是更看重依靠道德的力量教化人。与其说儒家和法家的冲突是关于人性善恶的冲突，毋宁说是道德为主还是法律为主的冲突。第二，一般认为的孟子主张人性善，荀子主张人性恶，忽视了孟子和荀子都是在承认人有恶的可能性的主张，这也是孟子和荀子均非常看重教育在人性中作用的原因。因此，更合理的看法是孟子主张人性向善，亦存在恶的可能。因此，儒家和法家在中国先秦哲学思想中对人性的看法实际上有很多可沟通之处。这也可以在一定程度上解释为何秦代之后的中国历朝历代，在政治统治中常常根据现实实施外儒内法或儒法互补的统治策略。从传统文化中儒、法两家的思想来看，儒家文化中关于人性的认识以及以人作为中心来思考人类社会的方式是十分早熟的哲学思想。西方直到人本主义时期，才形成了将人作为重心的人性观念。而法家对人的私利和人与人利害关系的看法，也与后来加强法治建设的思路更能够契合。现代人性观念的发展，多数人已经认可在人性问题上选择人性善还是人性恶是个没有实际意义的问题。

二、西方法治文化中的权利及人性观

西方历史上大致从三个方向上来理解人性问题。第一是对自然本性的认识。在古希腊时期，多倾向于从自然来理解人性。人的本性就是与动物一样趋乐避苦、自我保存的感性欲望。例如昔勒尼学派认为追求感官肉体的感官快乐是人的自然本性。伊壁鸠鲁更是认为趋乐避苦是人行动的唯一原因。近代的霍布斯、洛克继承了这种朴素的自然主义人性观点。霍布斯将人性演变为在"一切人对一切人的战争"中对无法自保的"至恶"的恐惧。霍布斯说"事物的善恶必定与能否有助于人的自我保存和引起人的愉悦有关"①。第二是对人的理性的认识。从苏格拉底与智者派的对话开始，开始了古希腊以人的理智来理解

① ［英］托马斯·霍布斯：《利维坦》，黎思复、黎廷弼译，商务印书馆 1985 年版，第 27 页。

人性的方式。柏拉图将人的灵魂分为理性、意志和欲望三个部分，并认为只有理性才能构成人之所以为人的特征。近代以来笛卡尔更是确立了理性在人性中独一无二的地位。笛卡尔认为人的存在包括形体和心灵两个部分，心灵产生思想使人超越了世界万物。人的本性就在于人有思想而不是感性的动物。莱布尼茨也极其推崇理性："使我们与单纯的动物分开、使我们具有理性和各种科学、使我们提高到认识自己和上帝的东西，则是对于必然和永恒真理的知识。这就是我们之内的所谓'理性灵魂'或精神。"① 从笛卡尔到斯宾诺莎、莱布尼茨逐渐确立了理性主义在西方理解人性问题上的系统观点。也就是人虽有自然欲望，追求自然欲望也无可厚非，但是人应当通过理性将欲望、情感控制在一定范围之内。人的本性是理性而不是自然性，这是人区别于动物的原因。道德的目的就是使人的理智、意志支配人的欲望。也就是黑格尔在《法哲学原理》中所说的"直接意志的规定，从它们是内在的从而肯定的来说，是善的。所以说人性本善。但是由于这些规定是自然规定，一般地域自由和精神的概念相对立，从而又是否定的，所以必须把它们根除。因此又说人性本恶"②。第三是对人的神性的理解。通过神性来理解人性的方式早在苏格拉底时期就已经显现。但是苏格拉底认为人是无法说明自然的，只能通过"认识自己"来认识源于神的智慧和意志，人性和神性之间是可以相通的。而认为人性是理性的哲学家，也或多或少地将人的理性与神性相通。因此在整个西方思想史上，以人性来理解神性的方式一直不曾间断，到中世纪的时候达到顶峰。例如托马斯·阿奎那就主张人是连接神的世界和人的世界纽带，因此人的灵魂分得了一部分上帝的神性，但是人有肉体又具有区别于神性的人性。在西方法理学中，关于人的自然本性——理性——神性这三个方向都在一定程度上成为权利的人性基础。与这三个方向相对应，直接表现为自然权利——人的权利——神的权利三个不同维度，这一点在中世纪阿奎那的权利体系中得到了充分的论证。人性是自然本

① 北京大学哲学系外国哲学教研室：《十六——十八世纪西欧各国哲学》，商务印书馆 1975 年版，第 297 页。

② ［德］黑格尔：《法哲学原理》，范扬、张企泰译，商务印书馆 1961 年版，第 28 页。

性还是理性的取舍和立场，取决于“人是否高于动物”的看法，也是权利体系的人性预设。人是否具有神性，如何获得神性是西方独特的哲学传统和历史造成的对宗教问题的解答。也正是这一哲学传统造就了实证法和自然法相对独立的理论体系格局。自然法背后人性预设是相当复杂的，因为自然本身就显示出长久以来的复杂性和可解读性，因此我们常常看到自然法的人性预设可能是人的自然本性、人的理性和上帝意志中的一种或几种的结合。而实证主义法学的首要工作就是将这种人性预设排除在法学学科的领域之外，而使法学成为一个独立的科学体系。

在一定程度上，西方对权利的理解是通过自由的角度去实现的，从霍布斯、洛克，到卢梭、康德，延续到当今的罗尔斯、诺齐克都有明显的体现。洛克就指出，“法律的目的不是废除和限制自由，而是保护和扩大自由”①。这在资本主义制度之初体现得尤为突出，约翰·穆勒就认为，要使对自由的“强迫成为正当，必须认定他被要求禁止的行为会对他人产生伤害”②。这些对自由的高度推崇与放大，在经济领域带来了繁荣的市场经济和自由竞争，在政治领域就体现为要求政府退到尽可能小的干涉范围之内。这种自由追求的是在最大程度的不干涉之内，保持社会生活的基本需求。因此，在自由主义的传统中为了获得真正的自由，只有权利才能成为绝对的东西，除此之外任何其他的权力都不能视为绝对的。正像康德所说：“自由，就它能够与另一个人根据一个普遍法则的自由并存而言，就是这种唯一的、源始的、每个人凭借自己的人性应当具有的法权。”③同时，这种权利的界限是不容侵犯的，因为侵犯这种权利将是不人道的甚至是荒谬的。这种权利的界限基本也就是消极权利的边界。这种对权利的绝对界定，意味着在我的权利之内我可以为所欲为，也意味着除了“我的自由不能伤害他人”这种低限度的义务之外，任何人不能强迫我做意愿之

① ［英］洛克：《政府论（下篇）》，叶启芳、瞿菊农译，商务印书馆 1964 年版，第 6 页。

② ［英］约翰·穆勒：《论自由》，孟凡礼译，广西师范大学出版社 2011 年版，第 47 页。

③ ［德］康德：《康德著作全集（第 6 卷）》，李秋零译，中国人民大学出版社 2007 年版，第 246 页。

外的事情。与此几乎同步，道德哲学的追求也逐渐转向为正当对善的优先性。也正是因此，自由主义在近代以来受到了多方面的攻击和批判，尤其是社群主义和现代德性伦理的批判。因为这种低限度的义务使人抛弃了以往德性伦理所推崇的美德，将人的道德要求仅仅放在义务的这种低限度的要求上。针对各方面的批判，自由主义者们也不断地做出回应和修正，例如罗尔斯、德沃金、哈贝马斯等等。但是自由主义的基本内核是没有改变的。也就是自由主义的道德出发点是正当优先于善，权利优先于多种多样的善观念。权利首先应当保证的仍然是“每个人对与所有人所拥有的最广泛平等的基本自由体系相容的类似自由体系都应有一种平等的权利”①。

从资本主义国家的发展历史上来看，自由主义虽然一直受到挑战并不断调整，但是一直是西方国家的主流政治传统。自由主义在近当代一直保持这种理论上的优势地位，与其精神内核所体现的优势又紧密相连。自由主义在法律的价值上强调对于消极权利和积极权利应当保持不同的法律态度。消极权利与积极权利的界限，明确地表明国家和政府对待权利的方式和边界，这种边界之内是完全不受政府干涉的个人自由空间，这种边界之外才是政府可以适当涉足的干预空间。就像德沃金所说的：“在建构我们的法律原则以使其反映我们的道德原则的过程中，我们创造了权利。权利即是来源于政治道德原则的法律原则……权利保证法律不会引导或者允许政府去做它的道德身份之外的事情；权利保证法律能够使政府对其行为负道德责任。”②这种对个人自由的重视和严格保护，是对以往封建特权和神权绝对统治的恐惧，也是自启蒙运动和资产阶级革命以来将个人从权威的束缚中解放出来之后激发个人创造活力的源泉。因此以法律发展历史上来看，对权利的理解很难抛弃消极权利和积极权利的划分方式。

总体而言，西方的文化传统中对人性的判断有以下几点值得关注：第一，西方对人性的伦理态度都建立在承认人的自然本性之上，也就是人的动物属性

---

① ［美］罗尔斯：《正义论》，何怀宏等译，中国社会科学出版社 2012 年版，第 87 页。

② ［英］罗纳德·德沃金：《认真对待权利》，信春鹰、吴玉章译，中国大百科全书出版社 1998 年版，第 21 页。

的问题。人的一些基本欲望，例如食欲、性欲、自我保护的欲求一直在伦理论证中被视作基础。可能也正是因此，我们常常有西方主张性“恶”的假设。第二，西方以理性和感性相对立来构建一种关于人性的对立体系，以突显人区别于动物的优越性。并且这种传统十分深远。第三，宗教、上帝的意志或理念在人性问题上是一个非常核心的概念。人的优越性不仅体现在人区别于动物，更重要的是人是上帝造物，能够分享上帝的神性，这是构建权利的概念和识别何为“正当”“应得”的重要因素。

三、马克思主义人权观中的权利及人性观

肇始于资产阶级革命的人权概念，最具有影响的理论基础莫过于“天赋人权”学说，而其对人权之“人”理解的缺陷使人权常常流于政治口号。马克思主义人权观以批判资本主义人权的个人本位为基础，形成了科学的人权主体理论。从法理的角度分析马克思主义人权观中“人”的核心要义，有助于揭示马克思主义人权观中的权利及其人性观念。

（一）“现实的个人”是人权的逻辑起点

个人观念的产生是现代人权的前提。第二次世界大战期间资本主义国家开展的人权运动催生了现代人权。几个具有重要意义的人权文件，例如英国的《权利法案》、美国的《独立宣言》、法国的《人权宣言》均萌发于资产阶级革命时期。虽然宣言一般没有直接表明人权的哲学基础，但是往往借助自然法、自然权利以及自由主义的个人观念为基础。对17、18世纪的人权发展具有奠基性的诸多理论家的著作中都可以看到现代的个人观念的描绘。霍布斯在《利维坦》中描绘了自然状态中人与人的敌对和孤立状态，洛克则设想了人在自然状态都是平等和独立的自由状态。总体而言，西方古典权利学说的基础是个人主义和自由主义。个人主义强调个人的意志和利益，重视个人的道德价值和人格尊严，将人从中世纪以来的宗教的束缚中解放出来，对于人权的产生和发展

起到了不可替代的作用。

对“人”的理解构成了人权理论的基础。人、人性、人的需要和人的本质的不同理解塑造了迥异的“人”之观念，进而形成了人权观的分野。资本主义人权观中的“人”是孤立的、抽象的个人。“人权概念中的人，是一个几乎没有人性的抽象物，因为他已经放弃了所有构成人类个体的特征。”① 在现实中，这种抽象的人实际促进了资本主义中少数的、具体的资产阶级的个人利益。马克思主义人权观以对孤立的、抽象的“人”的批判为基础，对资本主义人权观进行了彻底、全面的批判。在《德意志意识形态》中马克思主义的创始人形成了较为系统的历史唯物主义法学理论，从现实的社会经济关系和历史运动中研究人的问题，将“现实的个人”作为考察历史和法律的逻辑起点。现实的个人与资本主义人权观中的抽象的人具有本质的区别。资本主义人权观中的“人”是排斥社会和他人的孤立的个人，是原子式的个体。马克思主义人权观中的“人”是“每个人自由全面发展”中的每个人。具体来说，以“现实的个人”作为人权的逻辑起点，包含以下意涵：

首先，人权之“人”是个体的存在。任何一种言说权利的法律哲学都需要首先解决人在法律中的主体设置，例如自然法中的“自然人”，经济分析法学中的“经济人”等等。古典人权理论在论述人权的来源问题时多借助于天赋人权、自然权利学说或抽象的意志和理性。马克思在批判地继承了黑格尔和费尔巴哈的思想基础上，抛弃了抽象的“人”之概念，把对人的理解与人的社会活动分析联系起来，从而找到历史唯物主义人学观的基本方法，形成了历史唯物主义法学。在马克思创始人的人权观中，个人是社会的组成单位，“人”不是抽象的概念，而是现实的、特殊的个人。“并且正是他的特殊性使他成为一个个体，成为一个现实的、单个的社会存在物”②。

其次，人权之“人”是社会中的存在。个人与社会、个人与国家的关系是

① ［美］杜兹纳：《人权的终结》，郭春发译，江苏人民出版社 2002 年版，第 201 页。

② 《马克思恩格斯全集》第 42 卷，人民出版社 1972 年版，第 123 页。

法哲学中的重要问题。资本主义人权观设想了一种脱离于社会的原子式的人之形象，从而形成了人与社会对抗和背离的假设。其所抽象的“人”之形象是一种违反历史和科学的假设，在理论上难以解决个人与国家之间的权利、权力冲突，在实践中也未能实现真正的自由和平等。在马克思主义的人权观中，个人与社会既不是对立的，也是不能相互替代的。个人的存在不能脱离社会，人只有在社会活动中，在与他人的交往中才能意识到自己作为人的存在。“人对自身的关系只有通过他对他人的关系，才能成为对他来说是对象性的、现实的关系”①。同时，社会也不能替代、抹杀个体的存在。“社会发展最终要体现到每个人的发展上来，要通过每个人的发展来实现。”②

最后，人权之“人”是历史的存在。资本主义的人权观中的“人”是抽象的人，这样的人将不同历史阶段的人假设为具有相同的需要和永恒的人性。在《神圣家族》中马克思主义的创始人批判了启蒙思想家的人权观中“天赋人权”的实质是为资本主义生产关系提供依据。每一个历史时代都有特定的经济结构，人们的经济关系是人们的存在基础。人的生存和发展都必须通过实践与自然和社会发生联系。在这种实践中，人改造了客观环境、创造了客观环境，环境也创造了人。不同的历史时代，人的生存和发展客观条件不同，人的需要也就表现出具体的差异。封建时代的人追求平等的公民权利，资本主义时代的人追求平等的经济、社会和文化权利。正是在具体的历史时代中，人的需要和需要的满足推动人的发展，也推动了社会和历史的发展。

（二）普遍人权是人权的重要维度

人权主体的普遍性决定了人权的普遍性。法律与主体的关系是法哲学必须要处理的理论前提，“人权则是一个典型的场所，人性、主体及法律在这里汇聚一堂。”③人权诞生之初，人权主体仅仅是有限主体的人权。毋庸置疑，资产

① 《马克思恩格斯选集》第1卷，人民出版社2012年版，第59页。

② 陈曙光：《论“每个人自由全面发展”》，《北京大学学报（哲学社会科学版）》2019年第2期。

③ ［美］杜兹纳：《人权的终结》，郭春发译，江苏人民出版社2002年版，第201、196页。

阶级革命和启蒙运动催生了人权的第一次大发展，对人权概念的诞生以及“天赋人权”的观念深入人心均具有不可磨灭的功绩。然而《人权宣言》中所描绘的“人”之形象是以资产阶级的白人男性作为模板塑造的法律形象。人权所呐喊的自由和平等则直接指向了确保平等的私有财产权和自由订约权利。当人权宣言所叙述的“人人生而平等”在世界范围内形成广泛的影响的时候，现实中的妇女、黑人和广大劳动者却并不属于人权的主体范围。奴隶制、贫困和有限的政治权利广泛存在于当时的资本主义国家之中，原本致力于“使人成为人”的人权却显示出对人权的否定。

马克思在《莱茵报》工作时期逐渐感到唯心主义的理性法与现实之间的对立，后来在《克罗茨纳赫笔记》中通过研究资产阶级思想家的理论，发觉资产阶级的法律并不能在现实中实现普遍的平等权利，更不能保障人的尊严。在《黑格尔法哲学批判》中马克思论证了法律的人民性，认为无产阶级应当以自己的哲学和法律来实现解放。阐述了“在民主制中，不是人为法律而存在，而是法律为人而存在”① 的命题。在《论犹太人问题》中，马克思则直接提出人权问题，认为人权的“人”是现实的人，也是市民社会的成员。这些关于人、人民和法律关系的阐述，对于人权中“人”的主体地位具有极大的启示意义。

首先，资产阶级革命（政治解放）的局限性限制了人的普遍权利。马克思写作《论犹太人问题》是针对当时在德国的犹太人争取政治权利的斗争。马克思认为犹太教是以实际需要和利己主义作为基础的，因此金钱必然能够使他们获得政治权利，实现政治解放。政治解放也就是资产阶级革命。资产阶级革命在摧毁封建专制权力的同时也释放了市民社会中的利己主义精神。资产阶级革命造成了国家和市民社会的分离，形成了人的本质的二重化。人在国家和市民社会中过着双重的生活，在国家中人通过权利让渡形成主权成为国家的组成单位；在市民社会中人把私人利益和私人权利视为自己存在的基础。在国家生活中，资产阶级革命宣布了平等的政治权利，人可以不分财产、出身、文化程度

① 《马克思恩格斯全集》第3卷，人民出版社2002年版，第40页。

和职业等差异而获得政治参与权。而在市民社会中私有财产权则是人权的基础，财产、出身、文化程度和职业等差异直接决定了现实的人是否真的享有人权。据此马克思批判了资本主义形式平等与实际的不平等之间的矛盾。在资本主义人权观下，以自由为核心的权利的保障形态只能是形式权利、有限权利而不可能是实质权利、普遍权利。

其次，共产主义革命（人类解放）才能真正实现人的普遍权利。一些误读马克思人权观的理论认为马克思是否定人权的。从一定意义上来说，马克思确实是否定资本主义所界定的人权的。在资产阶级革命所实现的政治解放之后，由于国家和市民社会的分离，人被打造成抽象的利己、逐利的“人”。这样人与人之间形成的斗争和冲突关系就必须依靠法律以权利的方式进行界定和强制。资本主义制度首先要绝对捍卫财产权和自由市场。以私有财产权为奠基的权利体系中，财产权基础上的自由和平等权利始终存在一定的冲突。这种冲突在资本主义制度内部不同时期的政治、法律制度中有微妙的调整，但不可能根本解决。马克思在批判资本主义人权的基础上，认为对广大无产阶级来说人权只能成为一个不能完全实现的承诺。据此，马克思在市民社会决定法的基础上，提出了只有共产主义革命才能实现人类解放，人类解放才能使人从完全利己的束缚中解放出来，完全恢复自己。只有在共产主义社会中，劳动不再是为着剥削和资本的缘故才能使自由和平等的人权获得真正的含义。可以说马克思所提出的人类解放的命题，既使得资本主义人权中所界定的人权概念归于一种无意义，又使得人权获得了全新的意义维度。人类解放是一种理想意义、价值意义上的人权。

（三）每个人自由全面发展是人权的根本目的

人权概念诞生以来，人权的内容一直在不断拓展。从最初的公民权利和政治权利到经济、社会和文化权利再到特殊群体权利。人权的理论和实践一直致力于使世界上的每一个人从奴役、贫困和不幸中获得生存和发展的权利。人权内容的拓展和新兴人权的涌现，既显示了人权谱系的动态和发展，也揭示出人的需要和人的发展本能是人权发展的动力所在。人的发展权在《联合国宪章》

中已经初步阐述，直到 1986 年《发展权利宣言》正式确定为一项人权。至今，发展权作为一项重要的人权在西方掌握的人权话语体系中仍然存在诸多争议和误读。其中，争议焦点之一即消极权利和积极权利之争。以自由、财产奠基的资本主义人权与包括发展权在内的积极权利几乎都是存在冲突的。这种冲突在特定的历史时期进行过一定的让步和调整，例如西方国家在 19 世纪末在公会的压力下通过的劳动权、就业权等法案。但总体而言，作为人权的自由权主要还是在消极自由的维度上使用的，这也使得资本主义的人权话语下，少数人以财产为基础的自由权与多数人的发展权之间必然存在明显的对立和竞争关系。在《共产党宣言》中，马克思主义的创始人提出，在共产主义的自由人联合体中“每个人的自由发展是一切人的自由发展的条件”。共产主义社会所追求的“每个人的自由发展”展现出一种人权的理想境界。

在前资本主义社会和资本主义社会中，人权一直处于不充分的状态。这表现为或者人权缺乏萌发的空间，或者人权缺乏主体的普遍性，或者人权的内容狭窄。在前资本主义社会中，人对氏族、团体的人身依附决定了鲜有个人存在的空间，人权缺乏萌发的空间。在资本主义社会中，人摆脱了人身依附关系并获得了形式上的独立性，人权的产生成为可能。但是人却又陷入了物的依赖关系之中，人对物的依赖和物的限制使人形成了以权利为形式的疏离、竞争关系。这种权利在形式上宣告了人的自由平等权利，而在现实中却又以权利的形式发生冲突。有产阶级的财产权、自由权与无产阶级的平等权、发展权之间始终存在一定的矛盾。对无产阶级来说，财产的匮乏使自由权、发展权成为空谈。人权的主体的普遍性和内容都受到限制。放眼世界范围内的人权问题，都可以归因于人权的不充分。“每个人的自由发展”是人在主体和内容上真正实现人权主体普遍性的一种最高境界。

首先，“每个人的自由发展”真正实现人权主体的普遍性。人权的基本形式是个体人权，“每个人的发展权”是以每个个体作为基本单位的。这种个体权利不同于狭隘的个人主义人权；也不能以整体权利、集体人权进行替代。在资本主义人权体系下，有产者的自由权与无产者的平等权、有限人权与普遍人权之间的矛盾充分说明了狭隘的个人主义观念使人与他人对立起来，被统治阶级不能真正享有人权，人不成为人。要真正使人成为人，就要打破这种狭隘的个人观念，使人真正融入真实的集体之中。马克思所说的真实的集体即共产主义社会。在这个真实的集体中，个人才能摆脱狭隘的个人主义魔咒，获得全面发展其才能的手段。同时，“每个人的自由发展”并不意味着在共产主义社会中，个人观念、个人发展权就被整体观念、集体人权所遮蔽。在马克思主义创始人看来，卢梭、黑格尔所理解的国家、社会高于个人的观点是一种整体主义，没有真正的个人自由，遮蔽了个人的发展权，只是一种虚假的集体，这对于个人来说将是新的桎梏。因此，在共产主义这一真实的集体中，个人融入了集体，又在集体中获得了自由发展，从而真正实现了人的价值。

其次，“每个人的自由发展”真正实现人权内容的普遍性。人权的内容受到社会的经济结构和经济发展水平等因素的制约。人权内容的拓展离不开人权运动的斗争和争取，而在具体的历史时代下人能够真正实现哪些人权则最终取决于经济发展水平。马克思主义的创始人认为不能笼统地理解人权，而应在现实社会中考察人权。人权内容的不断拓展本身也说明了在经济发展水平不断提高的基础上，人权内容的普遍性在不断拓展。人权以保障人的尊严和价值为核心，任何旨在实现人的尊严和价值的人之需要都是值得肯定和欲求的。正是人的需要推动人类孜孜以求地拓展人权内容的普遍性。“每个人的自由发展”指向人的个性尤其是个人能力的全面发展，这包含了人在体力、智力、才能、兴趣等各个方面的全面充分发展，是人权内容普遍性的一种最充分表现。

最后，“每个人的自由发展”真正实现人权价值的普遍性。人权诞生以来遭遇最多的非议之一就是人权价值是否具有普遍性。多元文化和人的多样性，使不同民族、不同文化的人之间难以形成关于“人”之自由、“人”之发展的共识，造成了世界范围内的人权问题缺乏共识。马克思逝世后，恩格斯撰写的《法学家的社会主义》中提出各个国家的特点和发展水平不同，国家中每个阶级的法权要求也不同。在不同的民族和时代，法权要求不完全相同是符合历史发展规律的。每个国家的历史文化传统和经济发展水平不同，在国内实在法上所落实的人权内容会出现一定的差异，但是并不能据此否定人权内容的普遍性。人的类特性使人类之间能够对人本身、人类的共同价值上形成相互的认同和共识。“每个人的自由发展”命题正是人在历史时空下最具有普遍共识的人类追求。可以说“每个人的自由发展”既是跨越人的多样性和多元文化的一个基本共识，又是一种理想意义上的价值目标，为现实的政治制度和法律规范提供道德性标准。

第三节　自由主义法治文化与权利——以环境权为例

工业革命推动人类文明进步的同时带来了日益严重的环境问题，近年来有关生态环境与人的权利体系、生态环境与公平正义等问题的讨论也越发深刻。目前，主流的观点是提倡将环境权作为一种新兴权利加以运用以实现保护环境。但是，由于环境权的证成在理论体系上一直是个难题，这也造成了环境权保障在法治实践上存在一定的障碍。这一问题从一个具体方面折射出，由权利奠基而成的法学理论体系若要能够形成坚实的理论大厦，必然需要自洽的权利体系以及得到本土文化滋养的权利概念。

一、环保运动的兴盛与环境权发展的缺位

环保运动是对自然资源过度消耗和环境日益恶化的实践反思，是由一个自发的民众性的社会运动向着有组织的有影响的全球性运动的发展体系。作为工业革命率先发展起来的欧洲、美国等国家，生态环境问题也最早引起了关注。以美国为例，自 19 世纪末就开始了第一次环保运动，至今已经经历三个阶段的环保运动发展。第一次环保运动兴起于 19 世纪末到 20 世纪初，这时期美国经济高速发展。“民主选举的政府感到，作为赢得大众支持的方式，他们需要

承诺和鼓励更大的经济增长"①，以资源换增长是发展的主题。这一阶段的环保运动由社会精英阶层及政府主导，并且以保护土地、森林以及水源为主要目标，最终实现了政府和国家对一系列自然资源的国家干预制度。例如1902年美国颁布的《联邦土地开垦法》带来了美国国家森林储蓄量大量增加的良好效果。这些环保制度属于美国总统西奥多·罗斯福新国家主义政策的一部分，是资本主义对以往自由放任主义的一种反思和修正，与凯恩斯主义在经济上的干预有相似之处，是国家公权力开始干预私人权利并以此引导社会走向的表现。

第二次环保运动兴起于20世纪三四十年代，主要由美国总统富兰克林·罗斯福在任期间主导。主要针对的环境问题仍然是自然资源的保护，并且推动了自然资源保护的立法。例如1934年的《泰勒放牧法》、1937年的《土壤保护与土地合理使用保护法》等。这一次运动开始有更多大众参与到环保运动，美国社会科学界尤其是哲学界和法学界专家开始呼吁走出研究的象牙塔领域，关注实践中的问题。

第三次环保运动兴起于20世纪六七十年代。与前两次相比，这次运动主要由民众主导，并且各种环保社团组织及理论都产生了广泛的影响。在环境立法上的成果也达到了新的高度，例如具有时代意义的美国《国家环境政策法》。环境保护运动在这一时期超越了国家界限受到越来越多的重视，例如1972年斯德哥尔摩的《人类环境宣言》中提出，"人类有权在一种能够过尊严和福利的生活的环境中，享有自由、平等和充足的生活条件的基本权利"。这一条款也被视为环境权首次作为一个单独的权利概念被提出来。

就目前的研究状况来看，一方面是环境保护运动的蓬勃发展，另一方面却是法学理论和实践中环境权发展的举步维艰。虽然《人类环境宣言》将环境权作为一项新型的人权，而且将这种人权与保护子孙后代的环境责任相对应，但宣言中对所倡导的环境权却并没有做出明确的概念界定。法学研究和法学实践

---

① ［英］克莱夫·庞廷：《绿色世界史：环境与伟大文明的衰落》，王毅等译，上海人民出版社2002年版，第358页。

中，始终对环境权的本体论问题采取了回避的态度。表现为在法学研究对环境权的来源和性质都没有统一的观点。虽然环境权作为一种权利的概念，在理论界长期被关注和探讨，但却并没有得到具有共识的学理界定。在已经产生了一些环境相关立法的国家中，环境权仍然是一个不明确的概念。例如广泛推崇为环境权法案的《美国国家环境政策法》，其主要规范的是国家和政府在环境保护中的责任，并未凸显个人运用环境权进行诉讼的可能性。这也显示出一个问题：即使在美国这样一个热衷环保问题法律环境中，对环境权的界定和运用仍然是审慎的。

近几十年来，与讨论热度趋于平淡的西方研究相比，我国许多学者却对环境权进行了积极热烈的探索。环保运动与环保组织的发展也如雨后春笋般地得以发展，民众的公民意识不断觉醒，政府的发展理念也进入到生态化转向和调整时期。但是我国的法学研究和权利体系构建中，对环境权的研究在主要理论和研究观点上与西方并无太大的差异。现有的国内环境权的研究和分析是在立足我国的现实需要和吸收西方国家尤其是美国的环保理论的一种汇集，对环境权的主体、客体和对象这三个基本要素有多种理解。对于环境权主体，根据权利的享有主体的范围可以划分为三大类。① 即最广义的环境权学说：环境权的主体包括公民、法人和国家；广义的环境权学说：环境权的主体是公民（包括当代人和后代人）；狭义的环境权学说：环境权的主体只有公民，且只包括当代人。对于环境权的客体的理解上，学者们的观点也有所不同。最广泛的环境权客体涵盖非常丰富的内容：既有经济性的利益也有生态性的利益和审美的利益，自然要素可以包括空气、水资源、日照、通风；范围次之的环境权客体指向则有所收缩：只包括适宜的环境中的生存条件和恰当的资源利用；狭义的环境学说的客体涵盖内容最窄：仅仅指向适宜的环境的享有和审美。因此盲目地将环境权引入到法律体系中还显得操之过急，最后只能导致理论上归于“如果吾人称环境权的理论已经没落了，应不至于太离谱才

① 吴卫星：《我国环境权理论研究三十年之回顾———反思与前瞻》，《法学评论》2014 年第 5 期。

是”[①]的境地。

日本《环境基本法》制定的倡导者，著名法学家森岛昭夫认为，“作为法律的专家，把没有实质内容的，或者说可能反而会引起混乱的环境权写进基本法中去，我是不赞成的”[②]。笔者认为，环境权立法的缺失的原因，在于环境权与已有的权利体系中存在自洽性的矛盾：环境权的特殊性导致了环境权与已有的权利体系的紧张关系。而这种矛盾在以自由主义为主流的西方法学理论尤为明显。为什么在环境保护已经受到国际、国内社会普遍重视的情况下，环境权迟迟未能明确地作为一个确定的具有逻辑论证的概念出现在法律文本当中呢？这与已有的西方权利体系以及西方自由主义传统有密切的关系。

二、环境权与原有权利体系的紧张关系

自由主义的基本精神对于环境权的证成具有明显的限制。尽管当代自由主义根据外部的批判不断修正自身，自由主义内部本身也存在着论战和分歧，但是对消极权利的严格边界始终没有放弃。罗尔斯在当代将平等重新提到一个新的高度上，用以挽救自由主义的种种局限，但其也仍然坚持自由优先的原则。环境权既有消极权利的要求，也有积极权利的要求，意味着既要一定程度上的绝对自由，又要政府干涉自由。这与自由主义的基本精神很难和谐地放在一个体系之内。与传统的权利相比，环境权的内涵和外延都仍然存在着不确定性。环境权是在近几十年随着环境问题日益凸显才被提出来的，其“寿命”要远远短于财产权、生命权、物权、债权这些传统权利。环境权受到关注是因为在当前日益恶化的环境形势下，传统的权利概念在应对环境保护问题时有明显的不足，需要运用环境权这一概念才能更有效地解决环境污染和环境侵权的问题，是对传统权利体系的一种完善。关于环境权的来源，大部分的观点认为可

① 叶俊荣：《环境政策与法律》，中国政法大学出版社 2003 年版，第 14 页。

② 梅泠、付黎旭：《日本环境法的新发展》，《环境资源法论丛》（第 2 卷），法律出版社 2002 年版，第 86 页。

以根据保护某种环境利益的需要而主张环境权，但这只是一种对于权利的朴素认识，无法从权利的来源上论证其正当性。权利和义务的概念作为一种基本的法律制度的主线，表达着制定者对于利益的一种制度性导向，规范着人们的行为，而这背后更体现为一个社会当中对多种资源和利益的安排和分配，一种在理论上能够获得辩护的权利，应当符合一系列的伦理论证及道德追问，环境权也不例外。

在传统的对权利的划分方式中，消极权利与积极权利相对。消极权利一般指的是要求排除国家的妨害、国家相应不作为的权利，例如思想与良心的自由权。积极权利一般指的是那些要求国家积极介入并保障公民在社会经济生活领域的权利，是要求国家积极作为的权利，例如劳动权。这种权利的划分方式也与赛亚·柏林的两种自由的概念有着密切的联系。在当代的政治和法律制度当中，一般对于保障公民消极权利的方式问题在理论上争议并不多，往往政治、经济决策的争论都在于积极权利的限定和保护问题上。积极权利涉及国家对于个人的干预，生活在团体之中的个人需要这种干预，而又时时易受到这种干预过度可能导致的侵害。在西方的法治当中，对法定权利的论述一直谨慎并严格地建立在区分消极权利和积极权利的基础之上。根源就在于法定权利在其源头上来看，其基本目的就是为了防范对个人自由的侵犯。

综合国外已有的立法趋势和国内的研究，可以对环境权归纳出一般性的理解：第一，环境权要求获得能够保障个人生命安全、良好生活要求的环境，同时，这种对环境的要求也意味着禁止某种破坏良好环境的要求。从这个方面的理解来看，环境权的要求是消极性的，权利主体指向的是不确定的义务对象。第二，环境权对于良好环境的要求意味着要求落实国家责任和政府积极作为，在环境保护和资源利用问题上国家应当承担一系列有效改善环境的职能。从第二个方面的理解上看，环境权的要求是一种积极性的，其义务主体的指向是国家。综合考虑环境权的主体和客体因素，即使在比较狭窄的意义上环境权也包含着以上两方面的要求。

环境权的概念第一个方面意味着对良好环境的享有，那么意味着环境权应当属于消极权利。也就意味着环境权的享有者只有在环境利益受到破坏时才需要向特定的对象主张其权利要求。例如，如果生活在河流下游的公民由于上游公民对河流的污染排放，就可以对其主张要求停止排放或者改善这种污染。又或者，这种河流的污染是由于政府某种经济政策或者经济活动导致的，公民也可以要求国家和政府停止排放或改善污染。在这个意义上，环境权指向的义务对象可以是其他公民、组织、也可以是政府或者国家。环境权概念的另一方面是对国家保护良好环境的责任要求，这意味着环境权应当属于积极权利，即国家和政府在行政过程中对公民承担着保护和维持一种良好生存环境的职能，国家应时时注意履行这种责任。在这个意义上的环境权，公民的良好环境的获得依靠于政府责任的履行，甚至是政府在一定时期对于环保和经济安排的政策。而这些政策是更偏重于环境保护还是更偏重于经济发展指标，则取决于一些价值目标的判断。

根据消极权利和积极权利的分类方法，环境权放置于哪一个子类别当中都不合适。从这角度上来看，环境权与原有的权利体系存在一定的紧张关系：传统的权利体系在消极权利与积极权利的划分方式都单一地隶属于消极权利或者积极权利。而环境权在个人意义上要求排除任何对良好环境要求的妨碍，这种要求是对抗个人和国家的权利。而环境权的第二个方面又需要国家积极改善环境，这不仅与第一个方面要求冲突，也将导致环境权自身的逻辑变得混乱。环境权的这种特性使得其难以与原有的权利体系有一个和谐恰当的统一。环境权作为一种新型的权利，其“新”就在于环境权这种两个面向的特殊内容。

对于这种紧张关系，也就是环境权究竟应当属于消极权利还是积极权利的问题，一种简单的解决可能性就是我们放弃原有的权利划分方式，重新将环境权与已有的权利进行排序和划分。那么我们是否可以放弃这种对权利的分类方式，而根据现在已有的权利重新构建体系，以此为环境权在权利谱系当中寻找一个合适的位置呢？从权利自身的发展历史上来看，这种对于消极权利与积极权利的划分是不能回避的，因为这种划分方式本身就体现了以往无数的哲学家和法学家在围绕法律的目的探索法律正义的过程，也是权利和义务在法学研究上的思辨过程。这种思辨的过程本身就体现于自由主义的历史传统之中。

三、超越自由主义权利观

在时代背景上看，与资本主义社会中很多其他问题一样，环境问题是工业文明发展过程中不可避免的问题，深层原因来自资本主义所推崇的自由价值观。资产阶级革命通过以自由理解权利、权利至上、权利本位的观点将个人从封建社会压迫的约束中解放出来。而对个人自由的过度放任和个人权利的绝对捍卫，将人的现代性置于自然之上，带来了经济发展中不可避免的资源浪费、环境污染等问题。从环保运动的历史来看，尤其是前两次环保运动，都是在环境资源面临巨大压力的情况下加大了政府对个人权利的干预，是资本主义社会的一种自我调节。这种调节是对个人自由的一种干预，同一时期的政府干预不仅在环境保护领域发挥作用也影响着整个的经济、社会福利制度方面，自由主义在这一时期是对严格捍卫个人自由权利的一种适当退让。这说明在环境问题严重到威胁生存或者发展的时候，个人自由权是应当并且需要做出一定退让的。

自由主义的传统作为工业文明发展的价值基础，始终在个人与国家（团体）对抗的角度上来论证权利。消极权利和积极权利的划分正是这种对抗的体现。当代自由主义受到了多方面的伦理挑战，社群主义、现代德性伦理学、女权主义都提供很多有益的思路。尤其是社群主义对自由主义的批判，使人们重新认识到完全脱离社会的个人是不存在的。因此，从自由主义的立场上来论证环境权势必会面临这一严格边界的局限。自由主义对个人自由的珍视是在强大的国家机器中捍卫个人权利的有效立场。对环境权的证明，应当寻求与已有权利更相容的方式而不是颠覆整个权利论证的基石。所以，目前对待环境权比较理想的方式只能是将其视作一种特殊的权利，分别从消极权利和积极权利的两个方面去理解，而不是忽视环境权概念任何一方的权利要求。从消极权利方面理解环境权，环境权与其他权利可能会产生权利优先性的问题。尤其是环境权与财产权之间。那么在权利的体系内应当通过立法确定环境权与其他权利优先性的问题。从积极权利方面理解环境权，则意味着国家干预可能造成对个人财产权、个人自由权或其他权利的侵犯。那么这种干预的程度则会引起更多的争论，国家干预取决于国家政策在不同时期对多种价值目标的平衡与选择。自由主义的立场坚持的国家价值中立的原则，与此情境下环境权的“权利及其证明依赖于它们所服务的那些目的的道德重要性”①形成冲突。因此环境权所要求的国家干预问题，实质上与自由主义一贯面临很多挑战是一致的。

环境权的提出针对的是工业文明带来的环境恶化问题。单纯从环境伦理的研究来看环境问题，一些新兴的环境伦理学家，例如大地伦理学、动物权利论，以及以美学的方式来理解环境问题都对于环境保护有可取之处，但是如果用来证明环境权在法学上的成立，却显然不具备充足的说服力。无论是所谓“大自然也享有权利”或者是“动物享有权利”这类主张，在已有的法律和道德框架之内不能完成合理的证明。权利的概念始终是与“人”联系在一起的，甚至是与近代法治国家、自由、平等的“人”联系在一起的。在这个意义上来说，在当代能够合理论证权利和义务的法律哲学，无法回避自由主义已有的对于权利的这些理论。自由主义的价值传统与资本主义经济、工业文明的发展有密不可分的关系。环境问题的产生，源于过分强调自由经济发展所带来的弊端，而这种弊端又与自由主义过分强调个人权利、忽视了善与美德对个人的作用有关。正如美国的生态学者诺兰曾经说的：“生态意识中所包含的道德问题属于我们时代最新颖的、最富挑战性的道德困境……这些问题之所以最富有挑战性，是因为它们可能要求我们抛弃那些我们长期珍视的一些思想，即我们的生活应达到一定的水准以及为了维持这种水准应该进行各种各样的经济活动。”②面对各方面伦理上的挑战，自由主义必然需要修正自身。而环境权的证

① ［美］迈克尔·J.桑德尔：《自由主义与正义的局限性》，万俊人等译，译林出版社2011年版，第4页。

② ［美］R.T.诺兰：《伦理学与现实生活》，姚新中等译，华夏出版社1988年版，第24页。

成本身也依赖于这种对自由主义观念的超越。

德性伦理学在当代的复兴和女权主义的发展为伦理困境提供了有益的思路。德性伦理学恢复了人们对良好品德的重视。以至上的美德或者善来论证环境权利是否具有可行性，尚需要更多的道德论证和法学思辨。而女权主义的发展所引发的对于男与女之间的关系以及拓展至人与自然的关怀关系的思考，也为环境权的论证带来有益的着力方向。通过重视人与自然的关怀关系来论证环境问题是一种有益的思路，但若转化为有效的权利证明仍然要回归到人与人的关系问题上。但是这些伦理论证并没有取得全盘替代自由主义的效果。自由主义的立场强调正当对善的优先性，但是却并未声明放弃在个人领域放弃善的追求。目前，西方对于道德框架的普遍认识仍然是趋向于将善的追求限定在个人的私人领域。如果承认自然和环境自身具有善价值，那么通过环境权立法的方式来解决环境问题势必要突破自由主义的这种绝对自由限制。我们期待在一种生态文明的时代能够完成这一超越。对于中国的环境权发展而言，环境权的证成在现有的法律体系中还需要进一步实现逻辑上的自洽，环境权的主体、客体和内容，都有其独特性和复杂性，但是我们不能因为它复杂就否认它的重要性，只有突破自由主义的限制，回归到权利起源的初衷，这样才能解决人类环境权目前所面临的法律地位缺失的尴尬困境。

第四节　权利及其人性基础的法治文化会通

一、会通多元法治文化资源的必要性

法治已经成为现代国家治理的根本方式，世界上法治高度发达的国家，均有着较为成熟的法学理论和法治文化。理论化的权利概念是一个国家法学成熟的标志之一。权利理论的论证，本身就是建构法治理论体系中绕不开的基础性

问题。而权利话语的兴起，又对中国法学的发展有着格外重要的意义。可以说，权利概念在中国的兴起和发展正是改革开放以来经济社会发展在法律中的投影。法治和改革对于中国的意义决定了，中国未来的发展离不开构建成熟的法治理论体系，尤其要有效地发挥权利概念的基石作用。

建构权利理论需要会通人性预设的法治文化资源。权利并非是一成不变的，其随着历史和文化的发展也在不断向着更公正的方向发展。权利的人性基础以及权利的理论，并没有现成的、固定不变的法治经验可供照搬，而是应当在历史和文化的发展中不断地以人为主体来进行反思和建构。权利作为法理学的基本问题，表明了法关于正义的判断。何种行为是“正当”的，不是机械地运用法律的规范和技术来衡量，也不能直接套用某些现成的法治规律来定义。法是实践的产物，判断一种行为是否正当是在实践中逐步发展和总结的。权利的标准不是僵死的规则，而一直取决于人对于“什么是人”“什么是人的属性”的判断。这种标准既是历史的，也是发展的；既有人类文化的共性，也有不同文化的特殊性。不同的历史时期和文化传统，缔造了不同的人性观念，评价权利的正当性的标准。但无论法治如何发展，权利的目的始终都是围绕人的自由和发展展开的，这是构建权利理论在强调历史、文化特殊性的同时不应当忽略的。

权利的概念离不开对人性的解读和正当性的判断，这些要素必须与一个国家的文化紧密结合才能具备理论的解释力和可接受性。权利的泛化和冲突说明了，中国的权利概念与法治文化的疏离造成了权利及其人性基础缺乏有效的理论支撑。当前，“人民群众对立法的期盼，已经不是有没有，而是好不好、管用不管用、能不能解决实际问题；不是什么法都能治国，不是什么法都能治好国；越是强调法治，越是要提高立法质量”①。这一现实构成了中国法治实践的现实背景。同时，中国的法学研究也已经意识到应当摆脱对西方概念和理论的一味学习，而要面对中国的真实问题、提取中国法学的真实问题予以有效回

① 《习近平关于全面依法治国论述摘编》，中央文献出版社 2015 年版，第 43 页。

应，才能不断建构中国自身的法治理论体系。而这又在根本上依赖于对权利概念及其人性的解读能够根植于本国法治文化之中，汲取社会共同认可的经验、价值和观念资源的支撑。甚至可以说，权利概念的理论品格和说服力恰恰来自在多大程度上能够回应中国的现实、是否能够从中国的法治文化中获得有力的文化滋养。

从这个意义上来看，中国权利理论的首要任务应是关注于中国人的权利，应更加着眼于当下中国法治主体的权利及其实现。正如习近平总书记所说的："努力使每一项立法都符合宪法精神、反映人民意愿、得到人民拥护。"① 从法治文化的角度来看，这正是任何一个国家的法学都需要解决普遍的权利概念与其自身传统文化资源和谐共生的问题，是中国在汲取世界法治经验的基础上能否形成自身主体性的问题。在这一点上，就像英国的法治模式不能照搬到美国，德国的模式不能照搬到日本一样，中国必须从自身的法治实践着手会通多元法治文化资源。

二、会通多元法治文化资源的可能性

法与文化的关系决定了，一个国家的法学理论离不开自身文化的滋养和支撑。从总体上来说，对权利概念及其人性基础的解答，根本问题在于能否在中国的法治实践中形成、再造自身法治文化的问题。西方法治文化在意识到法学作为一门学科难以形成绝对自足的规则体系之后，法学界涌现出众多的法理学流派，无论是自然法所强调的法的价值取向，还是社群主义、女性主义提供的立场，都在提示我们法学如果远离道德和文化的沃土，将只能沦为技术的集合。改革开放以来，我国法理学对权利的概念以及实证主义法学与自然法的研究已经形成相当成熟的理论资源。随着经济建设和部门法的发展，中国法理学在改革开放后再次通过一系列关于权利的论战使权利的概念得到明晰。而中国

① 《习近平关于全面依法治国论述摘编》，中央文献出版社 2015 年版，第 47 页。

社科法学逐步受到瞩目的趋势，已经说明了越来越多的法学家清醒地认识法与其他社会规范、法与哲学、文化的互动性影响，这也使会通多元法治文化资源成为可能。

首先，多元法治文化为中国的权利概念提供了丰厚的资源。从大的时间和空间上来看，权利的人性预设应当是普遍的。例如生命权、尊严权等，但是不可否认权利的人性预设在不同的文化当中有十分大的差异性。从中西方的历史来看，权利的历史远远比法的历史更短暂。即使西方也是自近代以来出现“个人”的观念之后才使得权利的概念逐渐形成。现代法学术语的权利含义在中西方世界中都不是自人类产生规范之初就有的，而是社会发展到一定程度之后才出现的。17 世纪格劳秀斯将权利立足在个人的基础上发展起近代古典自然法理论，权利的概念才形成完善的理论形式并产生广泛的影响。大陆法系也试图在私法领域将权利体系化。但是在权利产生之前，中西方在各自的文化中都并不缺乏关于“什么是正当的”规范和判断。例如罗马法中的 ius，中国古代的“礼”。从 right 与 ius 的关系上看，right 的概念天然地分享了 ius 所包含的正当、应得之意。中国在清末西学东渐的过程中，也一并接受了权利概念以及其包含的正当之含义。

其次，中国文化的特质决定了权利及其人性基础的判断有一定的文化独特性。权利概念的核心即是表达法对个人某种正当性的捍卫，而正当性的标准则取决于对人性的判断。个人权利的真正含义是“正当”，其概念表明的是人做某种行为处于被社会群体赞同、认可的状态。[①] 何种行为能够被判断为正当，取决于一个社会关于人性的道德预设和道德判断，在不同的文化中也具有一定的差异性。从人性观念的梳理中可以发现，西方对人性的认识方法是建立在感性—理性的划分和（动）物性—人性—神性的划分上的。中国传统对人性的划分是建立在性善—性恶的划分上的。其中，感性—理性的划分方式基本可以与性善—性恶的划分相接续，都可以看作人遏制欲望、祛除动物性，提倡理智、

① 张恒山、赵明、黄涛：《权利义务理论的当代展开》，《光明日报》2017 年 3 月 16 日。

属人性的要求。但是西方关于人性—神性的理解并不能在中国传统人性观念中找到相类似的论证方式。中国在理解人与外部世界的关系上认为天人相通，道德的根源即来源自宇宙的本根。“本根之理，即人伦日用之理，在人为性，在物为理，在事为义，都是宇宙本根之表现。”①虽然中国历史上也出现过将天神圣化的方式，例如董仲舒所提出的“天者，百神之君也，王者之所尊也”。但是其落脚点仍是“天人感应”，社会中的正当性判断最终还是通过人的认识和共识形成的，只不过这种判断穿上了“天”的外衣。因此，中国在传统文化上缺乏西方的宗教传统，在理解人与外部世界的关系上，不存在像西方那样一个完全独立于经验世界的超验世界。也就不可能形成人性—神性的划分，甚至是决然对立的状态。中国传统文化无须借助超验的上帝的存在，来判断人性的问题，也无须借助超验的上帝来解答人的何种行为是正当的权利。例如我国《老年人权益保障法》中规定的常回家看看的规定，就是以中国的“孝”文化来判断父母受到赡养权的正当性的一种本土性规范。这种“孝”文化显然在西方的权利体系中难以找到对应的文化资源来论证人的人性判断。

第三，马克思主义权利观提升了权利概念的认识维度。马克思在批判“绝对精神”时针对“宗教的人”提出的“全部人类历史的第一个前提无疑是有生命的个人的存在”②，法学理论中的权利概念不是某种跨越时空和文化的抽象产物，而应当是从“现实的人”的角度去考察人的主体性。从法治文化的角度来看，马克思主义对人的人性、人的本质的论断与中国传统法治文化有着较为契合的精神意涵，这也是马克思主义的法律思想能够在中国迅速地传播和发展的原因之一。在中国共产党的法治实践中，又不断深化、发展了马克思主义的法治文化。中国共产党领导中国人民进行的革命斗争和建设是马克思“人民主体论”在实践中的运用和深化。③土地革命战争时期的法制建设确保了农民的土地权益，改革开放后在宪法中明确私营经济的财产权，均是中国法治实践不同

① 张岱年：《中国哲学大纲》，中国社会科学出版社 2004 年版，第 178 页。

② 《马克思恩格斯全集》第 3 卷，人民出版社 2012 年版，第 146 页。

③ 参见李包庚：《马克思“人民主体性”思想解读》，《马克思主义研究》2014 年第 10 期。

时期中“以人民为主体”来确立权利正当性的实践运用。① 改革开放以来法学理论的发展，是马克思主义哲学与中国法治实践相结合的成果，也是中国人在实践中以人为主体发展法治文化的经验总结。马克思主义的人民主体理论，充分吸收了启蒙运动中“人的至上性”的文明价值理念，进一步形成了“人民主体论”的科学理论。“人民主体论”的价值指向是实现人的彻底解放和每个人自由全面的发展，这正是权利的目的和价值归依。

第四，会通多元法治文化资源是现代化进程中的动态过程。无论东西方社会、文化的差异如何，权利概念的兴起都是现代化进程中不可阻挡的一个必然趋势。个体与社会在观念上的剥离、个体利益和个体人格的确立是现代社会和商品经济发展的基础必需品。在这一点上，西方早已在现代化中形成的权利概念和人性理论，确实为中国现代的法学理论提供了经验和借鉴。但是，我们也应当清醒地认识到，无论后现代对现代的解构和批判如何，东西方社会均尚未真正完成现代化的任务。西方对权利及其人性的分析基础建立在宗教和世俗、个人和社会对抗的法治文化基础上所暴露的一些弊病已经显示出理论的无力，一些在我国缺乏共识的法治文化显然不具备生搬硬套的价值。②

在全球化的背景下，世界范围内的法治文化相互影响、渗透的交往、融合是不可阻挡的发展趋势。现代各国法律制度中，从来未曾吸取外国经验或借鉴外国模式者极为少见。在国家之间日益增强的相互依赖已经扩展到不同意识形态国家间的今日世界，法律文化的这种融合似乎提供了成功的希望，虽然还得不到保证。权利的概念始终是动态发展的概念，权利的谱系和权利的内容也是不断扩展的。一个真正的权利时代，应当在社会现实的基础上努力扩展权利的内容，而非任由权利泛化成为寻求个人私利的口号。同时，我们应当充分认识到中国传统法律文化对构建中国的权利理论是具有独特价值的。例如，中国传统文化中“天人合一”理念对环境权利的价值，性善论、亲伦传统和人本思想

① 参见杜艳艳：《当代马克思主义法治思想的理论与实践创新》，《学习与实践》2017 年第 1 期。

② 参见韩东屏：《西方规范伦理学的弊病与诊疗——重置功利论、道义论、德性论及其道德原则》，《中州学刊》2020 年第 7 期。

对人道权利、弱势群体权利的滋养，“中庸合和”理念与现代协商制度的不谋而合，这些内容都越来越受到世界上其他国家的重视。而人民主体性作为马克思理论的精神内核，不仅是中国共产党领导人民当家作主的经验总结，也是对过去改革开放 40 多年中国的法治实践经验、法理研究的总结。这对结合中国自身的法治文化，在法治中国建设的宏观体系中综合考量权利概念具有重要意义。

因此，我们有理由相信，在世界法治文化资源的碰撞下，包容地看待，谦逊地吸纳，理智地选择、会通优秀法治文化资源是有益于中国法治文化建设的；而更重要的是，始终立足权利概念的根本要素寻求植根本国文化的法治共识形成权利的正当性判断才能形成法治文化。

第四章　法治文化的主体认同

法治文化认同是全面推进依法治国的实践中突显的新问题。文化是一个国家、一个民族更深层、更稳固的根基，也凝聚和体现了一个国家、一个民族的精神追求与价值共识，是人民群众行为选择的内心认同基础。改革开放以来，中国法治建设已经取得了显著成效。近年来，无论是政党、政府还是法学研究者都开始意识到，推动法治国家、法治政府、法治社会一体建设离不开法治文化的发展。尽管形式法治和实质法治之争仍存，但无论何种意义上的法治都离不开主体对法治精神的追求、对法治理念的尊崇和对法治文化的认同。因此，以主体性存在的“人”的视角来检视中国法治实践，以人对法治文化的认同来审视法治建设的成就与问题，是深刻总结全面依法治国和“法治中国”建设的一个重要维度，也是融贯法治的普遍价值与中国特色道路的一种尝试，这也正是法治文化认同的研究缘起。

第一节　法治文化认同的概念和意义

一、法治文化认同的概念定位

认同（identity）是由西方哲学发展至认知心理学和社会心理学的最新研究成果。对认同的回答可以追溯至哲学中关于自我同一性的问题。identity 的拉丁文词根 idem 的意思即为“同前”或“同上”。自我同一性是关于人的本质属性的问题，解决了“我是谁”的根本问题。自我同一性包含了三个层面的含义：一个人如何将自身描述为一个个体，并将自身与他人区别开来；一个人如何在时间流逝的过程中保持自我的一致、连续性；一个人在保持自身独特性的同时，如何看待自身与他人以及自身与共同体的关系。① 自我同一性是人认识自身、自我与他者以及个体与群体关系的根本问题，扩展开来也包含“我们是谁”的问题，即主体是复数的情形下，一群人如何在历史进程中保持族群的一致、连续性。社会学和心理学的学者多使用这种认同概念来研究一个群体（或个体）是如何在更大的群体中认识自身并寻找自身归属和价值的。例如在多移民国家中，新移民如何看待自身归属。

法治文化认同是法治文化实践中关于人的同一性问题。从哲学上的自我同一性到社会学、心理学的认同概念，可以总结出认同的一般概念和机理。认同是寻求人的同一性的过程：人在他者的眼光中审视自我、界定自我；并且主动按照这种界定的自我为自身寻找归属。认同的过程是人在社会中不间断互动的过程，即人会按照自我（行动）——他者的眼光——反身自我（修正行动）的循环方式不间断地与社会进行互动并调整自我。法治文化认同是主体按照法治的理念和规则来定义自我，并以法治预设的他者眼光来反思、修正自我行为的过程。在这一过程中，人以法治文化而非其他文化来定义自我、指导自身行为，并且以法治文化寻求自我的归属、将自我与他者以及共同体连接起来。法治文化认同的概念将有助于以“人”的视角重新审视中国法治实践和国家法治文化建构。认同的概念表明：从群体的角度来看，个体对群体的认同程度高低决定了共同体的凝聚力和稳固性；从个体的角度来看，认同的程度与个体的自尊有密切的关系，人总是倾向于认同那些更能使自己获得更高自尊的群体。因此，在法治国家中人对法治文化的认同程度直接决定了法治国家的凝聚力和稳固性；而法治国家中对个体权利的保护也使人更倾向于认同国家统治的合法

① ［美］罗伯特·C. 所罗门：《哲学导论》，陈高华译，世界图书出版公司 2012 年版，第 251 页。

性。笔者认为，在当前中国法治实践的语境下，法治文化认同实质上关照的就是主体在法治实践中抛弃旧有的与法治文化相左的其他文化因素，以法治文化来认知自身、认知自身实践的过程。

法治文化认同是中国现代化进程和中国法治实践的重要问题。法治本身是动态、实践的过程。法治的实践由人展开，法治文化即是作为主体的人以法治的制度、理念来统领自身“生活样式”的实践过程。众所周知，法治是现代政治文明的产物，是现代化的重要成果。因此，法治的过程既是制度现代化的过程，同时也是人的现代化过程，而后者居于更为根本的地位，即人的现代化程度决定了制度的现代化程度。中国的法治实践与现代化建设同时展开，民众对法治文化的认同与中国法治、中国的现代化建设息息相关。根本而言，“全面推进依法治国需要全社会共同参与，需要全社会法治观念增强，必须在全社会弘扬社会主义法治精神，建设社会主义法治文化”①。党的十八届四中全会正式明确“必须弘扬社会主义法治精神，建设社会主义法治文化”，这是中国共产党针对我国当下法治建设面临实践问题与社会诉求做出的科学判断与正确决策。人民对法治文化的认同很大程度上决定了法治文化能否成为中国社会的主流文化，更深层地决定了法治是否能成为治国理政的基本方式，是否能成为现代国家治理的制度选择。

二、法治文化认同的意义分析

法治文化的重要性已经引起了许多学者的关注，自 2014 年后以法治文化为主题的研究较之以往有明显增加。这种数量上的增长与党对全面推进依法治国的顶层设计主张有密切的关系，更是对 20 世纪 90 年代中国法学界关于法律文化研究主题的深化和延伸。需要明确的是，官方和学界之所以提倡推进法治文化建设和强化法治文化研究，原因在于法治文化在中国的认同缺失之客观现

① 习近平：《加快建设社会主义法治国家》，《求是》2015 年第 1 期。

实，并由此引发一系列的法治困境与问题，明确这些因法治文化认同缺失引发的问题是准确分析法治文化认同之积极意义的前提。

第一，法治文化缺乏大众认同导致法治建设实效衰减。治理转型时期的中国存在多种文化的交织碰撞，法治文化是其中一种。相对于人治文化，法治文化是新文化。习近平总书记指出："法治和人治问题是人类政治文明史上的一个基本问题，也是各国在实现现代化过程中必须面对和解决的一个重大问题"①。人在新旧、多元文化中选择认同哪一种文化关涉"我是谁""我们是谁"的回答。而中国大部分民众尚未在法治实践中形成以法治规范认同自我身份的文化，这使得法治更多被理解为法律人的"自说自话"式的信仰。第二，法治文化建设忽视"人"的主体性需求，影响了社会公众对法治的积极参与。法治文化强调人在社会互动中主动认知法治的规范并通过规范来界定自我、反身自我，并且按照法治的理念来指导和修正自身的行动，使行动符合法治的理念要求和行为选择。法治文化认同关涉人在一个法治社会中"我怎样做才是我"，这是作为主体的人主动在法治中寻求自我身份的认同。因此法治文化认同与法治教育、法治宣传有根本性的区别。改革开放以来的法治教育、法治宣传主要侧重于具体法律法规知识的社会普及和领导干部学法用法的考核要求，这在法治建设初期无疑起到了巨大作用。但随着法治建设的深入推进，公民个体与社会公众对法治不断产生明确的期待与诉求，也希望以主体身份参与法治建设，则传统普法教育等形式已经无法满足人们对法治文化的认同需求。因此，要发展法治文化并实现推动法治一体建设的目标，应当关注绝大多数人对法治文化的认同，以及人在法治文化中的主体作用。

明确法治文化认同缺失产生的现实问题，目的就是要在问题和困境中准确定义法治文化认同之于全面依法治国的价值和功能，分析作为主体的人对法治文化认同的积极意义。

第一，人对法治文化的认同直接推动中国法治文化发展。中国传统文化中

① 《习近平关于全面依法治国论述摘编》，中央文献出版社 2015 年版，第 12 页。

“个人”“权利”的概念不突出，因此对“我是谁”的回答在人治文化中多为：臣民、子民、百姓；而在法治文化中的回答则为公民。这一主体地位的转变直接决定了法治文化的实践和创造主体应当是中国的人民大众。只有人民大众认可和接纳的法治文化才能从根本上推动法治文化的发展。第二，人对法治文化的认同丰富了中国特色社会主义法治理论的内容。法治作为一种文明秩序，其根本是人的革新。人在法治文化中重新认识自我并且将自我形塑为共同体的一员，在法治的秩序中感受到个体的自尊，才能在法治中国的建设中找到自我并且界定自我的归属。如果能够以“薄”和“厚”的标准来衡量中国的法治建设的话，人对法治文化的认同必将是由“薄”转“厚”的一环。这一转变的过程正是在实践和理论上形成中国特色社会主义法治模式的过程，其内容丰富了新时代法治中国的理论内容，并从根本上增强国家的稳定性。第三，人对法治文化认同将化解法治建设的社会参与困境。法治文化是建设法治中国的动力源泉和内生性要素。多年来普法宣传培育了民众对法律常识的基本了解，从而形成了尊重法律、畏惧法律的普遍心理。而法治文化认同则是在普法的基础上提高公众对法治的崇尚和对法律的信赖，有效扩大全社会对于法治的共识性认识。只有充分实现民众对于法治的认同，才能使普通人实际、有效地参与法治的实践，推动法治的建设。

第二节　法治文化认同的主体与主题

法治文化认同以人为主体展开。因此，以“人”的主体性存在为视角审视法治的制度与观念，是分析法治文化认同现状的基础。其中，人的主体性存在集中体现为人在社会中的身份变迁，同时也包括主体性生成的妨碍因素。在主体性视角下，法治文化认同是人在法治文化实践中实现人的同一性过程，这一过程始终包含着两大主题：人的革新与人的寻根。

一、法治文化认同的主体实现背景

中国的法治实践是伴随着现代化进程展开的。从清末卷入全球化浪潮中来算，中国的现代化进程已逾百年，百余年的现代化也是人的现代化历史。这一过程中，中国实现了经济上的市场化、政治上的法治化，同时也在实践着人的现代化。以下分别从经济和政治两个方面进行分析。

第一，经济制度转型推动“人”的经济身份转变。中国近现代逐步实现了从农业社会向工商业社会的转型，人也逐步在经济上实现了从群体身份到个体身份的转变。中国传统文化由农业经济生长而来，并未产生诸如个人、权利等与市场经济相适应的观念。传统文化中的概念如义利、身心等，虽然重视道德修养和个人修身之道，但对人的理解不是从个体出发而是群体出发的。如果用认同的概念来理解，人是在家庭、血缘、宗族中来认识自我的。例如，“我”是父亲的儿子，“我”是宗族的一员。这种自我更多的是以某种关系和身份在道德规范中进行表达，而不是在经济或政治的领域进行。这一点可以在法律严禁成年男子在父亲健在时进行分家这种规范中体察，财产制度是建立在家族单位之上的而不是个人之上。从清末被迫开放口岸，中国已经不可更改地踏入了国际市场。国际市场交易规则、国际货币秩序所需要的经济制度文化不断冲击甚至摧毁传统的农业经济制度基础。这种与国际接轨的经济需要最终以改革开放建立中国特色社会主义市场经济体制而得到满足。市场经济呼唤法治秩序，中国在改革开放之后短时间内制定的《民法通则》《合同法》以及《经济法》等等正是市场的需要。市场经济和法律规则共同形塑着“人”的观念。个人财产权的保护表达了以市场经济制度为基础的人的法治观念的更新。中国人开始以个人而不是以家族为单位来认同自我，这种认同不再以关系或身份来考量自我，而是以平等的主体来看待自我。这种个人的自我在经济领域中往往与某种利益或权利相连。例如，“我”是这辆汽车的所有者，“我”是债权人。

第二，政治制度转型推动“人”的政治身份转变。中国传统农业文明缔造了成熟的人治模式。人与人之间不平等的身份关系也影响着人对自我的认同。因此根据人的身份不同，人对自我的认同也不相同。在政治上，士大夫和官僚阶层在享有特权的同时也产生一定的责任，其自我认同是在家国的秩序中产生的自我认识。而普通人仅仅将自己视为皇上的子民，几乎没有权利也不认为国家与自己有多少关系，对自我的认同更多是在家族中的自我，而非政治上的自我。近代以来，中国在政治制度与政治理念方面逐步实现了从人治向法治的转型，人的政治身份也随之由子民转变为公民。中国百余年的法治进程，在很大程度上推翻了旧制度中关于人的观念。当下的中国人无论其政治身份如何，在一定程度上都能够从公民的角度认同自我，将自我与国家相连。人的经济、政治身份的急速转变，开启了中国人以法治的制度来认识自我的实践。而短时间内人的自我观念则未能与制度同步，阻碍了法治文化认同的实现。

二、法治文化认同的主体实现障碍

对内发型法治而言，法治文化应当是一个社会在形成法治制度的过程中自然而然产生的。公众在法治制度的演进过程中慢慢地产生相应的法治观念，逐渐形成整个公众认同的法治文化。但中国由于国家主导型法治模式的迅速推进，在较短的时间里就建立起形式完备的法治制度，大多数人是被国家、执政党的决策推动转换为法治国家中的公民。法治制度与法治文化之间的脱节和错位就成为必然。虽然制度的转型推动了人在政治制度、经济制度上的身份转变，但大多数人并没有因为身份转变而形成相应的观念，甚至很多人缺乏对公民身份的正确认识，由此导致人在法治制度与对自我认同的观念上产生了一定的断裂。法治观念的荒疏进一步加剧了法治制度的实践困境，这种困境在法治不成熟不健全的基层社会尤甚，在广大基层尤其是农村，个人所处的环境并非严格意义上的法治社会，而仍旧是中国人所熟悉的人治社会、人情社会，个人在社会中仍然会按照惯常的人情社会角色来认同自我，并指导行动。法治在基层社会遭遇到人情、习惯、潜规则等非现代性观念与规则的抵制抗衡，并且在未来很长一段时间仍然无法消除这些观念与规则的影响。

日本法学家川岛武宜认为主体的法意识具有基础性的作用，这种法意识包括两方面的要素：其一是主体的自由——权利主张，其二是主体对他人权利的尊重①。如果以这两方面要素来衡量中国的法治文化认同，个体的自我认同在现代化进程中已经比较显著，即个体的自由——权利主张获得绝大多数人的追捧；而对他人权利尊重的认同却相对较低。在中国的法治现实中我们常常看到公权力组织不习惯，或者是不能够运用法律程序处理与私权利相关的事件和纠纷；而私权利主体也往往不信赖法律而将实质正义的诉求寄托于法律以外的他物。例如，一些过度维权和上访事件就是仅从个人角度看待权利的方式，而并不尊重他人权利或相对的义务。这些现实都表明了当代的中国人虽然身处法治国家、法治政府的建设进程中，却往往并不以法治文化来认同自我的身份。

这些现象反映出急速的现代化进程出现了一系列问题：现代城市生活与乡村生活疏离，城市生活中物质文化的主宰使人孤立、异化，城市生活流动频繁导致传统情感的埋葬，这些现象被哲学家称为现代性断裂，这种断裂描述的问题实际上正是人在社会中缺乏自我同一性的表现。在短短几十年的时间内，中国完成了西方两百年实现的现代化进程，其间亦经历了一系列新旧传统、文化和价值观念的断裂：道德规范与法律规范之间的断裂、情感与理性之间的断裂、个体与集体之间的断裂、形式正义与实质正义之间的断裂。改革开放的实践中，中国人实现了物质生活极大改善的同时，也经历着精神的缔造。很多人在传统文化与法治精神之间难以接续自我的同一性，传统道德的修身要求压抑个人的利益主张，而现代经济制度则支持个人积极表达利益主张。极速的社会改革远远走在了文化的前面，人在制度上的身份转变也脱离了人的观念，使人对自我的认识常常发生断裂。

① ［日］川岛武宜：《现代化与法》，王志安等译，中国政法大学出版社 2004 年版，第 34 页。

三、实现法治文化认同的两大主题

法治文化认同正是力图在法治实践中接续“人”在制度上与观念上的断裂，实现人的自我同一性。五四运动以来两波大的法治浪潮均由国家主导、学者推动，中国也从整体意义走上法治的轨道。若进一步推动法治的发展，除国家和少数学者推动的制度建设以外，发展真正被广大民众接受的法治文化已经势在必行。发展法治文化离不开人，文化的本质是“人化”和“化人”，即人的生存发展的内在过程和样式①。法治文化认同即是民众以法治所尊崇的价值来安排引导自身的生存发展，在法治文化实践中实现自我同一性的过程。同时，这个过程本身又是人在创造法治文化的过程。因此，要实现法治文化认同，离不开人的主体性。

法治文化认同以人为主体围绕两大主题展开：法治文化不同于旧有的人治文化，需要主体在法治实践中不断通过革新的方式认同法治文化的价值取向；同时，法治文化也并非无本之木，需要主体在法治实践中不断通过寻根的方式在传统文化中寻找中国式的内涵表达。人的革新与寻根是主体在认同法治文化的实践中不断交互进行的两大主题。人在以自身为主体的法治实践中不断接纳法治的价值、创造法治文化，这一过程即是法治文化认同的过程。

第三节　法治文化认同的现实挑战——以青年为研究对象

一、青年法治信仰缺失的客观现实

法治文化认同的一个重要维度即是主体具有对法治的崇高信仰。同时，法

---

① 李德顺：《重视中华文化主体的整体认同》，《中国文化研究》2017 年第 4 期。

治信仰也是法治思维和法治方式的基础，是一个社会形成法治文化的重要组成部分。只有对法律有着发自内心的信仰，才有可能形成法治思维，才能主动、自觉和善于运用法治方式。社会主义法治信仰是建立在社会主义法律体系之上的，中国特色社会主义法律体系是中国特色社会主义永葆本色的法制根基，是中国特色社会主义创新实践的法制体现，是中国特色社会主义兴旺发达的法制保障。当代青年作为社会主义法治国家建设的新生力量，经历改革深水区的历史时刻，直面国内外思想意识潮流涌动碰撞，更需要坚定中国特色社会主义法治信仰。

（一）培育青年法治信仰的迫切需求

1. 全面推进依法治国进程的实践诉求

全面依法治国是建设社会主义国家的基本内容，是现代国家治理体系的根基，更是我党管理自身、领导人民、管理国家和处理社会事务的基本方略。党的十八届四中全会更是将依法治国提升到关系到是否能够全面建成小康社会、实现中华民族伟大复兴的中国梦，全面深化改革、完善和发展中国特色社会主义制度，提高党的执政能力和执政水平的决定性因素这一高度。公民的法治信仰是衡量一个国家法治程度的标准，只有在青年中培育起法治思维，建立起法治观念、运用好法律工具、构建出法律氛围，才能实现坚定不移走中国特色社会主义法治道路，才能依法维护人民权益、维护社会公平正义、维护国家安全稳定，从而为实现“两个一百年”奋斗目标、实现中华民族伟大复兴的中国梦提供有力法治保障。

2. 发展社会主义市场经济的力量积聚

法治经济是市场经济的最基本规律，也是市场经济能够产生、发展、繁荣和稳定的源泉。党的十八届四中全会提出：“社会主义市场经济本质上是法治经济，社会主义市场经济是建立在社会主义法制体系之上的。”习近平总书记指出：“我们将坚持社会主义市场经济方向不动摇，继续加强法治建设”。法治要求的公平、正义是市场经济的基本价值取向，法律是调节市场运行规律、规范市场运行机制、引导市场价值取向的标准，因此大力发展市场经济就需要一批具有法治信仰、善于运用法律知识的人才。随着经济全球化和一体化的加深，各国之间的交流和摩擦必然需要在法律机制框架中解决，因此是否能够培育出具有现代法治观念，崇尚契约自由、主体平等、诚实信用、等价有偿、社会责任和法律责任的新青年，是决定我国市场经济能够在法治轨道上健康持续增长的重要因素。

3. 促进青年全面发展的点睛之笔

《国家中长期教育改革和发展规划纲要（2010—2020年）》提出，要全面推进素质教育，把社会主义核心价值体系融入人才培养全过程，引导学生形成正确的世界观、人生观、价值观，而法治是社会主义核心价值观的重要组成内容。人的全面发展和社会主义法治建设之间存在着双向互动的现实价值。树立社会主义法治信仰，有利于摒弃传统的“人治”的观念，重构法治的精神基础，重视法治的社会作用。在青年的法治信仰的培育中有市场经济的法治化，培育市场经济的“自由人”；有民主政治的法治化，培育民主政治的“自主人”；有现代教育的法治化，培育现代社会的“文明人”。中国社会的法治化道路是一项系统工程，需要培育一批具有高素质的人才才能推动，因此培养造就坚定走社会主义法治之路、坚守社会主义法治信仰的青少年，是面向中国法治未来实施素质教育的一项重要内容。

（二）阻碍青年树立法治信仰的因素

1. 青年法治意识淡薄

根据《中国青少年犯罪年检》的统计，近几年青少年犯罪比率在整个刑事犯罪案件中不断攀升，这其中高学历的人数比重也有所增加，一些有巨大社会影响力的恶性犯罪中不乏青少年，还有一些正在接受高等教育的硕士生、博士生，如复旦大学室友投毒案，中国政法大学学生弑师案等案件。它们在让人扼腕叹息的同时也促使人们进行思考。高学历人士中所显露的法治意识的缺失、法律观念的淡薄、法律知识的空白已经超越了教育本身问题，成为社会性的问题。青年阶段是法治信仰建立的重要时期，但如果连基本的《中华人民共和国宪法》《中华人民共和国刑法》《中华人民共和国民法典》等法律文件都没有学习过，对中国特色社会主义法律体系缺乏基本的了解，对中国特色社会主义法律理论缺乏基本的自信，何谈对中国特色社会主义法治信仰的尊重。

2. 意识形态斗争日趋复杂

当前，国际上思想文化不断交流交融交锋，国内社会意识更加多元多样多变，新媒体舆论格局日趋复杂，这都对青年的思想行为产生重要影响。各种社会矛盾和问题相互叠加、集中呈现，人们思想活动的独立性、选择性、多变性、差异性明显增强。国内外一小部分别有用心的机构和个人，打着“宪政”与“法治”的幌子，披着“西方法律思想”的外衣，兜售所谓的西方普选和法律信仰，却企图实施分裂国家、动摇党的执政基础、破坏社会主义建设进程的活动。青年正处在人生观、世界观和价值观的形成时期，如果不能形成中国特色社会主义法治体系，就不能在复杂的意识形态斗争中甄别是非，就极容易受到一些所谓的“西方法治理论”的蛊惑，无法对中国特色社会主义法治信仰做到“虔诚而执着、至信而深厚”，丧失对中国社会主义法治进程的认同感，就无从谈起实现文化自信，更无法牢固树立起实现中华民族伟大复兴的中国梦这一共同理想。

3. 法治信仰培养机制落后

虽然我国于 1995 年就在《关于加强学校法制教育的意见》中明确提出了将学校的法制教育作为培养学生社会主义法制意识，增强法治观念的重要途径，各个高校也陆续在非法律专业学生中开设《法律基础》课程，系统进行法律知识的教授和法律意识的培育，但是《法律基础》课程设置时间较少，课程内容不合理，无法吸收最新的法律法治发展的成果，再加上培养模式单一，主要以课堂授课为主，缺少法律实践环节，造成法律课程成为“空中楼阁”。有些高校法律基础课程师资力量薄弱，没有将专职的法律课程教职人员纳入高校人才培养的序列中；有些高校的法律信仰的培育方法“言必称西方、动辄说欧美”，将法治信仰的培育等同西方法制的盲目崇拜心理，在这种盲目崇拜影响下的法治信仰培养方法是无法建立符合中国国情的法治信仰的。

二、青年法治文化认同的着力方向

社会主义法治建设是中国青年的成长所要担当的历史重任，需要在依法治国进程中实现青年的法治信仰培育，这是新时期青年全面自由发展的重要内容，也是形成中国特色社会主义制度建设法治中坚力量的核心要义。党的十八届四中全会指出："必须弘扬社会主义法治精神，建设社会主义法治文化，增强全社会厉行法治的积极性和主动性，形成守法光荣、违法可耻的社会氛围，使全体人民都成为社会主义法治的忠实崇尚者、自觉遵守者、坚定捍卫者。法治一旦成为一种信仰，才能内化为人们的行为准则，人们就会长期持续、自觉自愿地遵守法律，把依法办事当成自己的生活习惯。"①这一建设目标显示出主体对法治的信仰和认同对于形成法治文化的重要意义。青年作为一个社会未来发展最重要的一类群体，其对法治的信仰和认同将直接影响中国法治未来的建设水平。

1. 构建基于马克思主义的法治观

马克思主义法治信仰体现在马克思的法律观中，其中最为核心的理念是法典就是人民自由的圣经。马克思从理性法与自由法的观念出发，深刻剖析了自由同法律之间的内在关系，指出法律的根本任务和存在的价值就是保障人民的自由权利，马克思主义法治观认为，自由是存在于法律所规定的范围之内的自由，这种自由的存在形式表现在一个国家的法律所赋予的自由的内容。当代青年追求自由，向往自由，通过马克思主义的法治信仰培育，能够正确地认识到自由和法律之间的关系，能够厘清当代西方思潮中的新自由主义的危害和本质目的，能够更好地接受善法良法的熏陶，能够树立正确的法治观念，能够增强中国特色法律制度体系的认同感。这对于青少年在依法治国进程中的定位与成长有着基础性的作用。

① 《中共中央关于全面推进依法治国若干重大问题的决定》，人民出版社 2014 年版，第 26 页。

2. 提升中国特色社会主义法治文化的感染力

近年来，青年关注西方政治运作模式的声音一直有所出现，盲目崇拜西方政治模式和领导人个人魅力的现象也值得我们深思。对于中国青年来说，提升中国特色社会主义法治文化的感染力是应对世界上不同政治模式、法治道路，影响中国青年树立正确的价值观，坚定对中国特色社会主义法治道路的信心，增强对中国法治文化认同的有效方式。这就需要培育青年的社会主义法治信仰，需要注重增强社会主义法治信仰的内在感染力。法律的内在感染力来源于对法律的基本理念的认同感，中国特色社会主义法律体系来源于中国特色社会主义建设的伟大实践，而这个伟大实践同青年的自我价值实现是一体的，广大青年在对伟大复兴时代重任认同的同时需接纳并树立中国特色社会主义法治信仰。中国特色社会主义法治信仰基于马克思主义的精髓，融合了中国传统法治精华和世界先进法治理念，具有与时俱进的生命力和包容性。

实践中，提升法治文化的感染力，让青年从内心认同中国特色法治的追求和价值，需要在讲好中国法治故事上下功夫。应当注重提升讲故事的能力，通过多种途径和方法来传递中国和平崛起的道路理论，宣传中国和谐发展的理念，“不仅要注意语言、修辞以及讲述技巧的选择，更要考虑外国受众的文化背景、心理需要、思维方式和接受习惯，从心理层面唤起国外民众的正面情感，增强中国故事的亲和力、吸引力和感染力”①。让青年能够更好地认识中国，对中国未来的发展充满信心和积极的态度。

3. 改进高校法治教育模式

对于中国青年来说，对西方政治和法治的雾里看花难免产生“外国的月亮比中国圆”的主观论断。如何改变或者纠正这种政治模式认知上的偏差，就需要我们做好意识形态方面的指引作用。在此方面，高校应该当仁不让肩负起主要责任，通过课程和讲座让青年了解到西方政治模式运行的本质和中国政治道路的优势。不断创新宣传工具，掌握大数据时代网络条件下青年政治认知和参

① 李子祥：《新形势下讲好中国故事的路径探索》，《前沿》2015 年第 8 期。

与的新情况、新特点，有针对性地提升大学生在海量信息尤其是国外信息面前的鉴别能力和社会适应能力，提高青年政治认知能力的参政议政质量。

改进目前高校法治素质教育模式，就是通过创新法治素养培养体系来进行“润物细无声”的法治文化引导培育。一方面加大法律课程在高等素质教育中的比重，将法律课程的教授模式从原来的以书本为主到讲授和实务相结合的方式。法律课程教材的选取既要有传统的法学经典名著，也要吸收当前全面依法治国进程中的新精神、新法规和新文件，增强青年对于中国特色社会主义法律体系的熟悉，掌握中国特色社会主义法律体系的理论基础、法案条文、价值追求和发展趋势，树立对于中国特色社会主义法治的文化自信。加大对于高等院校的法律教师的比重，规范法律教师的课堂行为，通过教师的教授激发起青年对于法律体系的学习与应用热情，引导青年认清当前法治问题中的一系列问题。另一方面要培育高校的法治风气。高校是青年生活学习的重要场所，也是青年进行学术交流和形成人生价值观的地方，高校要通过规范学校法治氛围，通过展板、宣传栏等形式宣传党的法治理念、国家的法治进程，通过多种形式的法律理念传播形式，增强学生的法治精神，形成人人谈法、人人尊法、人人守法的校园法治文化，让广大青年在耳濡目染、身体力行中自然形成对法律的信仰。

4. 营造社会法治氛围

增强青年法治文化的认同不仅仅需要个人的努力、学校的引导，更需要社会的法治氛围的培育。只有在一个法治与秩序相结合的社会，青年才能够遵守法律条文；只有在一个权利与义务相适应的社会，青年才能够秉承法治信仰；只有在一个良法与善法的体系中，青年才能够尊重法治信仰。随着中国的发展，我们会有更多的政治和经济全球影响力，未来中国和世界其他国家之间的关系应当从零和博弈走向正和博弈。透视世界法治的发展和政治热点问题，我们既要看到法治之中有政治、法治之中有博弈，又要看到中国法治道路未来发展的生命力。中国青年既要坚持“四个自信”走好自己的路，更要讲好“中国故事”让世界了解中国，通过中国青年的窗口来展现出一个蓬勃发展的中国大国形象。

因此，法治信仰的培育需要在社会运行中贯彻法治精神。法律是社会运行的准则，让青年在社会活动中感受到法治的保障和法律的崇高。党的十八届四中全会提出全面推进依法治国的目标和步骤，在改革进程中总是会有各种深层次的问题和矛盾显露出来，在这个时刻更需要按照法治精神来治国理政，以法治程序来保障正义，使社会形成良好的法治氛围，让广大青年在公平正义的社会环境中将自身价值的实现和法治信仰的形成有机统一起来。

第四节　法治文化认同的实现方式

一、革新主体的价值观念

（一）两次精神革新与人的自我认同

法治文化认同是人在法治实践中抛弃旧有的与法治文化相左的其他文化因素，选择在法治文化中认识自我的过程，这一过程是人在精神领域的一场革新。近代以来中国人曾经经历了两次类似的精神革新。

第一次精神革新始于20世纪20—40年代，在中国先进分子的推动下西方哲学东渐开启了中国大规模引进西学的潮流。期间“经历了一个从器物文化到制度文化再到精神文化的选择过程”①。法治作为一种文明秩序逐渐取代了人治在政治生活中的地位，这种革新最初虽由少数仁人志士和先进政党所推动，但却从根本上改变了中国人对自我的认同。所谓“天下兴亡，匹夫有责”正是个人脱离传统的家族捆绑，转变为国家公民的写照。

① 黄见德：《略论四百年来的西方哲学东渐》，《西学东渐研究》第一辑，商务印书馆2008年版，第17页。

第二次始于20世纪80年代[①]，改革开放之后中国开启依法治国实践。人在经济活动中以理性经济人的方式表达、分析、规范人的利益和诉求，用规范化的规则来解决利益冲突并将其固定下来。市场经济在本质上即是理性经济，理性是引导人去发现真理和确定真理的独创性理智。改革开放初期，邓小平指出，“要做到有法可依，有法必依，执法必严，违法必究”。党的十五大提出依法治国、建设社会主义法治国家，重视以法治的理性精神来管理国家，防范违法肆意。改革开放40多年实践表明，法治建立在市场经济基础之上，是以人的规则理性为经济和政治戴上法律镣铐的制度选择，强调权力对规则的服从。中国的改革开放和依法治国是运用理性精神在实践经验总结中发现真理的过程，也是新中国成立以来中国人精神的一次重要革新。

在法治的两次精神革新中，中国人始终追寻着“我是谁”的根本问题。从传统的人治文化到法治文化，从健全法律规范到依法治国的两次法治浪潮，中国实现了法治成为治国理政基本方式的目标。但是，国家主导型法治的现实意味着这一进程是由政党和少数精英所推动的，并非大众自发形成的理性化过程。因此民众的理性精神与国家制度理性、知识精英理性之间势必出现一定程度的脱节。要避免国家主导型法治对个人塑造的有限性，弥补个体与国家法治认同的脱节，需要个人在国家法治环境中实现进一步的精神革新。

（二）法治文化认同实现人的精神革新

要实现法治的深入发展，实现法治对国家和社会生活的全面塑造，单纯依靠官方和少数学者推动仍不充分，应当转而从个人作为法治建设主体的角度建构民众对法治文化的认同。从这个意义上来说，法治文化认同即是中国人精神的新一轮革新。之所以称法治文化认同为新一轮的革新，是因为法治始终是一个历史的实践过程。法治文化认同仍是以往法治实践的继续；同时，法治文化认同亦是中国人的再一次精神革新。前两次法治浪潮基本实现了国家和政府层

① 喻中：《社会主义法治理念：中国百年法治文化的第三波》，《法学论坛》2012年第1期。

面的法治规范，而法治文化认同则意味着不是少数掌握先进文化的知识分子和精英阶层，而是法治社会中的普通公民在精神上实现法治的精神革新。认同法治文化是人对法治所追求的特定价值的崇尚，也意味着人遵循这些价值来安排、引导自身生存发展的样式，并理性、自由地追求理想的生活。这一认同的过程即是在法治文化中寻找“我是谁”“我怎样做才是我”的过程。法治文化认同强调人在法治文化中认同自我，亦是人的现代化的过程，是人从过去的权威、蒙昧中摆脱出来，重新审视自我、认同自我，并根据现代法治精神形塑自我。

法治文化推崇一系列特定的价值追求，张文显将中国的法治文化内涵总结为十个方面，包括规则文化、程序文化、民主文化、共和文化、人权文化、自由文化、正义文化、和谐文化、理性文化、普世文化。[①] 这十个方面基本涵盖了法治文化所包含的价值追求。其中，有的是中国传统文化中早已既有的资源，例如正义文化、和谐文化；有的则是中国推进法治实践中才慢慢生长出的文化，例如规则文化、人权文化。因此，如果我们认可中国的法治文化至少包含这十个方面，那么我们也应当清醒地认识到这些方面在中国当下的法治文化实践中并非等值。有些传统的文化已经比较成熟，例如对正义的追求、对和谐的重视等，有些现代法治所提倡的文化仍处于不成熟的阶段，例如程序文化、规则文化等。我们今天在一些个案中观察到民众缺乏对法治文化的认同，正是法治文化的诸多价值未能形成一个和谐统一的文化体系。因此，人很难在这种断裂的文化中寻找到连续性的自我。

一个社会中新旧文化融合为和谐的体系需要时间和实践的磨合，但其中最核心的因素乃是人的主体地位。要将过去较为成熟的文化与现代的法治精神凝结成和谐的中国法治文化，其路径仍然离不开人的认同。法治文化所包含的价值虽有历史的长短之分，但在本质上却并不冲突。认同新文化的过程要求人敢

① 张文显：《法治的文化内涵——法治中国的文化建构》，《吉林大学社会科学学报》2015 年第 4 期。

于在精神革新，并以理性的精神接纳法治的价值进而以法治的规则统领经济、政治生活。理性是根据经验发现真理的能力，这正是启蒙运动所开启的人的启蒙，康德称之为“人类脱离自己所加之于自己的不成熟状态。不成熟状态就是不经别人的引导，就对运用自己的理智无能为力”①。中国自清末以来的两次法治浪潮，均是人在当时的环境中以理性的法律来引导、规范国家政治、经济生活，启迪民众的成果。理性的精神气质被福柯视为现代性的根本特点，它塑造了现代社会中人的气质、品格，是“一些人所做的自愿选择，一种思考和感觉的方式，一种行动、行为的方式”②，并最终成就了现代人的自我创造品格。

理性精神使人敢于在当下的实践中运用自身的理性规范人类生活并创造自身的文化。只有绝大多数的公民能够以法治文化认同自我，以理性的精神从他者的角度审视自我，才能真正将权利和义务对应思考并且重新形塑自我；才能拒绝那些与法治文化相左因素的干扰，也是法治文化所崇尚的价值追求得到民众真心接纳的根本。这样的人能够在主张权利的同时尊重义务的必要性；在捍卫利益的同时尊重程序的价值；在享有自由的同时肩负共同体的责任，这样的人正是康德所说的敢于运用理性的成熟的人。这种以理性精神统领的人才是现代经济、政治社会中的人，也是真正能够制约公权力腐败、凝聚共同体责任的公民。

二、继承主体的文化传统

法治文化认同是人以革新精神抛弃了旧有文化的糟粕，同时也在法治实践中不断接续传统法治文化的过程。认同的本意即是一个人在时间的流逝中保持自我的连续性，因此法治文化认同既不是对过去文化的抱残守缺，也不是对域外文化不加分辨的全盘接受，而是在实践的历史中不断以革新和寻根的方式寻找“我是谁”的过程。无论包含何种价值的文化，其内核始终是人，应当立足

---

① ［德］康德：《历史理性批判文集》，何兆武译，商务印书馆1991年版，第22页。

② ［法］福柯：《福柯集》，杜小真译，上海远东出版社1988年版，第534页。

于人本身的实践和体认才能生发出蓬勃的文化。法治文化认同的过程中，似应侧重以下诸方面：

（一）法治的一般经验与中国传统文化融合

中国早在古代法家时期就提倡严刑峻法的工具主义法治文化，虽然重视用法，但是仅仅将法视为维护独裁统治的工具。因此也形成了民间社会厌法尚情、追求实质正义的文化。而西方的法治文化无论是形式合法性思想还是形式正义的法治思想，都崇尚价值中立的原则，反对将善的原则置于规则的中心。中国当代的现代化进程基本是与法治实践同步展开的，这个过程里中国立足自身的实践也借鉴了许多外来的法治经验。但是我们应当清醒地认识到西方法治思想所崇尚的形式合法性理念和价值中立原则等形式法治在中国民众中并不具备文化基础。中国民众认可的法治文化不仅是形式正义的法治，更是实质正义的法治。现代化过程中，中国人精神的革新需要启蒙理性精神，但是这种理性精神不应当是脱离本土文化的革新。很多发达国家现代化中将理性作为绝对的至上权威已经显现了不可调和的弊端。无论是韦伯对工具理性和实质理性冲突的发现，还是马克思所说的人的异化，都以不同方式揭示了资本和理性的绝对化所带来的问题。针对现代性的弊病，很多学者也给出了诊断的药方。列奥·斯特劳斯在《现代性的三次浪潮》中根据对现代理性主义和理性之现代信仰的批判，认为应当回归到西方传统的前现代民主制度。而福柯、德里达则对现代性彻底丧失了信心，踏上了后现代的全新地带。发达国家中已经出现的现代性弊病至今也没有得到完全的医治，我们在全面深化改革和全面依法治国的实践过程中更应当以这些尚未提出治理良方的现代性弊病为鉴。

（二）中国传统德法互补文化的借鉴

於兴中在《法治东西》中比较和总结了中国、西方和伊斯兰的精神，认为中国重感情、西方重理智、伊斯兰重宗教；并将这种偏重对应于人的心性、智性和灵性。[①] 人具有心性、智性和灵性是西方人生哲学中较为普遍的认识，是否能够与中国传统哲学的概念融汇尚需要时间的检验。但是於兴中总结的不同文化所侧重的规则秩序，以及其对应的人的秉性是符合当今世界不同法律文化的现实的。中国传统对道德秩序的推崇是建立在人与人的关系、血缘基础上的，人在社会环境中对自我的认同常常以情感为主导，而非以理性来塑造。这种情与法、情与理的冲突在司法中表现得尤为突出。而宗教自古以来就没有在中国形成主导性的影响，从这个意义上来说，中国人在现代化中所出现的断裂，不是起于理性与宗教权威的分手，而是起于理性与情感的断裂。西方法治所面临的文化环境与我国并不相同，单纯套用西方经验抽象出的法治模式也并不能助益我国的法治文化认同。中国传统文化中以道德秩序建立的规则体系重视情感在人际关系中的作用，也将情感因素渗透进法律的规则当中。这种对人际关系的情感重视至今影响着中国人看待法治的态度，例如对实质正义、对和谐价值的重视。然而单纯以情感为主导的道德规则在今天已经不能有效地约束人的行为了，甚至由于多元文化的冲击，中国不同群体间、不同年龄间的人对道德规则本身也缺乏足够的共识。例如，对待同性恋的合法性或合理性问题不同年龄阶段的人就表现得差距明显。因此认同法治文化是能够有效凝聚不同阶层和价值观的方式。在法治建设中，应当将道德规范与法律规范有效连接起来，正如习近平总书记谈到的："法律是成文的道德，道德是内心的法律，法律和道德都具有规范社会行为、维护社会秩序的作用。治理国家、治理社会必须一手抓法治、一手抓德治，既重视发挥法律的规范作用，又重视发挥道德的教化作用，实现法律和道德相辅相成、法治和德治相得益彰。"[②]

（三）以经世致用思想探索法治形态的多样性

中国的法治现代化在借鉴发达国家经验的同时，在以往的传统之上走出了

① 於兴中：《法治东西》，法律出版社 2015 年版，第 48 页。

② 习近平：《加快建设社会主义法治国家》，《求是》2015 年第 1 期。

一条具有自身特色的道路。这种道路的选择正是在继承传统文化和接纳理性思想的过程中，围绕着中国人自身的实践不断摸索前行的。在引进西学的过程中，中国的知识分子一直在试图以中国文化为本体，接纳、吸收西学的法治文化。这一理路从近代的梁启超、严复到当代的法学家苏力、梁治平等都可以看到相似的努力。虽然很多坚持理想主义法治的学者认为这样的解读可能存在偷换概念或导致法治形同虚设的危险，但是文化的复杂连续性已经揭示了一个现实：人不可能完全脱离旧的文化而创造自我；人更倾向于在新的文化群体中认同自我，这是保持自我同一性、连续性的必然结果。因此，比较理智的进路是拓展更多的渠道和程序，能够使中国大众融入法治的实践中参与法治建设，真正形成一种新的中国式的法治形态。这样的法治形态不仅能够包容法治的普遍规律，更能够形成广泛的法治文化认同。

三、探索主体认同的法治文化内涵

中国特色社会主义法治文化应当是“中国的”而非其他的，这种文化的基因既来自中国人追求实质正义的传统之中，又应当源自理性选择法治规律的革新之中。中国共产党在新民主主义革命时期根据地法制建设已经取得的经验就已经证明，文化的认同离不开法律制度和法治体制的保障，通过广泛地听取民意制定出公平正义的法律是取得人民对法治文化认同的首要前提。

新时代全面推进依法治国，实现人对法治文化寻根，核心是保证和强化法治文化建设的人民主体性地位。习近平总书记指出：“我国社会主义制度保证了人民当家作主的主体地位，也保证了人民在全面依法治国中的主体地位。这是我们的制度优势，也是中国特色社会主义法治区别于资本主义法治的根本所在。”①发挥人民主体性需要将党的领导、人民当家作主和依法治国联系起来。中国共

① 习近平：《加快建设社会主义法治国家》，《求是》2015 年第 1 期。

产党的领导是中国特色社会主义制度的最大优势，依法治国就是全体人民在中国共产党的领导下，依照宪法和法律的规定管理国家事务，正如习近平总书记指出："坚持党的领导，是社会主义法治的根本要求，是党和国家的根本所在、命脉所在，是全国各族人民的利益所在、幸福所系，是全面推进依法治国的题中应有之义。"①把人民的需要、人民的愿景、人民的意愿和人民的福祉落实到全面依法治国全过程中，使法律成为充分体现人民的意志，这就需要执政党能够最广泛地听取人民的法治意见，汲取人民的法治智慧。党的十九大报告提出，发展社会主义协商民主，健全民主制度，丰富民主形式，拓宽民主渠道。正是以拓展民主的渠道和形式来实现法治文化的认同。协商民主是有序参与政治生活表达民意的方式，通过商谈和程序来表达对关于正义的情与理的不同认识，以凝聚广泛的共识。有效的民主形式是形成法治文化认同的前提，也是人在当下时代寻求自我认同的反映。同时，在社会层面发挥社会习惯、行业规章、团体规章等软法的作用也是扩大民众对法治文化认同的途径。"发挥市民公约、乡规民约等基层规范在社会治理中的作用，培育社区居民遵守法律、依法办事的意识和习惯，使大家都成为社会主义法治的忠实崇尚者、自觉遵守者、坚定捍卫者。"②

只有在法治的文化认同中，人才可能逐步摆脱旧有的文化藩篱，以法治文化中他者的眼光审视自我，反身自我，从而形塑一个法治文化中的自我。这样的自我是以理性精神革新的现代公民：在法治的实践中以权利捍卫自身的利益，以义务尊重他者的权利，以程序保障意见的表达，以责任凝聚共同体的情感。这样的自我不必诉诸西方的某种"主义"，而是通过在中国已经走过的法治实践中不断地革新和寻根来实现认同的自我。

---

① 《中国共产党第十八届中央委员会第四次全体会议文件汇编》，人民出版社2014年版，第78—79页。

② 《习近平在福建调研时强调　全面深化改革全面推进依法治国　为全面建成小康社会提供动力和保障》，《人民日报》2014年11月3日。

第五节　法治文化认同的宣传策略

提升不同主体对法治文化的认同需要重视法治文化的宣传。进入新时代，中国社会主要矛盾已经转化为人民日益增长的美好生活需要和不平衡不充分的发展之间的矛盾。人民群众对民主、法治、公平、正义、安全、环境等方面的要求日益增长。中国社会在全面建成小康、开启中国特色社会主义现代化强国建设的实践中日新月异，法治也迎来了高速发展的时代。在此背景下，建设法治文化更加具备了深厚的实践资源和发展契机。2020 年，中国共产党的历史上首次召开的中央全面依法治国工作会议，将习近平法治思想明确为全面依法治国的指导思想。习近平法治思想的提出，无疑将对法治文化建设带来更好的社会氛围和宣传机遇。习近平法治思想的根本立足点是坚持以人民为中心，坚持法治为人民服务。

当前，学习和宣传党的创新理论是我国政治生活的重要内容，高等院校作为培育社会主义现代化建设者的主阵地，如何尽快让党的理论成果进课堂、进教材、进头脑，形成适合高校学生的教育方式，不仅对提高学习习近平法治思想的教育方式具有借鉴意义，也是培育法治文化认同中重要的宣传方式。

一、在把握时代基础上培育法治文化认同

习近平总书记指出："新时代中国特色社会主义是我们党领导人民进行伟大社会革命的成果，也是我们党领导人民进行伟大社会革命的继续，必须一以贯之进行下去。只有回看走过的路、比较别人的路、远眺前行的路，弄清楚我们从哪儿来、往哪儿去，很多问题才能看得深、把得准。"[①]高校思想政治课宣

① 《习近平谈治国理政》第三卷，外文出版社 2020 年版，第 69—70 页。

讲党的创新理论，深刻理解并一以贯之习近平新时代中国特色社会主义思想，需要在历史传承、全面整体和创新发展上不断提高课程设计和课堂讲授水平。

（一）历史地看待新时代中国特色社会主义的传承性

习近平总书记在谈到理解新时代中国特色社会主义时强调："中国特色社会主义不是从天上掉下来的，而是在改革开放40年的伟大实践中得来的，是在中华人民共和国成立近70年的持续探索中得来的，是在我们党领导人民进行伟大社会革命97年的实践中得来的，是在近代以来中华民族由衰到盛170多年的历史进程中得来的，是对中华文明5000多年的传承发展中得来的。"①要历史地看待新时代中国特色社会主义传承性，需要放在文明长河中去体会，需要放在近代以来追求中华民族伟大复兴的历史进程中去理解，需要放在中国共产党领导中国人民追求民族独立、国家富强的进程中去把握；需要放在改革开放以来中国极不平凡的实践进程中去感悟。只有将新时代中国特色社会主义置于历史的长河中，才能深刻理解中国特色社会主义道路的来之不易，才能深刻理解中国特色社会主义理论的创新发展，才能深刻理解中国特色社会主义制度的不断完善，才能深刻理解中国特色社会主义文化的不断精进。高校思政课程设计中包含中国近现代史和中国特色社会主义理论单元，如何将习近平新时代中国特色社会主义思想内嵌到课程设计和讲授中，是提高学生的历史责任感、历史分辨能力，运用历史的长周期视角分析和理解新时代中国特色社会主义的课程新要求。

（二）全面地看待新时代中国特色社会主义的整体性

要全面看待新时代中国特色社会主义的整体性，就需要实现将史（马克思主义中国化发展史）、论（中国特色社会主义基本理论）、著（经典著作与习近平总书记重要著作）结合起来。当前高校思政课程授课形式多是集中式授课，讲授的内容多是精炼性的，课后的辅导和拓展式教学还处在探索阶段，因此仅仅

① 《习近平谈治国理政》第三卷，外文出版社2020年版，第70页。

依靠课堂的授课是无法满足理论学习的系统性和完整性的。要提高学生全面系统的理解新时代中国特色社会主义的能力，需要在课程设置上加大比重，需要在课程书目的推荐中加大数量，需要在课程学习形式上加大创新，需要在课时设置上加大比重，引入马列经典著作导读、中国共产党党史、习近平总书记重要讲话等内容，提供给学生更广阔、更丰满、更现实的解读党的重要理论精神的工具与视角。

（三）创新地看待新时代中国特色社会主义的发展性

理论的生命力在于不断创新，在于方法论的创新自觉，要创新性地看待中国特色社会主义的发展性，就需要在方法论层面上理解党的理论创新、制度创新和实践创新。过去法治文化培育最集中的问题在于传统的理论宣讲方式不适应新时代学生的思想特点，口号宣讲多，理论讲授少，很多学生甚至觉得法律知识没什么用处。因此法治文化培育要真正的树立起青年学生的法治知识和法治思维，提高法律知识解决生活问题的针对性。树立法治观念、法治思维就是建立起用法律思考社会生活问题的分析框架，能够将抽象的法治知识从书本中鲜活起来，让学生在学习习近平新时代中国特色社会主义思想中不断提高自己的运用能力。毛泽东同志当年在中国人民抗日军政大学讲哲学课的时候曾说："教员不根据学生要求学什么东西，全凭自己教，这个方法是不行的"，当前要求党的理论精神进课堂、进教材、进头脑，对于高等院校的学生来说，他们更强调逻辑思维能力和理论论证过程，因此要讲授新时代中国特色社会主义，需要将其内在的方法论创新脉络讲授清楚，需要将社会主义理论的创新性讲授清楚，建立起"片言可以明百意，坐驰可以役万里"的高度凝练的高校法治文化培育的框架。

二、注重法治文化宣传的方法与路径

高等学校作为培育法治文化的重要环节，需要注重法治文化宣传的方法、路径，提升法治文化认同的培育实效。

（一）吃透吃准党的理论精神是前提

在高校中开展宣讲党的理论精神，系统全面又真学真懂地理解党的重要文献、会议报告的内容是前提。对于高校的老师来说，关键是如何将党的最新精神吸收进入高校的法治教育课堂。老师承担着传道授业解惑的重任，更是需要首先将党的理论精神和内容吃透吃准，结合党的发展历史、结合马克思主义哲学基本原理和当前中国发展的阶段性特征，准确定位新时代中国发展的历史意义，准确把握社会主要矛盾的变化同我国处于并将长期处于社会主义初级阶段和我国仍是最大的发展中国家的关系，准确理解中国进入新时代中国特色社会主义的发展路径和发展动力，准确分析中国法治的历史和现实发展。伟大的时代产生伟大的理论，对于党的重要文献的精神解读还要结合时代的发展，要用历史的长周期视角去理解，把习近平新时代中国特色社会主义思想放在实现中华民族伟大复兴的历史进程中去理解、站在科学社会主义发展的历史长河中去理解、站在中国共产党人领导中国人民为人类文明的发展提供中国方案的时代定位中去理解。高校老师在讲课时结合《习近平谈治国理政》等党的重要文献，在宣讲中贯彻用学术讲授中国的法治理论，应当同中央精神保持一致，将党的理论精神内生到高校的法学学科建设中，将党的理论创新吸收进高校法学教材中，真正让党的精神在新时代高校的沃土中生根发芽。

（二）结合马克思主义理论学习是关键

习近平新时代中国特色社会主义思想实现了马克思主义中国化时代化新的飞跃。马克思主义法治理论是高校法治教育的重要内容，能否讲好、讲活马克思主义是判断思政课建设、课程思政的重要标准。因此，法治文化的宣讲要与马克思主义理论讲授相结合，才能真正理解党的重要理论文献所蕴含的哲学意味，才能把握住习近平法治思想的核心理论。将马克思主义哲学的基本观点、基本方法和基本规律同党的创新理论、时代命题和未来指向结合起来，在马克思主义哲学指导下更深刻地理解新时代中国特色社会主义的先进性，在习近平新时代中国特色社会主义思想的实践中理解马克思主义的真理性，才能够让学生真正做到学好马克思主义哲学、用好马克思主义哲学。结合马克思主义理论学习来宣讲法治文化，重点要运用马克思主义哲学关于社会基本矛盾的论述来分析我国现阶段的社会主要矛盾变化的原因和为什么我们要准确把握好社会主要矛盾；要运用马克思主义哲学的辩证法来分析我国当前发展中的“一个变两个没有变”和“中国特色社会主义进入新时代和在全面建成小康社会基础上未来三十年的两个阶段性安排”；要运用马克思主义哲学的唯物论来分析“发展是解决中国所有问题的基本方法”；等等。习近平总书记强调，中国共产党是马克思主义政党，马克思主义哲学是中国共产党人的看家本领。高校思想教育培育的主要目标是“认识和把握人类社会发展的历史必然性，认识和把握中国特色社会主义的历史必然性，不断树立为共产主义远大理想和中国特色社会主义共同理想而奋斗的信念和信心”①。马克思主义理论的产生有其历史必然性，中国选择马克思主义具有历史必然性，理解和把握历史必然性，离不开马克思主义理论。所以用马克思主义哲学来武装新一代的高校学生，要提高大学生的马克思主义素养，是落实高校法治教育的价值要求。下一个阶段高校讲授的重点就是将党的理论的解读和宣讲同法治原理的讲授结合起来，将习近平法治思想中的重要内容同马克思主义体系的不断创新结合起来，既提升思想政治理论课程设计的针对性，也有助于更加深刻地理解中国法治实践的精神要义。

（三）放在青春梦中理解是抓手

高校学生尤其是刚刚踏入大学校园的新生，对于他们来说，人生掀开了新的篇章，大学学习期间也是年轻人人生观世界观价值观形成的重要时期，怎么样扣好这一粒扣子决定着一生的追求与价值。习近平总书记谈到青年的教育定位时提出，“正确认识时代责任和历史使命，用中国梦激扬青春梦，为学生点

① 《习近平谈治国理政》第二卷，外文出版社 2017 年版，第 377—378 页。

亮理想的灯、照亮前行的路，激励学生自觉把个人的理想追求融入国家和民族的事业中，勇做走在时代前列的奋进者、开拓者”①。因此将党的精神宣讲同高校学生树立正确的思想道德体系结合起来就更具有时代意义，是新时代青年的大学生涯当中的第一堂课，更是他们在中国梦中放飞青春理想的翅膀。所以对于高校青年来说，结合党的理论要树立中华民族伟大复兴的理想、要掌握建设中国特色社会主义现代化强国所需要的本领，肩负起中华民族伟大复兴的中国梦终将在一代代青年的接力奋斗中变为现实的历史担当，这是法治文化宣讲同青年使命、青年的法治信仰构建的结合点。法治文化建设要创新法治文化的宣讲形式，要以年轻人喜闻乐见的形式来推动习近平法治思想进课堂、进教材、进头脑，多利用现代化多媒体手段，运用微课慕课、案例教学、研讨式教学，要结合当前高校学生关心的热点话题，形成年青人的话语体系，突出浸入式教学的优势，真正实现既系统全面又突出重点，全面准确宣讲，创新宣讲方式，回应干部群众关切，增强宣讲的针对性和实效性。

① 《习近平谈治国理政》第二卷，外文出版社 2017 年版，第 378 页。

第五章　法治文化的历史视野

清末以来，中国一直在探索通过优良制度建立强大国家的道路，这也成为学习、借鉴国外法治文化并成功走上本土法治文化建构的契机。回顾历史，中国的法治文化始终在适应国家治理需求中不断变迁，经过艰难的创建、探索逐渐走向发展和繁荣，从学习、借鉴逐渐走向自主和内生。未来，推进法治中国应当更加重视法治文化的发展和建设。这不仅需要以开放包容的心态汲取世界法治文化的有益滋养，更需要根植中国的国家治理实践挖掘历史的经验和智慧，由此形成的繁荣的法治文化必然能够成为法治中国的文化支撑。

第一节　法治文化发展的历史进程

一、清末的法治文化初创

（一）初步认识现代法治观念

19 世纪 40—60 年代，初步认识现代法治观念。自鸦片战争开始，中国开始少量地引进西方法治文化。早期对西方法律文化的认识主要来自了解西方地理历史知识的需要。例如林则徐在鸦片战争时期为了了解国际通行的准则，主持翻译了瑞典法学家瓦特尔的《国际法》，将现代国际公法的概念、国家属地管辖权力的原则等现代国家观念传入中国。魏源的《海国图志》、徐继畲的《瀛环志略》曾对当时欧洲的政治法律制度做过一些基本的介绍。1860年，美国传教士丁韪良翻译了《万国公法》。两次鸦片战争时期，中国形成了一个引进、翻译外国法学著作的小高潮，这一时期的内容主要以国际公法为主，为中国形成现代的国家观念和法学概念奠定了基础。据梁启超《西学书目表》和徐维则《东西学书录》统计，1862—1895年，清政府总共翻译了18种西方法律书籍，其中8部是国际公法。①在引进西学的过程中，现代公法常用的一些法律概念，例如“主权”“民权”“人民之权利”等，也随之传入中国。

（二）输入西方法律文化

19世纪七八十年代，输入西方法律制度文化。这一时期，清政府派出多个外文使团，考察西方国家的法律制度、审判制度，并通过使节的纪实将西方政治法律制度的文化传递回中国。使团在考察制度的基础上对英国、德国和法国的法律历史，包括罗马法都有了一定的认识。在此基础上，清政府中的一些开明人士开始正视西方法治的价值，认识到“今日立国，不能不讲西法”。使节将对西方法律制度文化的考察上奏给慈禧太后，在当时的清廷形成了变法的思想基础。

（三）深入认识法治文化

19世纪90年代至20世纪初，深入认识法治文化并提出法治国要求。在法治理论方面，严复是第一个系统地将西方资产阶级政治、法律学说介绍到中国的人，对清末倡导民权、民智，传播现代法治思想文化、形成现代的国家观念起到了启蒙作用。严复推崇英国的君主立宪政体，主张资产阶级的民主主义和三权分立，以自由和民主的西方启蒙思想抨击封建制度。严复翻译了《法意》

① 参见李贵连：《1902中国法的转型》，广西师范大学出版社2018年版，第217页。

《群己界权论》。《法意》在翻译孟德斯鸠的《论法的精神》基础上加注了严复的167条按语，对于当时的中国探讨法律的性质、了解国家制度具有启蒙的意义。这一时期的法典翻译为中国注入了大量的西方法治理论。沈家本受命修订新律的过程中，翻译了十几个国家的法律文本和法学著作，引入了西方法治文化，开创了中国法学的前提。“1902—1911年的十年间，先后翻译了法、德、意、日、俄等主要资本主义国家的34部法典和单行法规”①，这其中包括刑法、民事、商法、诉讼法等。1905年制定的《大清民事诉讼法》参考了西方的陪审制度和律师制度，体现了资产阶级的民主文化和平等文化，虽然并未真正公布实施，但是打破了当时中国诸法合体的旧体例。在国家治理的观念上，严复呼吁变法，认为立法是“据此与君主为争之法典”，可以实现民众与帝王的“共治”。他提出“民之自繇，天之所畀也”②，强调自由、人权、民主和法治是奠定宪法的基础。与严复相比，康有为、梁启超等维新者则更注重法治与国家制度的关联，致力于使法治成为新制度的文化基础。例如，梁启超提出“今世立宪之国家，学者称为法治国。法治国者，谓以法为治之国也”③。法治与人治相比而言，具有优越性，只有厉行法治才能实现变法图强的目的。而当时的资产阶级革命派则对国家概念进行了论证，提出国家的主权属于国民，人民是国家和法律的主体。因此，“一国之中，不管是舆夫、走卒，还是帝王、君主，人人都有应得之权利，人人都有应得之义务”④。

二、民国的法治文化延续

清朝末期变法修律的文本还没有付诸实施，清政府就在辛亥革命的炮火中灭亡了。从国家治理的角度来看，清末以来的变法试图依靠法治文化改革国家

---

① 张晋藩主编：《中国法制通史》第九卷，法律出版社1999年版，第267页。

② 转引自张晋藩：《中国宪法史》（修订本），中国法制出版社2016年版，第40—41页。

③ 梁启超：《管子传》，《饮冰室合集》专集12，中华书局2015年版，第12页。

④ 李贵连：《1902中国法的转型》，广西师范大学出版社2018年版，第231页。

制度，但是这种尝试因为诸种因素未能在实践中建构起一个现代的民族国家。因此，建构一个现代的民族国家在清王朝灭亡后仍然是当时中国的主要任务。在民国时期，国家治理的实践也主要围绕这一主题。

（一）民国初期和北洋军阀时代

在国家治理观念方面，辛亥革命以后的社会各界都提出法治在国家建构和治理中的重要性。例如，孙中山提出“中华民国建设伊始，宜首重法律”①，法律制度的建设和国家权力的制衡是建立一个现代国家的基本条件。梁启超提出，国民的守法观念和法律信仰对于法治国家的建立非常重要。曾在清末参与修律的伍廷芳在《中华民国图治刍议》中论述了中华民国必须走法治国的道路，法律制度中应当改进言论、自由、教育等问题。关于具体的国家制度构建，这一时期形成了一些先进的关于司法、行政制度的观念和认识。例如梁启超就提出立宪国的主张。伍廷芳将中国传统制度区分为立法、司法和行政三权，指出其对于维护国民权利和公证审判具有重要作用。1914 年袁世凯时期公布的《平政院编制令》，设立平政院代表国家最高行政首长行使行政监督权，第一次在实践中确立了中国的行政诉讼制度，是当时颇具法治意蕴的一项制度。

（二）国民党南京政府时期

南京国民政府时期，法治文化有了长足的发展，国家制度建设也比清末、北洋政府时期趋于完备。在法治思想上，逐步破除中国传统礼法结合的法律文化，在法律制度中以现代的法治文化作为基础。在这一时期修订的《中华民国民法》中清除了过去的宗法制度，废除了嫡子、嗣子、庶子和私生子的名义。开始确立了男女平等，例如在婚姻关系上男女都可以平等决定结婚和离婚，在遗产继承中男女具有平等继承权。孙中山提出的三民主义思想逐步定型为“驱除鞑虏，恢复中华，创立民国、平均地权”，在 1927 年国民党南京政府时代成

① 孙中山：《三民主义与中国前途》，《孙中山选集》（上卷），人民出版社 1981 年版，第 79 页。

为法律的最高指导原则。三民主义为内核的法治思想在这一时期国家建构理论和国家与公民的关系方面都体现出现代的意蕴。“按照胡汉民的注解，三民主义的法律，就是要把整个国家，组织到如同机器一般，政府是架机器，人民是管理机器的技师，宪法是支配人事的大机器。”①在法治理论方面，这一时期已经形成了一定规模的法治理论和法学家人才。张君劢、燕树棠、萧公权、吴经熊、蔡枢衡、张佛泉等民国法学家开始从法理的角度梳理、论证法治、法治与国家的建设上是全盘西化还是“中学为体、西学为用”的问题。例如萧公权在《宪政与民主》中从宪政的角度论述法治的思想，认为宪政的精义在以法治国。蔡枢衡在《中国法理学自觉的发展》中，对法治、法治和法学、法治和宪法、法治之路等问题均有专门的研究和论述，尤其关于“人治、礼治和法治”的论述对当时中国国家治理中，人、礼、法的地位和作用已经进行了探讨。吴经熊在《法律哲学研究》中专门对法治和人治进行了探讨，认为国家的一切事务均应纳入法律的宰治之下，其关于法治、法治国家和宪法的关系已经具备了相当深刻的认识。

三、党领导的法治文化建设

（一）新民主主义革命时期的法治文化

早在1921年中国共产党成立之初，共产党人就已经关注到了法律问题，注重开展新型法律文化的启蒙。虽然当时的中国共产党还没有后来的革命根据地政权，但是那时的法治意识和法治理念已经在自己的整治行动中得到了一定的体现。中国共产党早期开展的法律斗争成为促进工人运动的有力武器，也为后来革命根据地的相关立法提出了最初构想、作出了思想准备。中国共产党领导中国人民的革命斗争经历了四个历史阶段，即1924—1927年的国民革命、1927—1937年的土地革命战争、1937—1945年的全民族抗日战争、1945—

① 徐显明等：《中国法制现代化的理论与实践》，经济科学出版社2011年版，第163页。

1949年的全国解放战争，在后面的三个历史阶段都建立了相应的革命根据地。

1. 1927—1937年土地革命战争时期

革命根据地立法起始于1927年开始的土地革命战争，以井冈山革命根据地立法为代表。1927年秋收起义之后，毛泽东率领部队经“三湾改编”后进军井冈山，创建了井冈山革命根据地。1928年底，中国共产党领导的湘赣边区政府，根据井冈山地区革命根据地的实际情况，制定了我党历史上第一部土地法——《井冈山土地法》，它是中国共产党领导下制定的第一部土地法，也是第一部代表农民利益的土地法规。它极大地调动了农民的革命积极性，对井冈山革命根据地的发展起到了推动作用，也成为革命根据地后来土地立法的样本。1931年，中国共产党在江西瑞金宣告成立中华苏维埃共和国，这是中国历史上第一个具有国家形态的红色政权，中国共产党成为苏区的执政党。苏区执政时期的政权机构运作模式、执政经验和法制建设开创了中国共产党执政的法治文化。1934—1935年，苏维埃共和国在长征中成为“马背上的共和国”。1935—1937年，中国共产党在西北苏区执政。这一时期的执政为中国共产党领导、治理国家创造、积累了很多经验。例如在中央苏区，曾经举行过三次大规模的民主选举运动。① 民主选举运动使苏区人民实现了民主权利，也使中国共产党获得了宝贵的经验，充分认识到发扬民主文化对于获得民心的重要性。同时苏区法制建设的实践也初步开创了共产党依靠法律执政的法治思想。“从1930—1934年10月，仅中央苏区制定和颁布的苏维埃法律法令，就达130余部。”② 这其中包括宪法大纲、选举法、组织法、刑法和民法等。苏维埃政府时期，中国共产党已经初步意识到通过法制建设确立政治制度的重要性，宪法大纲、组织法的制定明确了苏维埃国家的国体和政体、党和政府的关系以及中央政府的体制和运行机制。

---

① 分别为：1931年，选举出席第一次全国工农苏维埃代表大会的代表；1932—1933年，中央苏区江西省、福建省、赣东北省换届选举；1933年，选举出席第二次全国苏维埃代表大会代表。

② 余伯流、凌步机：《中国共产党苏区执政的历史经验》，中共党史出版社2010年版，第180页。

2. 1937—1945 年全民族抗日战争时期

这一时期，中国共产党领导建立了大量的抗日革命根据地，开展了抗日根据地的法制建设，成为革命法制的重要构成部分。抗日根据地对立法的革命性探索，对于革命根据地开展政治建设、实施社会管理具有重要意义。在所有抗日根据地中，陕甘宁根据地的立法极具代表性。1937 年 9 月，根据国共两党合作的协议，中国共产党将自己实际控制的陕甘苏区更名为陕甘宁边区，成立了边区政府、边区参议会、边区司法机关——边区法院。陕甘宁边区不断加强边区宪法、边区选举法、边区政权组织法、边区刑法、边区民法、边区诉讼审判制度、边区狱政制度等方面的法制建设，取得了重大成就，开展了革命根据地最为全面的法制实践。先后制定了地方自治性质的宪法文件《陕甘宁边区抗战时期施政纲领》，以及《陕甘宁边区政府组织条例》《陕甘宁边区选举条例》《陕甘宁婚姻条例》《陕甘宁边区禁烟禁毒条例》等。边区实行了独具特色的参议会制度，是抗战时期具有中国特色的民主代议制形式，保障了边区抗日阶级的民主权利，也为后来新中国的人民代表大会制度形成奠定了基础。这一时期的法制建设重视人民根本利益，人权文化已经萌发。边区政府对难民安置、妇女解放的立法突显了对弱势群体的保障。1940 年，山东抗日根据地颁行了《山东省人权保障条例》，这是抗战时期最早颁行的人权保障法规，为中国共产党的人权观作出了最早的法律记述与表达，也为中国共产党团结广大人民群众提供了法治文化支撑。

3. 1945—1949 年解放战争时期

在解放战争时期，革命根据地不断扩大，与之相伴的法制建设得到了快速发展。在中国共产党的领导下，延安解放区在法制建设上一路领先，东北等解放区的法制建设也取得了重要成就。各地解放区的人民政权颁布了施政纲领以及一系列条例、指示、办法、布告等法律文件，为根据地的建设和发展提供了重要的法律手段。随着解放战争的胜利发展和各地解放区的不断扩大，各级司法机关不断完善，形成了较为完备的司法体系。综观解放区的立法，在土地方面，主要有 1946 年《关于土地问题的指示》、1947 年《中国土地法大纲》；在刑事法律方面，主要有 1947 年《东北解放区惩治贪污暂行条例》等。这些解放区法制建设的发展，为新中国的法制建设进行了区域性的重要准备，也为新中国成立后的法制发展奠定了重要基础。

（二）社会主义革命和建设时期的法治文化

新中国的成立使中国的国家治理迅速转向了马克思主义的法治文化。早在 20 世纪初，马克思主义传入中国时就对当时的法治文化产生了一定的影响。李大钊对马克思主义的阐释更对当时马克思主义在中国的传播和影响产生推动作用。例如，在李大钊的《我的马克思主义观》发表时，已经对马克思主义理论关于经济基础和上层建筑的关系、意识形态中政治、法律、宗教等相互影响的问题具有了比较清晰的认识。关于法律阶级性的认识，使李大钊放弃了早期对《论法的精神》的崇拜，转而呼吁劳动人民的利益。这些马克思主义的法律观都成为后来中国革命和解放区的法律实践的文化资源。

1. 1949—1956 年过渡时期

在法治理念方面，这一时期民主文化有了较大的发展。毛泽东思想，尤其是关于民主制度建设的思想在新中国成立后对国家制度的建设起到了重要的作用。例如，毛泽东关于如何防止新政权陷入传统政治怪圈的看法："只有让人民来监督政府，政府才不会松懈"就已经认识到民主对于一个国家的重要性。人民当家作主是毛泽东追求的政治理想。为了实现保障民主的目标，在立法上毛泽东提出，法律是"维护革命秩序，保护劳动人民利益，保护社会主义经济基础，保护生产力的"①。民主的理想需要依靠制度保障，可以说人民民主专政和人民代表大会制度本身就是毛泽东关于法律的思想体现。同时，人权文化也有了一定的发展。这一时期毛泽东关于刑法制度的一些论述体现出法治和人权的思想。例如，毛泽东曾经提出严格的死刑复审复核程序和死刑缓刑的思想。1979 年刑法正是根据这个时期的思想和政策规定了死缓制度。董必武提出通

① 《毛泽东文集》第 7 卷，人民出版社 1999 年版，第 197 页。

过健全司法、公安、检察制度，对人民的民主权利进行保护，坚决反对使用肉刑。在国家治理观念方面，1949年《中国人民政治协商会议共同纲领》的制定显示出马克思主义法律观中关于法律的阶级性的理解，提出“废除国民党反动政府一切压迫人民的法律、法令和司法制度，制定保护人民的法律、法令，建立人民司法制度。”董必武在这一时期提出了很多关于国家治理和法治的认识。例如在中国共产党第八次全国代表大会上，董必武就提出，“党中央号召公安、检察、法院和一切国家机关，都必须依法办事”①。要做到依法办事，就应当加紧对国家重要领域的相关问题进行立法工作，并且在制度执行的过程中应该按照法定程序进行。董必武尤其强调国家机关工作人员的带头守法，认为教育人民守法的前提是国家机关工作人员首先遵守宪法和法律。

2. 1956—1978年社会主义建设时期

1956年第八次全国代表大会做出了把党和国家的工作重心转移到社会主义建设上来的重大战略决策。在随后的国家建设中却未能坚持这一路线。“文化大革命”十年期间，法律虚无的状态阻断了国家治理现代化的进程。邓小平在总结这段历史教训时指出：“我们过去发生的各种错误，固然与某些领导人的思想、作风有关，但是组织制度、工作制度方面的问题更重要。这方面的制度好可以使坏人无法任意横行，制度不好可以使好人无法充分做好事，甚至会走向反面。”②这一段历史的经验从反面促使中国重新认识到在国家治理中奉行法治原则、坚持以法治文化支撑制度的重要性。

（三）改革开放和社会主义现代化建设新时期的法治文化

改革开放后中国的国家治理逐步在法治思想、法治理论的影响、推动下为国家治理观念的提升做好了实践准备。在经过了社会主义革命和建设时期的探索和思考之后，中国的国家治理在1978年十一届三中全会以后开始转向法治

① 《董必武法学文集》，法律出版社2001年版，第352页。

② 《邓小平年谱（1975—1997）》上卷，中央文献出版社2004年版，第663页。

的方向。从 1978 年以后，伴随着中国国家治理的进程，法治文化也经历了一个恢复和发展的过程。

1. 1978—1991 年法治文化恢复时期

在法治理念方面，邓小平的法制建设思想对于推动国家制度法律化起到了重要的作用。这一时期中国国家治理的当务之急是制定优良的宪法和全面的法律以形成国家制度的规范化、法律化。邓小平的法制建设思想也体现出务实的精神。例如 1978 年邓小平就提出，法律条文开始可以粗一点，逐步完善。总之，有比没有好，快搞比慢搞好。① 在法治理论方面，形成了许多重要的恢复和突破，重新构建了中国法学的思想框架，对于法治文化的发展奠定了基础。法学研究在这一时期突破了过去学术研究的很多禁区，形成了多个关键的学术论题。例如 1979 年全国范围内对国家治理实行“人治”还是“法治”展开大讨论，形成了应当使法治取代人治的共识。关于法律面前人人平等、法的本质、权利和义务本位的讨论等论题，形成了学术领域的争鸣，这些法治观点对于推动立法、司法和执法工作起到了积极作用。20 世纪 80 年代以后，在民主、民主与法制建设、社会主义制度法律化等方面已经形成了很多共识。1985 年，第六届人大常委会做出《关于在公民中普及法律常识的决议》，开始注重提高人们的法律意识和守法观念。从 1979 年开始，中国进入了迅速立法的时期。到 1982 年宪法制定时，国家治理的政治模式最终得以定型，明确为中国共产党领导下的人民代表大会制度。1992 年，党的十四大提出建立社会主义市场经济的要求，形成了“社会主义市场经济是法治经济”的法治观念。

法治研究形成了系统性的成果，出现了一大批法学家人才，形成了关于法治的概念、社会基础、法治的要求和原则、实现方式等研究主题。这一时期引进的国外法学著作涉猎极广，例如江平主持的“外国法律文库”涵盖法理、法史、民商、刑事、国际法等多个学科，来源包括英美法系和大陆法系的多个国家。1978—1991 年间，国内开始编写一批法学教材，例如张宏生、孙国华等

① 《邓小平文选》第二卷，人民出版社 1994 年版，第 147 页。

都曾编写《法学基础理论》的教科书；在引进国外著作上，除了苏联，也开始涉猎其他国家的相关教科书，例如庞德的《通过法律的社会控制》和博登海默的《法理学——法哲学及其方法》等。

2. 1997—2011 年法治文化推进时期

在法治理念方面，这一时期逐步在国家治理中明确了法治是基本的治国方略。1997 年十五大提出“依法治国，建设社会主义法治国家”的治国方略。2002 年十六大提出发展社会主义民主政治，最根本的是把坚持党的领导、人民当家作主和依法治国有机统一起来。2007 年十七大提出全面落实依法治国基本方略，加快建设社会主义法治国家的总任务。法治意识在国家、政府层面得以逐步形成，建设法治国家成为这一时期鲜明的法治文化风向。

2001 年加入 WTO 以后，中国的国家治理在法治与全球化的推动下，逐步规范化和科学化。进入 21 世纪以后，中国的法治实践开始催生出一些中国特色社会主义法治理论的特定研究，例如法治与德治、法治与和谐社会的关系。在全球化的影响下，法学著作的引进也在数量和质量上迈向更高的层次。随着国内法治实践和法学研究的推进，中国法学界对世界主要的法学流派，例如新自然法学派、实证主义法学派、社会法学派、经济法学派等，进行了审慎而深入的研究。对世界不同法治文化的了解增进了中国对法治精神的理解和掌握，对法治理论的建设具有积极的影响。据此，中国的国家治理在经历了法治文化洗礼之后，开始迈向国家治理现代化的新阶段。

（四）新时代法治文化的繁荣时期

党的十八大以来，中国的法治文化逐渐走向繁荣。随着国家治理的实践深入，国家和社会对法治的需求愈加增强。这虽然成为法治文化的挑战，也促使法治文化迎来了繁荣发展的契机。

在法治理念方面，这一时期中国有了更多自主性和本土化的构想和突破。2013 年，党的十八届三中全会提出，完善和发展中国特色社会主义制度，推进国家治理体系和治理能力现代化，是全面深化改革的总目标，提出建设

“法治中国”的重大命题。“法治中国”表达了建设法治强国的中国梦。这一概念既可以视作自中国被迫卷入现代化浪潮后，几代中国人以法治推动建构现代国家之努力的总结，更是接下来以中国特色社会主义法治文化为积淀走向复兴强国的目标。随后在2014年，十八届四中全会以全面推进依法治国为主题，提出全面推进依法治国的总目标是建设中国特色社会主义法治体系和建设社会主义法治国家。这是党的历史上第一次在中央全会以法治作为会议主题，可以说会议本身就说明了党对法治重要性的认识飞跃。2019年，十九届四中全会提出“坚持和完善中国特色社会主义制度、推进国家治理体系和治理能力现代化”，提出“坚持和完善中国特色社会主义法治体系”。法治体系是国家治理体系的骨干工程，必须在法治的轨道上推进国家治理现代化成为改革的基本共识。2020年11月，中央全面依法治国工作会议首次提出了习近平法治思想，用“十一个坚持”系统阐述了新时代推进全面依法治国的重要思想和战略部署。习近平法治思想明确了法治是国家治理体系和治理能力的重要依托，关于国家治理和法治的认识在党的历史上达到了一个全新的高度。

在法治理论方面，由于改革开放以来中国对世界法治文化的持续接触和交流，对法治的核心要义有了更深刻的认识，逐渐摆脱了盲目学习和模仿域外法治经验的阶段，而是更加注重在吸收人类法治文化成果的基础上创新中国的法治理论。习近平法治思想围绕全面依法治国提出了一系列符合中国实际、具有中国特色的法治思想，是马克思主义法治理论中国化的最新成果。例如以人民为中心的发展思想、把全面依法治国纳入“四个全面”的战略布局、推动构建人类命运共同体理念等都对构建新时代的中国法治理论提供了原创性理论。同时，由于这一时期对传统法律文化的重视，促进了法治理论对中华优秀传统法律文化的挖掘和解读。例如，传统法家思想中“法者，治之端也”①、“奉法者强则国强，奉法者弱则国弱”②等论述已成为公众耳熟能详

① 《荀子・君道》。

② 《韩非子・有度》。

的法谚。

这一时期中国社会对法治的认识和重视程度有明显进步，法治观念明显提高。例如，坚持法治反腐使“坚持老虎苍蝇一起打”“把权力关进制度的牢笼”等法治观念深入人心。《民法典》的颁布和持续进行的普法活动也在不断增强社会的法治观念。2020 年底，中共中央印发了《法治社会建设实施纲要(2020—2025 年)》，强调推动全社会增强法治观念，使法治成为社会共识和基本原则。2021 年，中共中央办公厅、国务院办公厅又印发了《关于加强社会主义法治文化建设的意见》，提出加强社会主义法治文化建设的具体意见，中国的法治文化迎来了前所未有的繁荣契机。党的二十大报告中，坚持全面依法治国，推进法治中国建设单独成为一个单元，法治中国持续推进。

第二节　法治文化建设的历史逻辑展开

文化是历史的积淀。法治文化是法治的灵魂，蕴含着宪法法律至上、法律面前人人平等的法治理念。中国特色社会主义法治文化是百年来党带领人民治国理政的法治经验总结，是在传承中华传统法律文化的基础上，以现代法治精神为价值内核的先进文化。中华民族是历史悠久的伟大民族，近代以来却屡遭劫难。中国在经历了新民主主义革命、社会主义革命和建设、改革开放和社会主义现代化建设的洗礼之后，逐步认识到“法治兴则国兴、法治强则国强”。一个强大的国家必然有先进的法治及其文化。

步入新时代以来，法治在治国理政中的重要作用愈加突显。引导全体人民成为社会主义法治的忠实崇尚者、自觉遵守者、坚定捍卫者，形成全社会办事依法、遇事找法、解决问题用法、化解矛盾靠法的法治环境，建设人民内心拥护和真诚信仰的法治文化是法治中国建设的思想保证和精神动力。2020 年，习近平法治思想的提出更显示出党对法治文化的重视以及依靠法治保障中华民族伟大复兴的战略抉择。百年来，中国共产党领导人民在社会主义法治实践中探索先进的法治文化，为实现中华民族伟大复兴保驾护航。

一、治国理政的历史经验

法治是人类的理性结晶。当今世界，凡是顺利实现现代化的国家均具有一套完备的现代法治模式并形成了相应的法治文化。社会主义国家在取得国家政权之后通过法治进行政治制度建设，实现人民民主政权是社会主义国家在自身发展中的重要命题。现代国家的治理经验表明，重视法治及其文化建设，国家治理就有了稳妥的轨道依托。这一结论是百年来中国共产党领导人民在厉行法治、依法治国的历史中逐步探索、反复验证的历史经验。

中国古代的法律传统中蕴含着“以法治国”的法律经验和政治追求，至唐朝已经基本形成了德法互补，天人合一的法律文化，独树一帜的中华法系深刻影响了亚洲各国。清朝末年，梁启超、严复、陈天启等主张“法治主义”的新法家译介了西方法治思想，在会通中西法治思想的基础上提出以法治实现救亡图存的目标。中国共产党成立后，以马克思主义思想领导广大无产阶级取得了新民主主义革命和社会主义革命的胜利，建立起人民民主专政的社会主义国家，取得了丰富的法律实践经验。十一届三中全会以后，中国共产党总结社会主义法律实践的正反两方面经验，提出“有法可依、有法必依、执法必严、违法必究”的十六字方针，明确要着力进行建设社会主义法制建设。党的十五大提出“依法治国，建设社会主义法治国家”。党的十八大以来，以习近平同志为核心的党中央提出全面推进依法治国、加快建设社会主义法治国家的战略任务，并把全面依法治国提到了“四个全面”战略布局的新高度，提出“科学立法、严格执法、公正司法、全民守法”的新十六字方针。

中国法治的实践经验中蕴含着中国特色社会主义法治文化的历史逻辑。“历史是最好的老师。经验和教训使我们党深刻认识到，法治是治国理政不可或缺的重要手段。”[①] 中国的发展和复兴离不开法治的强盛。“国无常强，无常弱。奉法者强，则国强；奉法者弱，则国弱。”[②] 习近平总书记曾以这句中国传统法家思想的经典论断强调法治之于国家建设的重要性。中国历史发展的经验表明，法治是国家治理和兴旺发达的重要力量。在党的领导和政府工作中坚持奉行法治、尊重宪法和法律权威，是中国共产党和政府工作获得人民的广泛拥护的历史经验。

二、马克思主义法治理论的发展要求

法治理论是马克思主义理论的重要组成部分。中国特色社会主义法治文化是以马克思主义的世界观、方法论为指导，以人类共同追求的法治价值为目标，结合中国具体的法治实践和国情开创的文化。社会主义国家在国家建设的过程中，逐渐认识到必须依靠法治及其文化建设来发展马克思主义理论。以法律约束政治权力的运行、以法律引导经济的发展、以法律保障人的基本权利，才能实现社会主义国家的人民民主，为最终实现全体人民的自由全面发展打好基础。建设先进的法治及其文化是中国共产党领导人民在社会主义建设中丰富马克思主义法治理论的发展要求。

新民主主义革命时期，以毛泽东同志为代表的中国共产党人，以高度的理论自觉和理论勇气，创造性地把马克思主义与中国实际相结合，开创了中国革命道路。共产党领导人民以马克思主义的世界观和方法论为指导，以中国实际法律问题为导向，开展了有益的法制实践和法律文化探索，形成了工农兵代表大会制度，发展了法律面前一律平等、男女平等、保障人权、镇压与宽大相结合等法治文化。1954 年通过的《中华人民共和国宪法》为新中国成立初期我国的法治文化发展创造了良好的环境。十一届三中全会以后，以邓小平同志为

① 《习近平关于全面依法治国论述摘编》，中央文献出版社 2015 年版，第 8 页。

② 《韩非子・有度》。

核心的中国共产党人将马克思主义理论与中国法制建设实践相结合，着手建设中国特色社会主义法律体系，为探索具有中国特色的社会主义法治道路揭开了崭新的一页。十五大提出“依法治国”、十六大提出“以人为本”等思想则进一步深化了马克思主义的法律理论，在法治建设的实践中逐步积累了探索中国特色社会主义法治的宝贵实践经验。

马克思主义创始人的法律理论中，主要从批判资本主义法治和资本主义文化矛盾的根源角度进行论述。在马克思和恩格斯的著作中，很难找到建设社会主义法治、法治文化的专门论述。但是马克思主义理论提供的不是现成的教条，而是进一步研究的出发点和供这种研究使用的方法。党的十八大以来，习近平法治思想在吸收总结古今中外法治思想的宝贵经验基础上立足新时代，指明了为什么实行全面依法治国、怎样实行全面依法治国等一系列重大问题，开辟了马克思主义法治理论的新境界。

三、法治中国的实践需要

法治在本质上是实践的。中国特色社会主义法治文化是从我国的国情和实际出发，以具体的法治问题为导向，运用矛盾的辩证思维在实践中形成的文化。中国的法治及其文化建设在不同的历史阶段始终围绕人的实践发展需要展开。法治可以分为形式法治和实质法治。形式法治强调法律的稳定性、公开性、法律面前人人平等等。实质法治强调法治应当保障自由、平等、公平、正义等价值目标。中国特色社会主义法治是形式法治和实质法治的统一，即良法善治。

实践是马克思主义哲学的认识论和方法论。马克思主义的真理价值在于回应时代的呼声、解答时代的问题。法治是人类文明的普遍追求，它将人类珍视的共同价值通过法律的方式进行确认和保护。中国特色社会主义法治文化是共产党领导人民围绕中国的革命、建设和改革问题，在不同历史阶段根据强烈的法律问题意识，发现问题、分析问题和解决问题所形成的文化。中国近代以来的法治实践，发端于半殖民地半封建的中国，法治最初作为救亡图存的方法由少数知识分子所倡导，后由国家和政党作为主要力量自上而下向全社会推动。

当代中国的法治建设进入了新时代，人民日益增长的美好生活需要和不平衡不充分的发展之间的矛盾，需要法律进行调节，人民普遍追求的社会价值应当通过法治的实践逐步完善。这些法律问题正是时代对共产党人提出的命题，必须从中国的实际出发，才能实现法治的良法善治。我们必须清醒地认识到，中国仍处于并将长期处于社会主义初级阶段，法治、法治文化的发展都是以经济发展为基础的。全面依法治国，必须从我国实际出发，既不能罔顾国情、超越阶段，也不能因循守旧、墨守成规。

四、法治文化建设的价值目标

公平正义是社会主义的核心价值。正义是人类的永恒追求，不同的时代，人们对正义有不同的认识。古代正义强调着各得其所，现代正义则更强调法律正义。现代社会中政治、经济正义问题最终都必须通过法律实现，因此法律正义是现代国家最值得重视的正义问题。中国特色社会主义法治文化建设的价值目标是建设一个公平正义的法治国家，形成人人尊法、学法、守法、护法、用法的文化风气，为法治中国建设提供强大的文化支撑。

社会主义法治文化所遵循的公平正义价值是马克思主义正义观在当代中国法治中的实践运用。马克思主义的正义观在批判资本主义“应得”正义观基础上，超越了以往的正义观。生产力和资源的有限性决定了正义只能暂时解决有限的财富和经济利益在不同主体间的分配问题。资本主义的正义与商品生产和物质财富直接对应，其正义建立在个人的财产和所有权之上，因此，是一种低位的正义原则。在共产主义阶段实现“各尽所能，按需分配”，最终实现“人的自我实现”是对资本主义正义观的超越，是一种高位的正义原则。在生产力尚未达到高度发达的阶段，人类必须通过公平正义原则对社会秩序和物质财富进行调节。“‘人的自我实现’虽然超越了低位正义原则，但它并未消解后者，而是对其进行了提升与转化。”[1] 马克思在《德意志意识形态》中批判了蒲鲁东所说的永恒的公平正义，指出公平正义应在现实的经济活动中进行理解，公平正义不能与人类的物质生产关系相割裂。法律是公平正义的直接表达。马克思曾说“公平的”分配到底是什么？“难道经济关系是由法的概念来调节，而不是相反，从经济关系中产生出法的关系吗？……”[2] 因此，公平正义作为法治的追求是永恒的，但是公平正义的价值本身在不同时代却应当符合生产力和经济关系的要求。在社会主义初级阶段，生产力还不够发达，政治、经济和社会领域很多方面仍存在着很多矛盾。这些矛盾必须通过法律和法治的方式进行调节，以彰显公平正义的实现。

中国特色社会主义法治文化反映了人民对公平正义的理想。进入新时代，人民日益增长的美好生活需要和不平衡不充分的发展之间的矛盾，已经成为制约我国发展的症结所在。习近平总书记指出：“人民群众对立法的期盼，已经不是有没有，而是好不好、管用不管用、能不能解决实际问题；不是什么法都能治国，不是什么法都能治好国；越是强调法治，越是要提高立法质量。”[3] 中国特色社会主义法治文化以人民为中心，始终将人的自由而全面发展作为法治实践的核心。这体现在立法上确立了人人平等的宪法原则，保障了公民的基本权利；在民法、经济法和社会法等多个部门法中实现了人格尊严、机会平等等平等权的保障。这些法治文化是在中国特色社会主义法治实践中以问题为导向、以人民的现实需要为出发点，不断发展马克思主义创始人提出的法律理念。

五、法治文化建设的根本方向

人民是推动中国特色社会主义法治文化发展的根本力量。文化是一个国家

① 李佃来：《马克思思想资源中的社会正义》，《中国社会科学》2014 年第 3 期。

② 《马克思恩格斯选集》第 3 卷，人民出版社 2012 年版，第 361 页。

③ 《习近平关于全面依法治国论述摘编》，中央文献出版社 2015 年版，第 43 页。

和民族最深层、最稳固的精神，直接反映在人民的价值观和行为方式中。社会中绝大多数人普遍接受和推崇的文化是一个社会的主流文化，不仅体现国家的价值追求，也是文化最持久的根基所在。只有广大的人民尊重法治、信守法律，法治文化才可能成为中国的主流文化，指引人民价值观和行为方式，发挥文化的持久影响力。中国特色社会主义法治文化建设的根本方向是坚持以人民为中心，不断满足人民日益增长的美好生活需要，为中华民族伟大复兴提供源源不断的法治动力。

人民是法治文化的主体。在马克思的思想中，文化是人类实践活动本身与实践活动的结果。文化必须与实践活动相联系，必须以现实的人作为出发点。法律、法治的实践本身与法治文化是以现实的人为出发点的。马克思主义法律理论坚持人是法律的主体，不是人为法律而存在，而是法律为人而存在。中国共产党人作为最坚定的马克思主义者，一直坚持“为人民服务”的根本宗旨，在领导中国人民建设国家的过程中始终坚持将人民民主的原则作为根本政治原则。坚持人民主体地位是马克思主义的理论精髓，指明了建设社会主义法治文化的根本方向。社会主义法治文化是中国特色社会主义法治实践的精神外化。在不同历史阶段，法治文化建设的实践重点虽然不同，但始终坚持以人民为主体，通过法律、法治增强人民的获得感。

人的解放和每个人的自由全面发展是中国特色社会主义法治文化的价值理念。中国在继承、吸收古今中外法治理论的精髓基础上，在社会主义法治建设的实践中逐步建立起符合现代法治理念、体现中国制度优势的法治文化。中国特色社会主义法治文化不但将人的自由全面发展作为至高的价值目标，更通过尊重宪法、法律，人权保障彰显社会主义法治文化的优越性。法治是现代国家治理的普遍方式。概括地说，法治文化的显著特点是通过法律尊重权利、限制权力。因此，法治文化表达了对良法善治、权利保障、权力制约等现代法治价值的普遍尊重和追求，这些文化要素反映出现实的人在具体的实践中的发展诉求。同时，法治保障人的自由和发展权利，但不同的政治制度决定了法治实现权利的方式和侧重不同。历史传统、国情和经济水平决定了每个国家都应当谨慎地选择合适的法治模式及法治文化。中国是世界上最大的发展中国家，不断解放和发展生产力，提高广大人民的生存权和发展权，实现共同富裕始终是社会主义法治实践的现实任务。中国特色社会主义法治文化不是少数人的自由、权利文化，而是广大人民共同富裕、共同发展的文化。

第三节　法治文化的传统资源

以中华法系为代表的中华法律文化是法治文化建设重要的传统资源。当前，在法治中国的实践关切下，推动中华法系的创造性转化已经成为法治实践的重要一环。一些学者也进行了宏观、概览式的探讨。① 然而，更重要的则是寻找到具体推动以中华法系为核心的中华法律文化要素进行创造性转化。从宏观概览式的理论图景落实为切实可行的转化窗口，才能使“推动中华法系创造性转化”这样的宏观性共识转向更为细化且聚焦的领域，进一步促进创造性转化的目标性和针对性。

“民惟邦本，本固邦宁”是中国历代政治兴亡的一条铁律，也塑造了中华法系重视“人”的独特文化风格。法律的现象离不开人。以“人”为核心要素考察中华法系，是理解法治文化传统资源的一个有效窗口。人民是中国共产党永葆先进性和纯洁性的执政源泉。以人民为中心是习近平法治思想的核心要义之一，与中华法系中“民为邦本”的传统法治文化一脉相承。从民为邦本到以人民为中心，中华法系中“人”的内涵发生了历史巨变，但重视“人”的文化内核却生生不息。因此，以人民为中心为切入点考察中华法系的创造性转化，

① 参见沈国明：《中华法系文化要素的发掘与发展》，《东方法学》2022 年第 1 期；郝铁川：《中华法系的创造性转化》，《东方法学》2022 年第 1 期；张生：《中华法系的现代意义：以律典统编体系的演进为中心》，《东方法学》2022 年第 1 期；何勤华：《弘扬中华法律文化　共筑世界法律文明》，《政治与法律》2021 年第 5 期。

挖掘中华法系解体前后法律如何认识“人”、法律如何体现“人”，推动“人”的创造性转化，对建设以人民为中心的法治中国具有重要意义。

一、法治文化的传统基础——中华法系的文化要素

重视“人”是中华法系的文化要素的重要内容，是当代法治实践不可缺少的文化基因。挖掘中华法系重视“人”的文化要素并推动其创造性转化，为法治现代化注入“中国的”文化基因，能够连接中国法治文化的传统与现代。这一实践目标围绕“人”（即法律如何认识“人”、法律如何体现“人”）和“人的创造性转化”（即法律对“人”的认识和体现如何创造性转化）两个维度展开。

（一）中华法系的文化要素

中华法系是世界历史上存续时间最长、影响地域范围最广的法系之一。从公元 6 世纪开始，隋唐法律日臻成熟并逐渐影响日本、朝鲜和越南等东亚国家，中华法系就开始发挥文化影响力。例如，韩国的高丽王朝时期，不仅模仿《唐律疏议》的法律制度和法律思想，还在刑法适用中可以斟酌援引唐律。①5 世纪初越南建立的黎王朝也从法典结构到刑罚体系都深受《唐律疏议》的影响。② 之所以具有这样广泛而深刻的影响，根本原因在于中华法系中蕴含着特别的文化因素。比较法研究大多将法系划分为三类、五类或七类这样几种类别。世界上存在如此多的法律体系，而法系的划分却仅仅总结为这么少的几种类别，其所依据的标准就是十分值得玩味的。茨威格特和克茨在其经典著作《比较法总论》中分析指出，区分法系式样的构成因素包括“一个法律秩序在历史上的来源与发展；在法律方面占统治地位的特别的法学思想；特别具有特征性的法律制度；法源的种类及其解释；思想意识因素”。③ 这五个方面决定了

① 参见张春海：《唐律、高丽律比较研究》，法律出版社 2016 年版，第 43 页。

② 参见杨鸿烈：《中国法律在东亚诸国之影响》，商务印书馆 2015 年版，第 418 页。

③ ［德］茨威格特、克茨：《比较法总论》，潘汉典等译，中国法制出版社 2017 年版，第 132 页。

各个法系本身，研究者按照不同法律秩序所具有的区别将其归入某一法系。也就是说，一国法律体系能够代表某种法系，在形式上看是其在相当一段历史时段中影响、带动了一定区域、国家的法律制度，而根源则是因其具有特别的法学思想以及背后形成体系的思想意识因素。

中华法系的文化要素是推动中华法系创造性转化的基础。对中华法系文化要素的内容，学界多以列举的方式进行概览式阐释。例如，20 世纪早期，丁普元提出中华法系传统精神固守于礼刑一致之观念，陈顾远将其总结为“礼教中心、义务本位、家族观点、保育设施”①。新中国成立后，张晋藩多次论及中华法系的文化特质，强调礼法文化、重宗法伦常、重农业立法、重教化明理等。② 范忠信提出中华法系的内在精神为亲伦精神。③ 总体而言，在形式要素上注重成文法典、诸法合体、民刑不分，在价值追求上注重礼法结合、家族伦理，这些都是中华法系中不可忽视的文化要素。

中华法系博大精深，对其所包含的文化要素一一列举难免挂一漏万。但若从比较法的意义上提炼概括，中华法系的文化要素又十分鲜明。笔者认为，重视“人”是中华法系的一个重要的面向。以人为本的人本主义精神是中华法系独树一帜的法学思想。人本主义关注人的本质和人的本性，并以此建构起理解世界的哲学体系。中华法系能够屹立于世界法律之林，极为重要的原因在于对“人”的理解是十分独特的，是富于人文精神的。对中华法系所包含的文化要素进行提炼，即便以人为本不是中华法系最核心的文化要素，也是极为关键性的要素。

以人为本的价值观念，不仅深深影响着人们对法律的理解，也全面支配了中华法系的法律实践。中国传统法治文化对礼与法、德与刑之间关系的认识，中华法系中礼法结合、家族伦理等文化要素和制度规范，均植根于“人”的认

① 参见陈顾远：《中国法制史概要》，商务印书馆 2011 年版，第 46 页。

② 参见张晋藩：《重构新的中华法系》，《中国法律评论》2019 年第 5 期。

③ 参见范忠信：《中华法系的亲伦精神——以西方法系的市民精神为参照来认识》，《南京大学法律评论》1999 年第 1 期。

识。重视“人”，塑造了中华法系对“仁”的法律价值追求以及重视“人伦”的法律实践。仁就是关于人的学问，即做人的道理和人与人之间的相处之道。因此，很多学者总结中华法系的特点在于人本主义[①]，中国古代法律思想的哲学基础是人本主义哲学[②]。外国学者也评论道，中国古代的法律浸润了儒家的人道主义，与西方相比更加人道、更加合理[③]。

（二）中华法系的现代价值

法律本身是一种人为构造。[④]法律因何而设、法律如何实现其功能、法律与其他规范的关系如何，都受制于特定文化的价值判断。如何认识“人”、理解人与法的关系，不仅影响法律在人类社会中的位置，也决定了一国法治文化的风格。

鸦片战争后，外国在华的领事裁判权导致中华法系开始在司法领域丧失影响力。现代西方文化中所推崇的法律面前人人平等、罪刑法定这类法律文化要素开始渗透到中国传统法律文化中。至20世纪初，六法全书的制定宣告了中华法系的解体，也意味着五千年来中国法律文化对域外文化因素的最大接纳。中华法系解体后，中国步入了法治现代化的进程。中国不仅对大陆法系和英美法系的文化要素均有所吸纳，亦接受了大量的苏联社会主义文化要素。这些不同的文化要素产生了激烈的文化交融和文化冲突。对此，费孝通曾准确地概括为：20世纪前半叶，中国有关中西文化的长期争论，归根结底只是一个问题。就是在西方文化的冲击下，现代中国人究竟能不能继续保持原有的文化认同？还是必须向西方认同？[⑤]在法律领域，这一争论的实质就是中国法治现代化的

---

① 参见张晋藩：《人本主义——中华法系的特点之一》，《河北法学》2005年第9期。

② 参见武树臣：《中国法律思想史》，法律出版社2007年版，第30页。

③ ［美］卜德、克拉伦斯·莫里斯：《中华帝国的法律》，朱勇译，中信出版社2016年版，第44页。

④ 参见杨奕华：《人本法律观的几点澄清》，《北方法学》2015年第6期。

⑤ 参见费孝通：《全球化与文化自觉》，外语教学与研究出版社2013年版，第46页。

方向问题。

如何实现现代化，学者们曾开出过不同的药方。亨廷顿曾提出，现代化有三个方向：完全放弃传统、完全不放弃传统和在传统的基础上接受现代化。显然，中国近代以来的法治实践选择了第三个方向——在传统法律基础上接受法治现代化。以现代的眼光观之，中华法系文化要素是法治现代化必要的传统基础，人文精神则是其中不可忽视的文化传统。陈顾远在总结中华法系的使命时指出，中国法律因为没有陷入宗教化，所以早就重视人情；因为具有自然法的灵魂，所以早就重视天理。这些特点皆因法律本身不免受一般文化的影响，向着同一的道路而走。① 中华文化重视“人”，不仅体现在对“人”本身、人所组成的社会之理解，也包括由人推及开来的整个宇宙观。因此，中国无论是考虑问题还是观察自然，都离不开人，法律亦是如此。

中华法系文化要素在当代的重要价值之一，就是能够将历史传统与现代法治联系起来，使中国法治文化兼具历史与现代的双重底色。现代化的核心是人的现代化，依系于对传统“人”的反思并创造现代“人”的形象。因此，现代的法治文化取决于法律中“人”之形象的认识和人与法关系的思考是否是“现代的”。西方 14 世纪的文艺复兴运动启蒙了现代的“人”之观念，启动了世界的现代化进程。而欧洲启蒙运动对“人”的认识曾直接受惠于中国的人本主义精神。② 可见，中华法系文化要素蕴含的人本主义精神对现代法治如何认识“人”、体现“人”，具有重要启发价值。

（三）中华法系中的“人”及其创造性转化

人本主义精神是中华法系的重要文化要素，是法治中国建设中不可缺少的传统资源。在法治现代化的方式上，既然“在传统的基础上接受现代化”是发展中国家最稳妥、最可行的方式。那么，发挥中华法系重视“人”的精髓并推

① 参见陈顾远：《中国固有法系与中国文化》，马小红、刘婷婷主编：《法律文化研究》（中华法系专题），社会科学文献出版社 2014 年版，第 74 页。

② 参见楼宇烈：《中国文化的根本精神》，中华书局 2016 年版，第 47 页。

动其创造性转化，也就是推动中华法系创造性转化的重要维度。以人为线索考察中华法系，挖掘中华法系中的人本主义文化精髓、为中国特色社会主义法治文化提供传统基础，具有重要意义。具体而言，这一命题围绕“人”和“人的创造性转化”展开。

其一，挖掘中华法系如何认识“人”、体现“人”，提炼中国传统法治文化的人本精神。从世界范围来看，中华法系与其他法系的重要区别就是对人的理解不同。西方法治源头上一直具有宗教传统，古希腊、罗马无一例外地将法律的智慧和理性归功于神的启示。在对“人”的认识上，宗教传统的法治文化必须依靠人与神的关系构建法律，人的理性、人的法律均需要通过神来论证。在几大文明古国中，只有中国没有建立起法律与宗教的联系，其他都强调制定法是由神给予或启示而来，以显示法律的神圣性。①

中国文化对人的认识，决定了中华法系浸润了伦理精神而无宗教背景。中国的文化概念，本身即指与自然相对的文治教化。西汉以后，文化一词专指经由体现道德、政治秩序的诗书礼乐教化世人。②中国古代对人的理解具有两大特点，其一是把人置于自然之中、与其他自然物尤其是动物进行比较；其二是将人置于宗法家族的社会环境中、获得家族及社会的特定位置。人文精神是中国文化的根本特质，包含两重含义：一是以人为本，保持人的主动性、能动性和独立性，避免人沦为神的或物的奴隶；二是以礼乐教化而非武力强制实现人的自觉自律。③因此，中国不像中世纪的西方倒向宗教文化，也在近代后缺乏崇尚科学的科技文化。在治理策略上相比法律制裁更崇尚道德教化，认为法律是防止社会濒于崩坏的策略选择。

受中国文化的影响，中华法系认识“人”的关注点始终放在现实的人和现实的社会上。人是现实的人，因此法律应当体现人的人性。人是社会环境中的

---

① ［美］卜德、克拉伦斯·莫里斯：《中华帝国的法律》，朱勇译，中信出版社 2016 年版，第 9 页。

② 参见冯天瑜等：《中华文化史》，上海人民出版社 2015 年版，第 4 页。

③ 参见楼宇烈：《中国文化的根本精神》，中华书局 2016 年版，第 7 页。

人，因此法律应当重视人的人伦、人情和价值追求。法律的产生、运作和实现都因为人、依靠人作为发展主线。可以说，人的命运智慧和悲欢离合始终是中国传统法治文化的关注点。

其二，推动中华法系中“人”的创造性转化，夯实中国法治文化建设的传统基础。弗里德曼提出，一个有效的法律体系是由三部分组成的，即结构性的要素、实质性的要素和文化性的要素。①结构要素就是法律制度以及所采用的形式，例如，法庭的形式和数量、宪法的形式、政权组织形式等。实质要素是法律的表现形式，例如，规则、原则以及法律的位阶等。文化要素则是将法律体系凝结于一体的价值观和态度，决定了法律在整个社会文化中的位置。按照弗里德曼的分析，文化要素具有将一国法律体系凝结为一体的价值引导和规范作用，这是法律制度和法律实践所不能替代的。对建构型法治后发国家而言，法治的制度能够在短时间建立起来，但缺少法治文化的支撑也难以有效运转。因此，推动中华法系创造性转化以增强法治文化的支撑作用，是推进法治中国建设的必然要求。

人是文化的核心。推动中华法系文化要素的创造性转化，绕不开“人”的创造性转化。文化的产生、发展和变化皆离不开人、人类社会的现实活动。马林诺夫斯基认为，文化是人类生活的手段和工具，能够直接或间接地满足人类的身体或心灵。②梁启超在《什么是文化》中说：“文化者，人类心能所开积出来之有价值的共业也。”③梁漱溟则直接指出：“文化并非别的，乃人类生活的样法。”④可见，中西方都认识到文化离不开对人的关照，任何对文化的考察绕开人的线索都可能是不充分的。

历史学家斯宾格勒在《西方的没落》中将各种文化的发展理解为类似于有

① See Friedman, “Legal Culture and Social Development”, *Law & Society Review*, Vol.4 (1), 1969, p.34.

② 参见［英］马林诺夫斯基：《文化论》，费孝通等译，中国民间文艺出版社 1987 年版，第 14 页。

③ 《梁启超论中国文化史》，商务印书馆 2012 年版，第 14 页。

④ 《梁漱溟全集》第一卷，山东人民出版社 1989 年版，第 380 页。

机体的过程，有生长、有衰老、有死亡，每种文化决定其自己的生命。历史上的各种文化就是这样在进步或退步的循环中发展的。[①]从6世纪的鼎盛到20世纪初的没落，中华法系的文化要素经历了生长和衰老的发展过程。20世纪开始，对于中国文化的反思和争论一直没有中断，其中不乏大量关于中国传统文化束缚、压迫“人”的批判。以现代法治的标准审视中华法系的文化要素，显然其中关于“人”的认识是良莠不齐的。但总体而言，将“人”作为法律活动重心的价值理念是值得推崇的。文化的连续性决定了，挖掘中华法系中“人”的文化精髓、推动其实现创造性转化，是中国法治文化再次焕发生命力的必要基础。

二、中华法系历史进程中“人”的嬗变

既然以“人”为线索考察中华法系文化要素具有积极意义，那么厘清以中华法系为代表的中国法治文化对“人”的认识如何、在历史过程中发生了哪些变化、注入了何种新的影响因素，才能总结归纳这一领域的中华法系文化要素是如何发生变迁的、存在何种规律。在此基础上，才能进一步分析如何实现文化要素的变迁、推动创造性转化。

（一）中华法系中“人”的原初意义

1. 中华法系中“人”的基本理解

前述中国传统对人的理解侧重两个维度：一是把“人”置于自然之中认识人；二是把“人”置于宗法家族的社会环境中认识人。受此影响，中华法系对“人”的认识也侧重这两个维度。

把“人”置于自然之中认识人，即追求人的“天人合一”。“天人合一”不仅解说了中国传统的哲学观，也阐释了人性和人的理想。[②]具体而言，人既是

① 参见陈序经：《文化学概观》，中国人民大学出版社2005年版，第285页。

② 参见张岱年、程宜山：《中国文化精神》，北京大学出版社2015年版，第47页。

自然的一部分，又是自然中最优异的一部分，人与自然都服从阴阳相合的普遍规律。此外，人性与天道是相通的、道德原则与自然规律是相通的，人的理想就是现实天道和人性的和谐。在人性问题上，儒家和法家都承认人的自然本性，对人追求私利物欲的取向持否定、批判的态度，只是抑制人自然欲望的方法不同。① 西汉以后，儒法之争在事实上已经渐趋消失。待到中华法系确立礼法结合的制度体系后，礼法实际上共同肩负了规训“人”履行社会生活义务的功能。在人的理想上，摒弃了私利的人实现人与天地万物一体的和谐是人生的至高理想。因此，依靠道德修养而非法律强制才是实现人的理想人格的最好方式。

把“人”置于社会环境中认识人，即重视人的“伦理纲常”。宗法伦理是中华法系所特有的属性，其核心是“三纲五常”。在此基础上，中华法系是通过人与人的关系来认识“人”的，人与人之间的对待行为以义务为重心。中华法系立基于农耕社会，精耕细作的生产方式需要强化家内团结，家族中的长辈和成年男子居于主导地位。家族中的父权、夫权和家长权具有绝对权威。② 在家庭、家族的相处中，长辈和成年男子的权力优势形成了“父为子纲”和“夫为妻纲”的要求，并成为宗法伦理“三纲五常”的基础。以家庭和家族为基本单位形成了国家，因此，在人与人相处中又有了“君为臣纲”。儒家认为人有智愚贤不肖之分，在礼法秩序下人与人之间必然存在贵贱上下之的差异。而维持人与人之间贵贱尊卑、长幼亲疏的秩序，也成为传统法治文化中的理想社会追求。

2. 中华法系中“人”的具体体现

中华法系对“人”的理解，通过具体的法律思想、立法和司法理念得以展现。在法律思想上，中华法系追求“天人合一”的“人”，以“人”来论证政治统治的正当性。“以民为本”的民本思想是中华法系形成后的最高统治思想。

---

① 参见王曼倩：《法文化视野下的权利及其人性基础》，《山东社会科学》2020年第12期。

② 参见张中秋：《原理及其意义：探索中国法律文化之道》，中国政法大学出版社2015年版，第29页。

民本思想是儒家文化倡导“仁”的价值理念的必然延伸。孔子对传统的礼进行了仁的解释、仁的改造、仁的统摄，为后世的法律搭建起价值体系。①民本思想与家族伦理和君主的大一统原则紧密关联，认为国家的安危和政治的良善取决于民心的向背，君主应是万民的保护者并施展仁政。君臣之间形成类似于父子之间的伦理关系，进而形成家国一体的政治格局。中国在汉以后几乎没有专门研究法律的专门人才，实际从事修订法典的皆是熟读儒家经典、又精通法律的读书人。同时，地方政府官员多有司法之责，必须学习运用法律。故而，中华法系形成后的立法、司法活动实际上均受到儒家思想的深刻影响。

在立法方面，中华法系强化了宗法伦理对“人”的理解。中华法系通过法律认可、保障人的差异秩序和人伦关爱，使伦理纲常所追求的人与人之间关系差异有序、杜绝社会纷乱成为现实。《唐律疏议》实现了礼法结合在法典编纂上的统一。尊卑贵贱不同之人的生活方式具有细致入微的差异，这些差异不仅受到礼的规范，并且通过法律予以支持、对违反者进行制裁。例如，唐代营膳令、仪制令、衣服令等令文对僭越礼的规范行为都有严厉的处罚，唐宋均对违反营舍宅舆服器物者施以杖刑。②礼法结合，实现了法律权威对人与人之间的差异秩序的确认，以法律的制裁角度进一步强化礼对人的差异性、人在家族和社会中的尊卑、亲疏规范。同时，立法也通过具体规范关爱弱者、体现人伦道德。例如，唐律规定老弱病疾的刑事犯罪可以免除或减轻刑罚③，这尊老爱幼恤病怜疾的规定在后世宋刑统、大明律和大清律例中一直被延续下来。

在司法方面，中华法系重视道德教化和执法原情。中国古代法官同时也是治理地方的官僚，亦是抱有经世致用理想的儒家，他们在审判活动中还兼具教

① 参见俞荣根：《儒家法律思想通论》，商务印书馆 2018 年版，第 241 页。

② 瞿同祖：《中国法律与中国社会》，商务印书馆 2010 年版，第 309 页。

③ 唐律对老弱病疾的刑事责任加以分类规定，70 岁以上、15 岁以下的，以及病、疾之人，犯有流罪者，收赎，不必去服实际刑罚；80 岁以上、10 岁以下，以及笃疾（如恶疾、癫狂、两肢废、两目盲）之人，如犯反逆、杀人应死、盗及伤人以外的罪，皆不坐；90 岁以上、7 岁以下，虽有死罪，不加刑。参见何勤华：《中华法系》，商务印书馆 2019 年版，第 780 页。

化民众的责任。中国传统的法律思想很早就认识到成文法的局限性，无论立法多么完善也不能网罗现实社会中的一切具体案件。审判中究竟是依据法律、礼或者民俗并没有太多区别，重要的是通过司法恰当地处理人情关系、恢复个案中人际关系的和谐。“法不外乎人情”是中国古人的一般共识。人情即社会公认的人与人的之间的合理关系，在传统中国主要表现为礼教的核心内容即三纲五常。① 人情也是人的情感和人的合理需要，就是众人之情、平庸者之情，其内容是人“想长寿、想有钱财、想安全逸乐，还有爱护自己的亲友等”②。因此，中国很早就有比附律令的原则，这样就可以用有限的法律应付人类变化万千的各种行为。例如，北宋律学研究者撰写的《刑统赋》是对宋刑统主要条款的评述，很多国外学者认为，这是中国法学的“活法”，非常值得研究。③

总体而言，中华法系形成了重视“人”、以人为本的中国传统法治文化，其特点包括：其一，相信人是可以教化的、重视对人的道德教化，并且把教化民众的职责归属于统治者。如果普通民众犯罪，那么说明为政者没有尽到教化民众的职责，也就可能导致丧失统治的正当性。其二，重视人的人情和人的价值，具有人道主义情怀。立法和司法的一系列特点说明，中国认为法律不仅要体现德主刑辅、注重教化，也需体现宽仁恤刑、顺应民心。其三，在价值追求上，以“无讼”或曰“和谐”作为最高目标。追求无讼，不仅是传统司法官员的一贯做法，也是古代民众的普遍心理。

与现代的法治追求相比，中华法系中的“人”也存在很多不足：其一，中华法系是否认法律面前人人平等的。中华法系既没有实现法家追求的罪刑平等，更没有现代法治所需要的人格尊严平等观念。其二，中华法系中没有现代的个人观念，法律制度构建的基点是“人与人之间的关系”而不是“个人”。法律的价值追求是社会和谐稳定，而非促进个人的发展。故而，中华法系的出发点始终是义务本位而非权利本位的，由此带来的必然结果就是法律始终难以

① 张中秋：《传统中国法理观》，法律出版社 2019 年版，第 191 页。

② 范忠信、郑定、詹学农：《情理法与中国人》（修订版），北京大学出版社 2011 年版，第 19 页。

③ 高道蕴等：《美国学者论中国法律传统》，清华大学出版社 2004 年版，第 338 页。

脱离道德的遮蔽获得独立性。其三，统治者重视“人”，将政治统治与民意、民心相连。民本思想的“民”与今天享有主权的人民或享有个体权利的公民具有很大差异，指的是服从君主的“子民”。因此，礼法结合、家国一体的社会结构具有超强的稳定性，也注定社会内部难以形成法律变革的可能和动力。

（二）中华法系解体过程中“人”的冲击

中华法系解体过程中，① 无论是法律制度层面还是现实社会中的“人”都受到域外法治文化的激烈冲击。这一时期，多种救国思潮以及制定法律的尝试层出不穷。但由于抗击外辱、革命进步才是当时社会最主要的旋律，因此这些修订的法律真正进入司法实践的程度并不高。从坚守家族本位到承认个人权利、从热烈追捧天赋人权到五权宪法，都促使中国在百年间不断修正传统礼法秩序中的“人”之观念，以适应现代化浪潮。

1. 人的尊卑关系受到动摇

这一阶段，中华法系中的尊卑秩序在社会生活和法律制度中都已动摇。社会生活中，传统的社会结构逐渐发生变化。由于门户开放、小农经济遭受冲击，人与人之间原有的尊卑秩序明显发生了改变。例如，商人在中华法系中特别受到贱视、不与庶人同列。明会典专门规定了如果农民之家中有一人经商，在衣饰上不得穿戴本可穿戴的绌、纱。而随着通商和租界的需要，买办和军阀逐渐成为新兴阶层，士绅阶层逐渐丧失了礼法传统中的优越性和影响力。

清末修律中的礼法之争则试图变革法律制度层面的“人”之观念。礼教派维护以维护宗法制度为根本，法理派以维护“人权”为号召，强调个人本位的国家利益高于家族利益。法理派与礼教派之间几次争论的焦点，例如，“犯奸”“子孙违犯教令”等问题，其根本都在于中国法律制度所理解的“人”是尊卑关系中的人，还是人人平等的人。沈家本的法律思想，例如，废除奴婢买

① 中华法系的解体是一个从域外到域内、从子法到母法的过程，大致经历了 40 余年。参见张中秋：《回顾与思考：中华法系研究散论》，《南京大学法律评论》1999 年第 1 期。

卖制度，打破人的良贱之别①等，都极具进步意义。虽然最终以法理派退让告终，但礼法之争事实上已经动摇了彼时严重阻碍法律现代化的传统观念。

2. 人的权利观念渐进形成

人的权利观念也对中华法系的“人”造成了强烈冲击。人的权利观念对中华法系维护的伦理纲常带来的冲击是全方位的。权利观念否定传统法律的义务本位，个人观念冲击家族和父权，保障人权直指君权的正统性。19 世纪，中国对“民权”“权利”的讨论逐渐增多，也倾向以缺乏民权来解释国家积弊衰弱的原因。尤其 1900—1912 年间，中国对“权利”的使用和争论激增。例如，谭嗣同提出，中国衰败的原因就在于“上权太重，民权尽失”②。资产阶级革命派也对天赋人权观念渐进地进行了选择性吸收。资产阶级革命派早期以天赋人权、自由平等博爱等西方法律思想对封建法制进行过强烈的批判。例如，“天下至尊至贵不可侵犯者，固未有如民者也”③。这些思想直指传统中国的君主专制和三纲五常，批判中华法系所维护的礼法秩序达到历史上前所未有的程度。中国的文化价值观念取向迎来巨大转变，正像梁启超所说，“吾国四千余年大梦之唤醒”④。

3. 人的组织形态转向国家观念

与个人地位的变化密切关联的，是这一时期轮番登场的立法活动。国家危难之下，域外法治文化伴随不同派别的救国主张纷至沓来，对中华法系中“人”的组织形态即家国一体的观念带来前所未有的冲击。由于中华法系没有现代的个人观念，“人”的组织形态是按照“家与国”的逻辑建立起来的。清末变法开始，在“人”的组织形态上，家与国的逻辑逐渐被公民与国家的逻辑所取代。例如，梁启超将人的自主之权与国家强盛相关联，认为“人人有自主之权”“国

---

① 参见沈家本：《寄簃文存·禁革买卖人口变通旧例议》，商务印书馆 2015 年版，第 20 页。

② 蔡尚思、方行编：《谭嗣同全集》，中华书局 1981 年版，第 248 页。

③ 张枬、王忍之编：《辛亥革命前十年间时论选集》第一卷上册，生活·读书·新知三联书店 1960 年版，第 72 页。

④ 梁启超：《戊戌政变记》，《饮冰室合集·专集》，中华书局 1989 年版，第 1 页。

者积权而立”①。严复认为：“天下未有民权不重，而国君能长存者也。”②资产阶级革命派主张“盖完全之宪法，所以保护人民之权利也”③。而随着孙中山的三民主义到提出“五权宪法”，现代法治形态所理解的人的组织形态在制度层面初步定型。

同时，民商事立法使传统的家族制度遭遇危机。家族中原有的父权、夫权和家长权逐渐失去了法律的认可。例如，在民国初期法院明确了父母对子女婚姻基于撤销权的行使，男女双方仍然无法实际决定婚姻的对象。后又逐渐吸纳域外民法的平等自由原则，在婚姻自由问题上采取折中态度，既承认成年子女在婚姻的最终效力，同时又尊重家长在父母之命、媒妁之言上的主婚权。

（三）中华法系解体后“人”的挖掘

中华法系解体后，20 世纪初期的法学研究者对中华法系的特点进行了初步梳理，希望重建新的中华法系。随着马克思主义法学中国化的两次历史性飞跃，中国逐渐在本土法治实践基础上树立起法治的人民立场。虽然马克思主义也是一种外来文化，但其与中国传统文化在“人”的理解上存在诸多契合之处。但是，马克思主义理解“人”，是个体与总体的统一，既包括个人之“人”，也包括群体、社会整体之“人”。这又与中华法系中的“人”形成差异。这一时期，中国在法治实践上有意无意之间挖掘了中华法系重视“人”的文化要素。

1. 人的自由和发展成为法治的目标

马克思主义认为人是社会的存在物，这种认识使其区别于自由主义的“人”之观念及其相应的法治观。在对人和权利的理解上，马克思主义法治观一直坚持把人放在社会中加以理解，对人的自然欲望予以肯定。例如，中国在 20 世纪特别强调人的生存权和发展权，提出个人人权与集体人权有机统一，认为使

---

① 梁启超：《饮冰室合集 · 文集之一》，中华书局 1989 年版，第 99 页。

② 王栻主编：《严复集》，中华书局 1986 年版，第 90 页。

③ 张枬、王忍之编：《辛亥革命前十年间时论选集》第三卷，生活 · 读书 · 新知三联书店 1977 年版，第 367 页。

人免于饥饿和贫苦是国家和社会的首要责任。党的十八大以来，中国又提出人的美好生活权，认为应当让每个人发展自我、幸福生活。

马克思主义研究人，不是从个人角度研究人，而是在社会关系中研究人。①这与中华法系的“人”具有很多相通的可能性。马克思主义致力于实现“自由人的联合体”，建立起尊重人的价值、维护人的尊严的制度结构，通过无产阶级革命实现法权要求。②这又与中华法系的“人”具有相当大的差异。马克思主义是关于人的解放和人的全面发展的学说，追求共产主义社会的理想是人发展的最终目标。因此，法律多被以实现社会目标的工具来理解，通过法律实现人的解放是马克思主义法律思想的题中之义。

2. 人民意志成为政治和法律的价值标准

坚持人民立场是中国共产党在革命、建设和改革时期执政合法性的重要依据。无论是革命时期通过土地立法动员群众参与革命，还是建设时期宪法对经济制度的修改，再到提出“三个代表”“以人为本”，都显示出人民意志对中国政治合法性的重要性。作为国家制度的重要组成，法律制度也在实践中逐步树立起人民立场的价值理念。2014 年，党的十八届四中全会提出，“法律的权威源自人民的内心拥护和真诚信仰”。2020 年，习近平法治思想明确以“坚持以人民为中心”为核心内容。以人民为中心，解答了对法治基础、法律目的和法律效果的认识。③坚持以人民为中心成为全面依法治国的出发点和落脚点。④坚持为了人民、依靠人民，从价值层面为中国新时代的法治实践提供了正当性依据。

有学者将中国共产党的人民立场总结为中国式的民本主义，信仰人民正是中华民族和中华文明得以生生不息的伟大道统。⑤人民意志与中华法系中“以民为本”存在很多相似之处，那就是政治统治和法律的正当性都来自民意、民心。

---

① 参见袁贵仁：《马克思主义人学理论研究》，北京师范大学出版社 2012 年版，第 14 页。

② 参见公丕祥、蔡道通：《马克思主义法律思想通史》，南京师范大学出版社 2014 年版，第 3 页。

③ 参见胡玉鸿：《“以人民为中心”的法理解读》，《东方法学》2021 年第 2 期。

④ 参见周尚君：《坚持以人民为中心的法治思想》，《法学杂志》2021 年第 1 期。

⑤ 潘维：《信仰人民：中国共产党与中国政治传统》，中国人民大学出版社 2017 年版，第 310 页。

但是，现代法治中的“人民”贯彻了民主精神必然与传统的“子民”存在天壤之别。

3. 民心和人情再次受到法治实践关注

人民立场的实践形态是“人”的民心和人情再次受到法治实践的重视。例如，在立法方面，五四宪法的草案公布和讨论阶段，历时 3 个月、收集了 52 万多条意见。① 在基层的民主普选试点，多数人根本不知道什么是选举权利，需要一边进行宣传一边进行选民登记。②《中华人民共和国刑法修正案（十一）》对冒名顶替上学就业、抢夺公交车方向盘和刑事责任年龄等社会关注较高的问题进行修改，不仅增强了人权的法律保障，也体现出对人民权益和福祉的直接回应。其体现出积极预防性的刑法观，具有安抚民众情绪、维护社会稳定的功能。③ 马锡五审判的一些典型案件，诸如“封捧儿结婚”案、“骑骡人的尸体”案，在司法环节对人情的重视尤其鲜明。④ 如果按照西方标准，这些案件显然违背了法治的程序规则，但马锡五接地气的审判方式却满足了中国人的心理和情感需要，被人民赞为“马青天”。

三、中华法系历史进程中“人”的变与常

梳理中华法系历史进程中“人”的嬗变，有助于发现“人”的变与不变规律、提炼推进创造性转化的基本逻辑。对历史的总结提炼，有助于把握法律对“人”的认识、对“人”的体现上所坚守的常道，这正是支撑中国传统法治文化生生不息的精神内核。挖掘并传承法律重视“人”的常道，是推进“人”创造性转化的基本逻辑。这一逻辑在实践中的运用则仍需立足于“人”来推进创造性转化的具体内容。

---

① 参见《宪法草案的全民讨论结束》，《人民日报》1954 年 9 月 11 日。

② 参见许崇德：《我见证了新中国第一部宪法的诞生》，《光明日报》2009 年 7 月 9 日。

③ 参见刘艳红：《积极预防性刑法观的中国实践发展——以〈刑法修正案（十一）〉为视角的分析》，《比较法研究》2021 年第 1 期。

④ 参见赵崑坡等编：《中国革命根据地案例选》，山西人民出版社 1984 年版，第 179—182 页。

（一）创造性转化的基本逻辑

中华文化经历数千年从未中断，在世界文明史可以说是一道奇观。从尧舜时期的“大同”理想至夏商周的“小康”追求，到经历春秋时期礼崩乐坏至秦汉改立郡县制完成“秦汉间为天地一大变局”，再至清末西洋文化强势入侵遭遇“亡国、亡天下”的哀痛，中华文化在历史上经历过多次大变局，虽曾受到挫折和重创却始终没有中断。究其原因，中华文化中必然存在着强大的精神支柱和思想内涵作为内核，这也正是文化的“常道”。对此，张岱年曾作过非常精准的总结：“唯用‘对理法’……才能既有见于文化之变，亦有见于文化之常。”[①]变化显示了文化在发展过程的阶段性，常道则坚守了文化在历史长河中的连续性。因此，在论及世界文化与中国文化时，张岱年总结文化的发展中必然有变革，但文化不仅是屡屡变革的历程，亦有连续性和积累性。[②]由此可见，促进文化的变革保持了文化的活力，坚守文化的“常道”则保证了文化发展的方向。

变与常是实现中华法系创造性转化的基本逻辑。中华法系的历史积淀蕴藏着中国古人的法律智慧。法律是特定人群的生存智慧和生活方式的反映，“随着民族的成长而成长，随着民族的壮大而壮大”[③]。一个国家的法治实践只有与文化和传统紧密关联才能够真正获得活力。历史和传统对于法律而言，具有无可替代的价值。挖掘中华法系的文化要素，就是挖掘传统法治文化中保持中华民族绵延不绝的古人智慧，从繁杂的法治文化现象中发现文化的“常道”。推动中华法系创造性转化，在坚守文化“常道”基础上变革不适宜的部分，赋予中国传统法治文化适应新时代诉求的生命力。故而，变与常可谓文化发展的辩证法。

挖掘中华法系中“人”的历史和传统，是研究我国古代法制传统和成败得失的一个重要维度。人（民）是人类社会的基本构成单位。民意、民心构成了中国传统政治、法律制度的伦理基础。事实上，中国传统中的不同历史时期，

① 对理法即观察现象的方法，与归纳法同属于“发现的逻辑”。参见《张岱年全集》第一卷，河北人民出版社 1996 年版，第 248 页。

② 参见《张岱年全集》第一卷，河北人民出版社 1996 年版，第 153 页。

③ ［德］萨维尼：《论立法与法学的当代使命》，许章润译，中国法制出版社 2001 年版，第 7 页。

民的理解亦有所不同。春秋战国时期，重民思想建立在思考人与神的关系基础上。封建专制时期，重民思想则建立在民与官的关系基础上，这正是中华法系文化要素的变革所在。通过考察中华法系历史进程中“人”的嬗变，目的是从经验中寻找中国传统法律文化中关于“人”的常道、促使其焕发新的生机。

（二）中华法系历史进程中“人”的变与常

通过对中华法系历史进程中的“人”进行梳理，可以发现中华法系存续时期、解体时期再到解体后，法律对“人”的认识、法律对“人”的体现都发生了明显的变化。这也是中华法系的变革所在。中华法系中的“人”之变革主要体现在以下方面。

法律对人的认识上，从家族本位转变为个人本位；从人在法律上不平等转变为人在法律上平等；从压制人的自然欲望到承认人的正当需要。

法律对人的体现上，从确立家族内父权、家长权的绝对权威，转变为逐渐确立法律面前人人平等的权利；从家国一体的政治结构转变为公民与国家的现代政治结构；从以民为本、君主牧民的政治逻辑转变为人民立场、执政为民的政治逻辑；从法律追求社会的无讼和谐转变为法律追求每个人的自由和发展。

对中华法系中“人”的变化的梳理，更是为了提炼其中关于“人”的常道。这也是支撑中国法治文化连续性和积累性的精神内核。历史和传统的价值在于它能够将一个国家、民族过去的经验、认识和文化积淀、延续并传递给后人，是对人的行为、思想和价值观产生深刻影响的力量。中华法系中的“人”之常道主要体现在以下几个方面。

1. 在法律对“人”的认识上

中华法系历史进程中，法律对重视人的本质和人性的认识没有发生根本性变动。中华法系存续时期对人的认识，即人是自然中的人、人是社会中的人在今天的中国文化中仍然是适用的。在中华法系解体时期，“人”受到域外法治文化，尤其是西方法治文化的冲击，但是西方以宗教背景认识人的观念并没有对中华法系“人”的形象产生冲击。而到中华法系解体后，马克思主义法治观的“人”则恰恰与中华法系对“人”的认识相契合。人是自然中的人，因此法律应当正视人的自然欲望，并通过规范使人与自然界的其他生命体相区别；人是社会中的人，对个体之人的理解应当从社会环境中辩证的认识，因此，法律应当关注的是社会中的人而非自由主义观念下的抽象之人。

2. 在法律对“人”的体现上

中华法系历史进程中，法律应当重视“人”、体现人性、人情、塑造人的品格的理念没有发生变化。中华法系存续时期，立法和司法活动都鲜明地贯彻中华法系对“人”的认识。立法活动中注重通过法律教化民众、弘扬人的伦理精神，法律规范注重体现体恤弱者、对老弱幼小给予人道关怀。司法不局限于审判功能，而是承担着教化民众的责任。人伦、人情在司法审判中对案件结果具有相当大的影响。这些法律对“人”的体现在中华法系解体时期和解体后，没有发生根本性变动。尤其在中华法系解体后，中国本土的法治实践在有意无意间复归了法律对“人”的人伦、人情的体现。例如，2006 年提出社会主义核心价值观，2016 年又提出把社会主义核心价值观融入法治建设的意见。德法共治、德法互彰的理念显示出法治和道德在凝聚社会、塑造公民品格中的教化作用。在强调同案同判的今天始终将“情理法”的统一作为审判理想，老年人权益保障法中的“常回家看看”条款彰显了德法共治的立法理念。

总体而言，法律体现的重视“人”、法律实践以人的价值追求为主线展开的人文精神始终是中国传统法治文化的重要理念。法本质上是“一种现实的文化形态，其使法律世界的一切事实得以形成和塑造”①。任何一种法治文化都蕴含着一定的价值取向，反映了人在法治实践中所意欲实现的理想和目标，承载着人对法治的价值理解。中华法系注重通过法律实践活动体现“人”、通过法律的奖惩作用教化人、使人成为“人”的文化要素始终得以维护。

① ［德］古斯塔夫·拉德布鲁赫：《法律智慧警句集》，舒国滢译，中国法制出版社 2016 年版，第 9 页。

（三）推动“人”创造性转化的具体内容

对中华法系历史进程中“人”的梳理和提炼，目的是为了推动“人”的创造性转化。总结变革是为了提炼常道，而提炼常道则是为了更好推动变革。中华法系中蕴含着丰富的“人”的文化原理，可以通过多种角度予以挖掘、弘扬。甚至可以说，剔除中华法系中与现代法治不适宜的部分，余下的都可以通过基本沿用、部分沿用或旧词新解的方式充分挖掘。① 此处，仅择三个基本方面予以具体说明。

1. 从“人”的认识出发，赋予“人”适应时代的科学内容

中国传统法律文化重视民心向背对国家兴亡的重要意义。得民心者得天下，这是周朝取代商朝的一个基本政治经验。周公把民心与天命相连，认为“民之所欲，天必从之”②。施政纲领以及具体的法律制度是否体现重视民心、保障民生，决定了统治者的统治是否符合天道。通过将“敬天”落实为“保民”，周朝所有的统治措施都可以归结为重民、保民和得民心。这一理念对法律实践的影响体现为立法和司法的目的不在于惩罚人，而是要定是非、明曲直。因此，周朝创立明德慎刑的法律制度，对后世德主刑辅的法律理念产生了深远影响。唐朝也是以隋亡为戒，提出“为君之道，必须先存百姓”③。天道是论证中国古代政治权力正当性的终极来源，而民心则是天道的具体体现。取得民心、顺应民意，统治者的政治权力也就获得了现实的合法性。

民为邦本的法律理念对当代中国的法治实践具有重要价值。宪法是人民意志的体现，这是现代法治的基本常识。人民是制宪的主体，当然也包含着法律要符合民意、顺应民情之意。随着现代社会的发展，法治要迈向回应型法④，才能应对人类社会治理的万千变化。法治要符合社会变革的需要，背后

① 参见郝铁川：《中华法系的创造性转化》，《东方法学》2022 年第 1 期。

② 《尚书·泰誓》。

③ 《贞观政要·君道》。

④ 参见［美］诺内特、赛尔兹尼克：《转变中的法律与社会：迈向回应型法》，张志铭译，中国政法大学出版社 2004 年版，第 21 页。

蕴含着法律要根据民意、民心为社会治理提供法律供给之意。

当代实践不断强化“以人民为中心”建设法治，与“民为邦本”的法律理念一脉相承。2019 年，中纪委会议提到“民心是最大的政治”，解说了中国政治制度背后的正当性依据。实现社会正义、增强人民对执政党的信任是法治的重要价值。因此，推动“民为邦本”文化要素的现代性转化，重点是剔除传统文化中统治者与百姓之间的“牧民”观念，代之以现代的国家观念；剔除人与人之间的上下尊卑以及对个体权利的忽视，代之以现代人权理念。而重民心、顺民意、解民情的内涵则与现代法治的民主价值并没有冲突，还存在着极大的共性，能够成为论证现代国家政治制度的正当性依据。

2. 从法律对“人”的体现出发，建构体现“人”的良法

重视民心、民意和民情决定了，中国传统法律文化认为应当根据社会生活实际立法，才能发挥法律的调整作用。自古以来，疆域辽阔、多民族统一都是中国制定法律的现实国情。这一现实决定了，仅靠中央立法难以对各个地方进行有效约束，必须以符合地方实际的地方性立法弥补不足。所谓“观俗立法则治，察国事本则宜”[①]，即是要求立法顺乎国情、反映实际。如此，法律才能得到民众的支持从而实现法律的目的。大清律例中的“省例”就是一类典型的地方性立法。省例的内容一般涉及本省内的行政、司法、经济、文教和风俗等事务，尤其规范风俗的省例多具有明显的地方文化特色。例如，福建省例规定禁止聚众迎神、禁止道旁添搭矮屋供奉土神。[②] 再如，《唐律疏议》中的“化外人相犯”条，规定“诸化外人，同类相犯者，各依本俗法”，即是允许不同民族在特定条件下适用本民族的习惯法。可见，中国古代立法体现了传统法文化人文理性的发达，充满理性的世俗立法是中华法系与古东方和西方法律的重要区别。

全面推进依法治国对“科学立法”给予了高度重视。党的十八届四中全会

---

① 《商君书·算地》。

② 参见张晋藩：《全面依法治国与中华法文化的创造性转化研究》，中国政法大学出版社 2019 年版，第 60 页。

后，科学立法首先要求提高立法质量、回应人民关切。故而，推动“观俗立法”文化要素的创造性转化具有积极意义。今日的地方风俗已经与传统的地方风俗相去甚远，但立法要立足国情、吸纳地方实践智慧的理念仍然值得传承。立法的科学性首先要求立法者对社会环境的运作规律进行调查研究、掌握客观事实，而地方则是对此社会环境最为熟悉的主体。全面推进依法治国强调完善市民公约、乡规民约、行业规章、团体章程等在内的社会规范体系，折射出一个超大型国家的法治吸纳地方性知识的必要性。而所谓“人民群众对立法的期盼，已经不是有没有，而是好不好、管用不管用、能不能解决实际问题”，则是强调立法不仅要符合科学立法、民主立法原则，还应针对社会问题、反映社会需要。

3. 从法律对“人”的体现出发，追求实现“人”的善治

礼与法、德与刑，是传统中国政治统治的二柄。中国古人由天道—自然—和谐的信仰出发，创造出一整套与众不同的价值体系。① 天道就在人心之中，因而礼与法的最终目的都是为了实现理想中无讼的和谐社会。这些独特的法律价值理念形成了特有的礼法文化。从汉初在立法上开始“以礼入法”、在司法中实行“春秋决狱”，至唐在《唐律疏议》中实现礼法结合的定型，礼法文化成为中华法系固有的文化传统。礼不仅包括圣贤教导、制度化的礼仪，也包括与经书原则相符的习俗、惯行、人情和良知等内容。故而在案件审理时，礼与法具有极大的统一性。法官的目的是解决纷争，依据究竟是礼或法并无根本性不同。礼为主导、法为准绳，实现礼法互补，不仅能够通过法律赋予礼的规范以强制性，也能够通过道德教化减少法律实施的阻力。礼法结合，既是法律的道德化，也是道德的法律化，两者共同成为传统中国不可缺少的统治方式。

2014 年，党的十八届四中全会强调坚持依法治国与以德治国相结合，强化了“德法共治”在国家治理中的作用。2016 年，中央出台《关于进一步把社会主义核心价值观融入法治建设的指导意见》，提出把社会主义核心价值观

① 参见梁治平：《寻求自然秩序中的和谐》，中国政法大学出版社 2002 年版，第 229 页。

融入法治建设。实践层面上来看，在国家治理中突出法律和道德协同发力的宏观思路已经非常明确。而德法究竟如何共治、德法共治如何实现促进法治发展和提高公民道德水平等一系列问题则值得深入思考。因此，推动“礼法结合”文化要素创造性转化就变得格外重要。在转化思路上，首先要剔除礼法文化中人与人之间的不平等秩序自不待言，更为重要的是在保证现代法治基本要义的前提下才能进行德法共治，以避免破坏法律的相对独立性，或对公民私人领域的不当干涉。① 一方面，道德融入法治建设主要是滋养法治的价值基础，起到凝聚社会共识的作用；另一方面，法治通过立法解决道德领域中的突出问题，起到弘扬社会风尚的作用。

① 参见孙莉：《德治与法治正当性分析——兼及东亚与中国传统法文化之检省》，《中国社会科学》2002 年第 6 期。

第六章　法治文化与国家治理

纵观历史上古今中外的国家，优良的制度安排是国家发展的根本保障，先进文化则是国家发展的精神保障。法治文化是国家治理现代化过程中不可缺少的先进文化。世界上没有哪个国家具有完全相同的法治文化，中国的法治文化建设势必要根植于国家治理和法治实践才能生成。中国历史性的成就表明，中国的发展与中国人民所选择的优良制度安排有着密切的关系。依靠法治确立制度安排、保障制度优势和引领制度发展，是人类在国家治理活动中理性思考形成的智慧成果，也是现代国家政治发展的普遍趋势。以法治文化作为国家治理的观念基础、制度支撑和现代表征，必将使国家治理走向现代化。

第一节　法治文化与国家治理的关联性

法治是国家治理现代化的重要依托。习近平法治思想提出坚持在法治的轨道上推进国家治理体系和治理能力现代化。如何实现法治的强大依托作用是当代马克思主义法治理论必须回应的时代命题，也关系着法治中国未来对中国现代化发展保驾护航的促进动力。法治文化是国家治理的组成部分，是一个现代化、法治化国家的灵魂。提高法治文化的理论与创新水平，才能实现国家治理现代化和法治化、促进制度优势转化为治理效能。

一、国家治理现代化的提出

2013 年 11 月，党的十八届三中全会通过的《中共中央关于全面深化改革若干重大问题的决定》明确，全面深化改革的总目标是完善和发展中国特色社会主义制度，推进国家治理体系和治理能力现代化，首次提出“推进国家治理体系和治理能力现代化”的改革目标。2019 年 10 月，党的十九届四中全会提出“坚持和完善中国特色社会主义制度、推进国家治理体系和治理能力现代化”，系统描绘了国家制度和国家治理的图谱。

国家治理现代化包括国家治理体系现代化和治理能力现代化。国家治理体系和治理能力是一个国家制度和制度执行能力的集中体现。国家治理体系是在党领导下管理国家的制度体系，包括经济、政治、文化、社会、生态文明和党的建设等各领域体制机制、法律法规安排，也就是一整套紧密相连、相互协调的国家制度；国家治理能力则是运用国家制度管理社会各方面事务的能力，包括改革发展稳定、内政外交国防、治党治国治军等各个方面。国家治理体系和治理能力是一个有机整体，相辅相成，有了好的国家治理体系才能提高治理能力，提高国家治理能力才能充分发挥国家治理体系的效能。

国家治理成绩斐然，也面临诸多挑战。国家治理现代化的命题对法学理论研究和法治实践提出了新的要求，尤其是对法治文化建设提出了新的要求。从近些年党的一系列理论文献中，不难发现法治化是中国特色社会主义国家治理的根本方式这一判断已经非常明确。其中，法治文化是国家治理的文化基础，具有促进治理目的实现、彰显制度优势的功能。如何在推进国家治理的同时进行法治文化理论与创新，形成制度与文化、治理与法治的协调促进，实现后发国家法治文化的追赶和超越，是中国特色社会主义国家治理必须科学回答的问题。

二、国家治理现代化的法治轨道

国家治理现代化的目的是实现善治。“立善法于天下，则天下治；立善法于一国，则一国治”。良法是善治的前提、基础和路径。中国特色社会主义法治是形式法治和实质法治相统一的良法。推进中国特色社会主义，离不开法治的引领和推动力。中国特色社会主义事业的全局、长远发展，需要中国特色社会主义法治体系发挥更加重要的引领作用。在全面深化改革中，法治体系作为国家治理体系的骨干工程是引领、推动中国特色社会主义发展的强大动力。

第一，依靠法治确立制度安排、保障制度优势和引领制度发展，是人类在国家治理活动中形成的智慧成果，也是现代国家政治发展的普遍趋势。党的十九届四中全会审议通过的《中共中央关于坚持和完善中国特色社会主义制度、推进国家治理体系和治理能力现代化若干重大问题的决定》，再一次明确了建设中国特色社会主义法治体系、建设社会主义法治国家是坚持和发展中国特色社会主义的内在要求，指明了法治对坚持和完善中国特色社会主义制度的作用和意义。

第二，依靠法治确立制度安排是建设中国特色社会主义的经验总结。中国的法治建设一直伴随中国特色社会主义制度的建设。1949 年通过的《中国人民政治协商会议共同纲领》初步设计了新中国的制度架构，开启了中国共产党运用法律执政和建设的序幕。新中国 70 多年来法治建设的历史经验表明，没有完备的法律和法制建设，中国特色社会主义制度的发展就会缺乏有力的保障。我国正处于实现中华民族伟大复兴关键时期，要实现全面建成社会主义现代化强国的战略目标，就需要构建一套系统完备、科学规范、运行有效的制度体系，努力形成更加成熟更加定型的中国特色社会主义制度，这就更加需要依靠不断完善的中国特色社会主义法治体系保驾护航。

第三，依靠法治保障制度优势是发展中国特色社会主义的内在要求。新中国成立 70 多年特别是改革开放 40 多年来，中国的发展铸就了中国奇迹。中国奇迹的密码所在，正是科学化、法治化的制度所形成的制度优势。科学的制度总是立足于对客观现实的正确认识上，具备系统性和可操作性，能够围绕社会所追求的共同目标解决实际问题。中国特色社会主义把马克思主义基本原理同中国具体实践结合起来，始终遵循科学社会主义基本原则，保证了中国特色社会主义的科学性。十一届三中全会以后，党中央根据改革的需要逐步调整所有制结构，允许非公有制经济发展，随后在七届全国人大一次会议上通过了《中华人民共和国宪法修正案》，确立了私营经济在社会主义经济中的合法地位。以实现社会主义民主为目标，逐步恢复、改革和完善人民代表大会制度、共产党领导的多党合作和政治协商制度、民族区域自治制度、基层群众自治制度等民主政治制度，并且在宪法中予以明确。习近平总书记多次强调："把坚持党的领导、人民当家作主、依法治国有机统一起来是我国社会主义法治建设的一条基本经验。"① 将制度法治化以保障制度优势是发展中国特色社会主义的实践规律。党的十九届四中全会总结了中国特色社会主义制度体系的优势，表明了以推进制度的科学化、法治化发挥制度优势、保障优势成果的魄力和决心。

第四，依靠法治引领制度建设是推进中国特色社会主义的动力源泉。国家治理现代化的目标是实现善治。"大道之行，天下为公"，中国自古以来就追求治国平天下的美好理想。善治是人类社会治理、国家治理的理想状态。不断建设、完善制度是实现善治的结构基础。国家治理体系是规范社会权力、维护社会秩序的制度系统，国家治理能力是执行制度系统的能力。二者组成一个有机协调的整体，才能最大限度地发挥制度的功能优势。

三、国家治理现代化的文化基础

法治文化建设与国家治理现代化息息相关。推进国家治理现代化，需要发挥法治文化的基础作用。中国举世瞩目的经济快速发展奇迹和社会长期稳定奇迹表明，中国的崛起和发展离不开法治的保驾护航，离不开法治文化的支撑作用。法治是复杂的系统工程，至少包含法治的制度、体制和文化三个方面。法治文化作为法治的精神部分，既是法律制度、法治体制中最内核的表现，也是法治中最稳固的部分。法治化是国家治理现代化的根本途径，这一目标的实现必须依靠制度、体制和文化的系统作用才能实现。从作用效果上来看，法治文

① 《习近平关于全面依法治国论述摘编》，中央文献出版社 2015 年版，第 24 页。

化与法治的制度和体制最大的差别，就在于法治文化能够以法治的核心价值引领国家治理活动，从而实现规范国家治理的运行和操作的目的。

中国的法治实践，已经基本实现了法律制度和法治体制的大跨度跃升，对法治文化建设的诉求势在必行。社会变革或改革的过程中，法律制度和法治体制可以通过立法在短时间内发生改变，而法治文化则难以在短时间内形成。也正是由于文化形成的滞后性，法治文化建设的难度才更加突显。2021 年 4 月，中共中央办公厅、国务院办公厅印发了《关于加强社会主义法治文化建设的意见》，其中明确提出要把建设社会主义法治文化作为建设中国特色社会主义法治体系、建设社会主义法治国家的战略性、基础性工作和建设社会主义文化强国的重要内容，切实提高全民族法治素养和道德素质，着力建设面向现代化、面向世界、面向未来的，民族的科学的大众的社会主义法治文化，为全面依法治国提供坚强思想保证和强大精神动力，为全面建设社会主义现代化国家、实现中华民族伟大复兴的中国梦夯实法治基础。可以说，这一意见的发布，对中国法治文化的形成具有非常积极的作用。其中，对中国法治文化的发展方向也颇具战略眼光，提出“坚持以人民为中心”，“坚持法安天下、德润人心，把社会主义核心价值观融入社会主义法治文化建设全过程各方面”，“坚持继承发展、守正创新，弘扬中华优秀传统文化、革命文化、社会主义先进文化”等，都将建设目标聚到法治规律与中国特色、中国传统的结合上来，突显出法治文化建设的“主体性”意识。

第二节　国家治理现代化需要法治文化

一、国家治理现代化下的法治文化内容

（一）规则文化

推进国家治理现代化需要倡导法律规则文化。维系社会秩序的规则有很多

种，法治文化所蕴含的规则文化是以法律规则作为社会交往最高效力的文化。规则文化是法律制度、法律规则最直观的精神表达，反映着法治的理念和精神。国家治理现代化的基础是建立现代化的制度体系，即国家治理体系的现代化。一个国家的治理体系是否现代化至少有五个标准：其一，公共权力运行的制度化和规范化。其二，民主化。其三，法治。其四，效率。其五，协调。衡量国家治理体系现代化的首要标准是实现公共权力运行的制度化和规范化。国家与法律的密切关系决定了，公共权力运行制度化和规范化的根本途径是法律化、法治化。实现国家治理现代化的方式是以法律制度、法律规则作为公共权力运行的最根本准则。法律"是使人类行为服从规则之治的事业"①。对于国家治理来说，实现国家治理现代化所需要的规则文化至少包含：规则意识、规则思维和规则习惯。

规则意识是指在国家治理活动中，相关主体对法律规则的要求和法治的意义所具备的理性认识，并且能够自觉地以法律规则作为自己的行为指南。规则意识既是国家治理的相关主体对制度的主观认识，也是对制度改革、制度建设和制度执行具有能动反作用的精神因素。首先，规则意识是对法律规则、法律制度和法治理念的理性认识。法治的核心要素是"已成立的法律获得普遍的服从"，规则意识是守法的主观前提。治理者对法律规则、法律制度的理性认识是指引其治理行为法治化、现代化的基础。其次，规则意识是通过特意培养形成的。"大多数人的行为标准并不是法律，而是文化（一般文化和法律文化），因为他们并不知道具体的法律规定，也从未熟悉过法律文件。"②国家治理现代化所要求的公共权力制度化和规范化意味着治理者应当具备较高的规则意识。并且这种规则意识应当是建立在对法律制度、法律规则的准确认识，而非通过带有偏见和误差的舆论基础上。再次，规则意识影响治理行为和国家治理活动。具有规则意识的治理者，在国家治理活动中总是倾向于以权利和义务为主

① ［美］富勒：《法律的道德性》，郑戈译，商务印书馆 2005 年版，第 124 页。

② ［俄］B.B. 拉扎列夫：《法与国家的一般理论》，王哲译，法律出版社 1999 年版，第 404 页。

要内容来进行治理活动，首选法律规则作为指引自身行为的方式和评价标准。

规则思维是相关主体在国家治理活动中以法治理念为基础，运用法律规则探寻解决现实问题的思维方式。党的十八大以来，法治思维和法治方式已经成为提高中国共产党和领导干部政治本领的重要要求。法治思维的内容非常丰富，包括法律至上思维、人民民主思维、权利义务思维、依法行政思维等，但是，法治思维的基本要求应当是规则思维。首先，人类社会总是会遭遇经济、政治、卫生、环境等一系列发展问题，国家治理现代化的目的就是实现政党、政府和公民对社会问题和事务的协同治理。规则思维是各方主体参与国家治理活动的基本要求。法律规则通过授权性规则、义务性规则和权义复合性规则，指示国家治理者的行为。在国家治理活动中，无论是执政党、政府机关、社会团体还是公民个人都可以通过法律规则明确各自的权力与权利、职责与义务。其次，规则思维更重视形式合理性。国家治理的目的是实现善治，对善的价值追求是人类的共同目标。法治思维要求在国家治理中，必须借助形式合理性来实现实质合理性。“如果在处理个案时必须牺牲一个的话，一般情况下要考虑首先牺牲实质合理性除非会严重背离社会正义以致连那些认同法治原则的人们也难以容忍。”①

规则习惯是相关主体在国家治理活动中以法律规则作为指引行为、评价行为结果的习惯状态。法律规则为国家治理者提供了可反复适用的、具有普遍性的行为模式。现实社会中，人们守法的理由可能是多种多样的，例如惧怕惩罚、出于压力或利益的考量等等。公共权力运行规范化意味着权力行使者的行为应当符合法律规则、法律程序和法治理念，规则习惯是其守法的最稳定状态。只有国家治理者具有较高的规则意识、规则思维的情况下，才会形成规则习惯。“人们遵守法律的主要原因在于，集体的成员在信念上接受了这些法律，并且能够在行为上体现这些法律所表达的价值观念”②。

---

① 郑成良：《论法治理念与法律思维》，《吉林大学社会科学学报》2000 年第 4 期。

② ［美］R.M. 昂格尔：《现代社会中的法律》，吴玉章、周汉华译，译林出版社 2001 年版，第 29 页。

（二）民主文化

推进国家治理现代化需要倡导民主文化。国家治理概念现代化的提出，是对传统国家政治统治的反思和转型。现代的治理概念，意味着在国家和社会之间的关系上，国家的控制作用在逐渐减弱，而社会对公共事务的参与、回应和协作程度逐渐增加。国家治理现代化的过程就是在公共事务中逐步提高民主化的过程，其本质是实现民主治理。因此，国家治理体系的制度安排和设计应当保障人民主权，制度的执行、决策的过程和结果应当体现人民的意志。实现国家治理现代化需要民主文化，这主要表现为民主意识、民主制度和民主作风。

民主意识是关于民主、民主权利和民主制度的理性化认识，是一个社会普遍接受的关于民主、民主政治和民主事务参与的观念和态度。民主意识首先表现为对民主现象、民主事件、民主制度等客观现实的主观认识和理解。人们对民主的认识和理解中包含着主观的情感、情绪和评价，直接影响人们对民主活动的态度是热情还是冷漠、尊重还是疏远，从而直接影响人们的民主参与行为。在民主政治制度中，多数人的利益和个体平等、民意的妥协和一致行动之间，总是存在着一定的紧张关系。实现国家治理现代化尤其需要良性的民主意识。因此，寻求一条不偏不倚的适中之路是至关重要的民主途径。选择适中的民主之路，对民众民主意识的良性化起着极其重要的作用。

作为法治文化的民主制度，主要是指民主制度作为客观载体所表现出的内容和精神。这些制度在现代国家中主要表现为广泛的民主政治参与、法治保障下的民主权利和自由、社会公共生活的合法自治等。国家治理现代化区别于传统国家统治的特点是通过法治实现社会公共生活治理的民主化。民主是国家治理现代化的目标，民主制度则是民主的直接载体。民主制度所承载的民主文化是国家治理现代化的最直观表达。人类历史上对理想政治制度的追寻，离不开法治和民主的关系。契约论的假设、混合制政府理论都强调了民主对于一个理想社会的基础作用。戴雪提出法治这一术语以来，民主和法治对理想社会的作用就成为政治制度和政治实践的主要问题。各国在理论和实践上，将民主和法治转化为制度的方式都表现出明显的差异，例如英国式代议制民主和美国三权分立式民主。新中国成立70多年来，中国人民在中国共产党的领导下总结革命、建设、改革的经验，确立和发展了适合中国国情的民主制度形式即人民代表大会制度。十九届四中全会明确提出坚持和完善人民代表大会制度这一根本政治制度。人民代表大会制度是坚持党的领导、人民当家作主、依法治国有机统一的根本政治制度安排，是支撑中国国家治理体系和治理能力的根本政治制度。2019年，习近平总书记提出“人民民主是一种全过程的民主”。2021年，全过程民主写入《中华人民共和国全国人民代表大会组织法》修正草案和《中华人民共和国全国人民代表大会议事规则》修正草案。党的二十大上，发展全过程人民民主被确定为中国式现代化本质要求的一项重要内容，强调全过程人民民主是社会主义民主政治的本质属性。

民主作风是指执政党、政府和国家机关工作人员在政治生活中，尤其是在管理公共事务和做出政治决策时联系群众、“从群众中来，到群众中去”的工作方式和状态。民主集中制是中国国家组织形式和活动方式的基本原则。处理好民主和集中的关系是发扬民主文化的题中之义。从改革开放开始，基于对以往民主建设的教训，中国共产党的文献中完成了对民主集中制的认识：民主集中制是既包含民主又包含集中的制度。“有着相互统一的两个过程，即‘民主的过程’和‘集中的过程’相统一，民主集中制应该转向民主。”① 国家治理现代化对执政党和党员干部的工作方式提出更高的民主作风要求。治理的本质就是通过广泛听取民意和民声，形成官民共治的效果。

（三）程序文化

推进国家治理现代化需要倡导程序文化。国家由统治向治理的转变表明，社会组织、公民将会越来越多地参与到社会问题的解决过程之中。国家权威不是来自统治的命令，而是来自人民的认同和社会共识。程序是保障国家治理的多元参与主体有序化参与的主要途径。程序保证了交涉过程的制度化，政府、

① 许耀桐：《民主集中制的制度结构与转型调试》，《民主与科学》2002年第1期。

社会组织、团体和个人都能够畅达各自的意见，民主才能够得到保障。法律程序由程序法规定，要求按照一定的顺序、方式安排时间、空间来解决治理问题，是最为可靠的程序。因此，法律程序是保障民主、引导民主理性化、确保治理获得人民认同和社会共识的主要方式。法律程序主要包括选举程序、立法程序、行政程序和司法程序。国家治理包括两个核心要素即制度设计和制度执行；制度是否设计了公正合理的程序是评价制度优劣的一个要素，执行制度是否符合正当程序是评价制度执行得当的一个标准。实现国家治理现代化需要程序文化，这主要表现为：公正合理的程序和法律程序的严格遵守两个方面。

公正合理的程序应当保证民主和公正目标的实现，并且符合科学、理性的原则。首先，国家治理体系的制度设计应当保证公正的程序。罗尔斯曾经以纯粹的程序正义来说明“存在一种正确的或公平的程序，这种程序若被人们恰当地遵守，其结果也会是正确的或公平的”①。程序的正当性能够起到证明结果正当性的作用。公正的程序是排除权力恣意专断，确保治理相关的政策、决策和内容客观正确的基础。其次，程序的选择和设计应当合乎理性。程序能够确保参与者进行理性的意见交换，最终进行自由的选择。富勒关于程序自然法的八项条件的界定说明了，通过制度设计可以创造必要的条件，将较为严重的投机和非理性表现排除出去。国家治理体系的制度设计应当确保公开进行的程序、对话和观点的讨论，才能确保最终治理决策的结果是理性选择的。

程序价值的独立性决定了程序应当严格遵守。在国家治理活动中严格遵守法律程序，不仅是制度执行的要求，也是规则文化的本质所在。首先，法律程序的严格遵守本身就是公正合理的治理。有效的治理要求“公共机构正确而公正地管理公共开支，亦即进行有效的行政管理；信息灵通，便于全体公民了解情况，亦即具有政治透明性。”②在选举、立法、行政和司法过程中，严格遵守

① ［美］约翰·罗尔斯：《正义论》（修订版），何怀宏、何包钢、廖申白译，中国社会科学出版社2009年版，第66页。

② ［法］玛丽–克劳德·斯莫茨：《治理在国际关系中的正确运用》，《国际社会科学》1999年第2期。

事先制定出来的法律程序，按照程序的规则给予利害相关人机会和权利能够确保治理的有效性和透明性，无论最终的结果如何，在程序意义上已经实现了公平正义。其次，法律程序的严格遵守是高效的治理。善治是追求管理效率的治理。善治程度越高，管理的有效性越高。法律程序把理性和法律经验结合起来，使阻碍和浪费最小化、效果和支持最大化。在一个社会中，法律程序是最具权威和认可度的程序，严格遵守法律程序，是解决纠纷和问题的最高效方式。

（四）人权文化

推进国家治理现代化需要倡导人权文化。对于国家治理现代化来说，民主和法治缺一不可：民主是法治的目的，法治是民主的保障。然而与人权相比，民主和法治则均是实现人权的手段。治理主要是一个工具性概念，治理的目的决定了治理的价值归属。自人权的概念产生以来，人权就成为衡量现代国家政治与法律制度良善与否的指标。因此，尽管评价治理是否算得上善治的要素和标准可以罗列很多，但是人权始终是最为根本的标准。人权是作为人应当享有的权利，国家治理现代化需要人权文化，这主要表现为人权意识、人权知识和人权理念。

人权意识是指在国家治理活动中，相关主体尤其是公权力主体对人权的内容和重要性具备理性的认识，自觉地以尊重保障人权作为治理行为的指南。首先，治理的主体是人。国家治理的理想状态是实现政府和公民对社会公共事务的协同治理。根据历史唯物主义关于国家消亡的理论，国家治理是人类社会发展的一个必然进程，国家治理的未来是实现社会治理。社会是人的社会，国家是社会发展中的特殊产物。无论是国家治理还是社会治理，从根本上说，其治理的主体都是人。其次，治理的方式和机制应当尊重人。治理的方式和机制仅仅是工具，其目的是尊重和保障人权。国家治理现代化要求对治理的制度、机制进行改革，改革的指标是多方面的，包括提高效率、增强协调性和稳定性、提高责任和参与等等。人权与这些指标相比具有绝对的优先性，治理的方式和机制应当在确保尊重保障人权的基础上，侧重提高其他现代化的指标。再次，治理的效果为了人。国家治理体系和治理能力的改革和提升是为了增强制度的优势和治理的效果，从根本上来看是为了不断增进和改善人权的实现。对人的生存和发展权利的尊重和提高，对社会弱势群体权利的保护，从根本上确保了国家治理的善治本色。

人权知识是关于人权的内容、形态和重要性的了解和掌握。从内容来说，人权包括政治权利和经济、社会和文化权利，宪法中的公民基本权利是落实人权的主要形式。国家治理参与者包括官员和普通公民，国家治理现代化对治理者的人权知识提出了较高的要求。早在 1995 年，联合国大会在《十年行动计划》中就提出人权教育应当传授人权知识和技能，塑造人权态度，建立普遍的人权文化。向公职人员尤其是行政执法人员、司法人员传授人权知识是人权教育的直接要件。

人权理念是关于人权、人权的内容和人权的价值系统化、理论化的看法和思想。不同国家的历史、文化和现实基础不同，形成的制度也具有各自的差异和模式。在中国实现尊重人权、保障人权、发展人权，没有现成的条条框框可以照搬，必然从本国实际出发，走自己的路。以人民为中心，奉行人民至上，坚持人民主体地位，是中国共产党的核心人权理念。①

二、国家治理现代化下的法治文化体系

法治文化在应然意义上为国家治理现代化提供规范指引。从国家治理的实践需要角度，法治文化应当以法治意识、法治素养和法治环境为内容系统。

① 参见中华人民共和国国务院新闻办公室：《中国共产党尊重和保障人权的伟大实践》，人民出版社 2021 年版，第 27 页。

（一）法治意识

法治意识是构成法治文化系统的基本心理状态，是培育治理主体的法治素养及形成治理法治环境的基础。法律意识对法律实践的重要性已为法律文化研究已久。党的十八届四中全会明确提出“推动全社会树立法治意识”以来，法治意识作为法治文化建设的内容之一更加受到关注。但法治意识、法治心理、法治信仰等类似概念的频繁迭出，致使法治意识的含义始终难以厘清。一些学者借助法律意识的研究基础，提出法治意识“是法律意识的最高级形态”[①]。类似观点虽有一定道理，却不免再次陷入简单以“法治”和“法律”区分法治文化与法律文化的怪圈。也有学者提出法治意识是一种通过学习、实践、再学习、再实践逐渐形成的社会意识。[②]这类从马克思主义法律观的角度提出法治意识的观点具有启发性，但相关内容仍值得细细推敲。结合马克思主义哲学关于意识与存在关系的理解，笔者认为法治意识是主体在对法治的正确认识基础上产生的，对法治的理解、认同和信任的心理状态。

法治意识是治理者的主体意识。意识是人特有的心理活动，首先表现为人的自我认知。按照马克思主义的理解，意识是在主客体二分的基础上，人作为主体对客观世界的能动反映。意识产生的根源在于人对自我主体地位的认知，以及由此展开的主动地、有计划、有目的地改造客观世界。任何意识都是一种社会意识，是人关于社会存在的主观能动的反映。法治意识无疑属于社会意识，从根本上说是人的主体意识。在国家治理转型实践下，法治意识首先是治理者的主体意识，这不仅表现为治理者对自身地位的有效认知，更表现为治理者有意识地实践治理活动。国家治理是人类社会重要的政治实践，治理的成败和效果离不开治理者有意识的设计与行动。治理现代化强调“管理向治理”“统治向共治”的转变，转变的基础首先是治理者对作为治理主体的身份、地位具有正确的认知。同时，治理方式包括了人治、法治、德治、神治等众多方案，治理者如何

---

① 柯卫：《法治与法治意识》，《山东社会科学》2007 年第 4 期。

② 参见武步云：《法治意识与法治政府：兼论马克思主义法律观》，法律出版社 2018 年版，第 66 页。

选择治理方案、是否奉行法治源于治理主体对治理实践的主动设计和改造。

法治意识是治理者知识、情感和信念的统一。法治意识是治理者对法治正确认知基础上产生的，尊重法治、崇尚法治的情感和信任法治、坚守法治的信念。具备正确的法治认知是治理者对法治产生正向情感和坚定信念的前提。主体对法治的认知有正确的、也有错误的；有肯定的、也有否定的；有个体的、也有群体的。法治意识建立在治理者对法治的原则、价值和功能的正确认知基础上，这是法治意识区别于法治心理的主要方面。个体的、错误的、否定的法治认知往往只能形成特定主体的法治心理而无法形成治理者群体的法治意识。同时，法治意识依系于治理者对法治的情感和信念。20 世纪 90 年代后，法律与情感的关系研究逐渐倾向于认知主义，认识到情感的“产生和表达依赖于思考以及对于思考本身的评价”①。治理主体的情感不仅与实践理性相联系，更兼具文化多样性的特点。法治意识中包含着治理者对法治价值的肯定、崇尚和尊重等情感，这既基于治理者对法治的正确认知，也与治理者对法治的信任、信仰和信念相连。当治理者对法治的知识、情感和信念的统一形成了法治意识，才可能在治理行动中运用法律解决治理问题。

（二）法治素养

法治素养是构成法治文化系统的重要内容，是治理主体法治意识的体现和外化。素养是治理者平日的修养，表明了其思想、知识和理论等方面的水平。素养直接关涉主体在特定情境中的行为模式，被视为知识（knowledge）、技能（skills）和态度（attitudes）的超越和统整，是一整套可以被观察、教授、习得和测量的行为。② 法治素养是关于法治的知识、技能和态度的统合，包括对于法治的正确理解、善于运用法律解决治理问题的技能和崇尚依靠法治进行治理的态度，具体体现为治理者学习法律知识形成法治思维，运用法治方式进行国

---

① 李柏杨：《情感，不在无处安放——法律与情感研究综述》，《环球法律评论》2016 年第 5 期。

② Mirabile，R. J.，“Everything You Wanted to Know about Competency Modeling”，*Training & Development*，1997，（8）.

家治理，信仰法治精神形成学法、尊法、守法、用法的处事态度。现代的国民教育已经认识到，应当强化国民的素养以及加强特定素养的培育。对国家治理现代化而言，治理者的法治素养是治理过程中必备的修养。

法治素养的养成并非单一的知识、技能或态度可以支撑，而是需要治理者能够在真实的治理情境中实践法治。近年来，法治素养在法治文化建设中的重要性逐渐为法治实践和法学研究关注，尤其是强调法治素养是选任领导干部等关键少数的要求。例如，强调领导干部运用法治思维和法治方式的重要性，强调领导干部的基本素质是尊崇法治、敬畏法律等。随着国家治理现代化转型的需要，“治理者”已经不再完全局限于所谓的“关键少数”，而是从关键少数逐渐扩展到社会大多数的共治格局。在此背景下，法治素养就不仅仅是领导干部所必需的素质能力，而是所有治理主体都应当具备的治理能力。这种变化趋向在二十大报告中表现得十分鲜明。党的二十大报告明确提出增强全民法治观念，发挥领导干部示范带头作用，要求使尊法学法守法用法在全社会蔚然成风。

法治素养是治理者法治意识的外化和显现。法治素养的维度侧重治理者的行为和实践，强调治理者对法治精神的理解和运用法律解决治理问题的行为和能力。相较于法治意识，法治素养更易于通过治理行为和治理实践进行客观的观察和测量。以往在法律文化的构成问题上，多数学者都不否认法律意识（或法律观念）是其必备要素，而是否包含行为方式则缺乏进一步的论证。① 事实上，法治（法律）的意识与行为方式并非同一个维度。就概念归属而言，无论是心理、意识还是观念，都属于精神层面无疑，但行为模式显然难以与前者并列。主体的意识和行为模式之间呈现一定的因果关系。这一点前述人类学意义

① 张文显：《法律文化的释义》，《法学研究》1992 年第 5 期；刘作翔：《法律文化理论》，商务印书馆 1996 年版；高鸿钧：《法律文化的语义、语境及其中国问题》，《中国法学》2007 年第 4 期。其中，刘作翔将法律文化的内容划分为深层结构和表层结构，深层结构包含了法律心理、法律意识和法律思想体系。高鸿钧认为法律文化的核心是法律观念，即人们对法律的认知、价值、态度。张文显认为法律文化是有关法和法律生活的群体性认知、评价、心态和行为模式的总汇。

上的法律文化研究最为明显，人类学意义上的法律文化通过深描特定主体的行为、分析背后的精神世界，目的正是追寻法律文化形成的原因。对国家治理而言，法治素养是治理者法治意识的进一步实现，是从主观意识通向依法治理行为的必要能力。

（三）法治环境

法治环境是影响治理主体法治实践的外在条件和因素，不仅直接关涉治理主体法治意识和法治素养的形成，也影响一个国家和地区整体法治建设的实践效果。随着国家治理的实践需要，法治环境的重要性越来越受到重视。2019年中央全面依法治国委员会第二次会议提出“为推进改革发展稳定工作营造良好法治环境”，2020年《法治社会建设实施纲要（2020—2025年）》提出“营造办事依法、遇事找法、解决问题用法、化解矛盾靠法的良好法治环境”，2021年《关于加强社会主义法治文化建设的意见》强调“培养规则意识，培育良好法治环境”。可以看出，中国已逐步认识到法治环境在国家治理转型中的重要作用，只有营造良好的法治环境才能更好地发挥法治的轨道作用。

相较于实践需要，法治环境的学理认知则缺乏清晰的界定。或许“环境”一词太过常见，不少研究往往对“法治环境”不加清晰界定地使用。涉及法治环境概念的论证中，有的主张是法治主体之外直接或间接地作用和影响法治的各种因素之总和，①有的主张是全社会奉行法律主治、依法而治所形成的特定意义上的社会环境，②也有学者从法治评估的角度认为法治环境是“崇尚民主、信守法律的社会氛围”③。法治环境本质上是一种为法治设施、法治制度增益的软环境。所谓“软环境”是相对于“硬环境”而言的，硬环境强调物质设施和

① 城市法治环境评价体系与方法研究课题组：《试论法治及法治环境的内涵》，《公安大学学报》2002年第2期。

② 刘正球：《论区域发展的法治环境建设》，《探求》2015年第1期。

③ 张帆、吴大华：《论我国地方法治环境生成评估指标体系的设计——以贵州省为例》，《法制与社会发展》2013年第3期。

有形条件，而软环境则指向非物质条件和精神环境。软环境是传播学中关涉主体认同和信任的重要概念，一旦形成就能够成为潜移默化的无形影响力量。[①]作为法治文化系统的构成内容，法治环境指向的是影响法治的非物质条件，通过法治的制度、体制和机制发挥作用，并对治理者的思想观念、治理能力和治理态度产生影响。

法治环境影响治理者法治实践的过程和效果。当下中国的法治已经基本完成了静态的法律制度供给，注重动态实践效果的法治运行成为未来推进法治建设的重要内容。法治环境是直接影响治理行为能否法治化的重要一环。法治是动态的、实践的过程。纸上的法律只有通过治理者的行为才能转化为现实的依法治理。治理者具有强烈的法治意识、良好的法治素养是不充分的，运用法治进行国家治理才真正实现了法治的轨道作用。在治理方式的选择上，治理者不仅要遵循治理的结果导向，更受制于社会环境的影响。人与环境之间是双向互动的关系。“人创造环境，同样，环境也创造人。”[②]治理者的治理方式和治理行为不仅受法治环境的影响，也影响法治环境的生成。国家治理现代化是当代各国都追求的治理目标，但各国本身所处的国内环境却不尽相同。像中国这类法治传统不发达的国家，治理者能否坚持依法治理不单纯取决于其具备法治素养，有时候更需要外部环境的鼓励和支持。例如“中国式过马路”的法不责众心理，[③]反复缠访闹访的治理困境，都可能构成影响治理者选择治理策略的社会环境。因此，整个社会营造一个良好的法治环境对于国家治理现代化而言是必不可少的。

三、国家治理现代化下的法治文化塑造

法治文化不是自生自发地在社会中形成的，必须借助一定的机构、组织和

① 刘小燕：《国家对外传播的“软环境”分析》，《国际新闻界》2010 年第 3 期。

② 《马克思恩格斯选集》第 1 卷，人民出版社 2012 年版，第 172—173 页。

③ 王立峰、潘博：《“法不责众”的博弈心理与法治对策》，《国家检察官学院学报》2016 年第 3 期。

人员才能产生。而法治文化的“法治”属性又决定了通过专业化、职业化的法律实践活动，运用特定的思维方式、价值理念才能形成具体的法治文化。现代社会中，司法是法律系统的中心。法院的制度和机构、司法审判、司法解释以及法律职业人员的活动，是法治文化形成的具体载体和实现形式。司法的制度和实践历来受到法学研究的持续关注。现代司法具有一定的社会功能，但司法对于法治文化的塑造意义和功能却一直没有受到应有的重视。事实上，司法对于法治文化的形成和塑造具有独特的价值和意义。法治化是国家治理现代化的根本途径。在国家治理现代化之下，司法应当承担起塑造法治文化的最主要功能。

（一）法治文化的属性决定其依赖司法

文化是人类社会活动塑造的产物。人类学、社会学等学科对文化的研究使文化成为一门科学。人类学家泰勒将文化定义为“人作为社会成员而获得的所有能力和习惯”[①]，社会学家麦休尼斯认为“文化是人们共享的生活方式”[②]，帕森斯则具体提出行动理论的模型，详细分析了人、人的社会行为与文化系统之间的相互作用关系。这些对文化的研究不仅为法律文化提供了方法上的便利，也说明了关于文化形成的一个基本原理：人的社会行为以及互动产生的社会活动塑造了具体的文化样式。具体而言，人类的政治、经济和法律等社会活动既能够反映出一定的文化特质，也塑造了形态各异的文化类型。以文化的视角和方法分析法律，就可以对旧有的或现实的法律进行一定的描述和解释，即能够阐释一种具体的法律文化。[③]这也反映出法律文化的多元性和地方性。人们的立法、执法和司法活动不仅能够体现出一定的法律心理、法律理念、法律思想等文化特质，同时这些活动也塑造着具体的法律文化（包括法治文化）。可以说，任何具体的法律文化、法治文化都是通过一个国家和地区中人们的法律实

① ［英］爱德华·泰勒：《原始文化》，连树声译，上海文艺出版社 1992 年版，第 1 页。

② ［美］约翰·J. 麦休尼斯：《社会学》，风笑天译，中国人民大学出版社 2009 年版，第 66 页。

③ 梁治平：《法律的文化解释》，生活·读书·新知三联书店 1994 年版，第 2 页。

践活动塑造而成的。

法治文化的实践性决定其必须依赖司法活动。“法律文化产生于实践，同样，也作用于实践。”[①]庞德在《社会法学》中区别了“书本中的法律”和“实践中的法律”，对法治文化的形成具有启发意义。一个国家的法律文化不仅可以通过法律规范、法律制度以及法律著作等文本得以展现，更可以通过法律的实践活动得以观察。司法作为由“书本中的法律”到“实践中法律”的桥梁，是塑造法治文化最直接的法律实践。法律规范、法典等静态的文本主要是对法律文化所做的一种应然层面的描绘，而司法可以将法治的思想、理念等等理想层面的内容落实为具体的、现实的文化。正如法律文化学者埃尔曼所说，诉讼是法律文化社会化的一个重要方面，是对法律生活的参与。司法可以为法治文化的社会化[②]提供积极的经验。司法审判的实际运作过程能够反映出一个国家和地区中司法的构成、审判的程序、庭审参与者和裁判者的心理和行为方式等，这些相比于法治的思想和理念才是活生生的法治文化。

法治文化的现实性决定其必须依赖司法活动。法治文化是一种现代的法律文化。无论是法治高发达国家还是正在建设中的法治国家，法治文化都仅仅是人类步入现代社会过程中才发展起来的新兴文化。与传统社会相比，要将崇尚法治、尊重人权等基本的法治理念转化为社会普遍接受的价值观念，都必须经历一个文化变迁的过程。发现、创造新的文化要素，是导致文化体系发生变迁的主要途径之一。[③]司法是最有可能发现、创造这一类新法律文化要素的实践活动。从现代法治的发展经验来看，独立行使审判权的司法机构是实现法治必不可少的，是将限制公权和保障私权的法治理想落到生活实处的主要机构。在

① 刘作翔：《法律文化理论》，商务印书馆1999年版，第164页。

② 文化的社会化是文化社会学研究中的一个概念，包括初级教化和再社会化。法治文化的社会化实质是文化的再社会化，即人在初级教化的基础上为了适应新的社会文化重新建立规范，改变自己的思想、感情心理和行为的过程。文化社会化的概念参见司马云杰：《文化社会学》，山东人民出版社1987年版，第486页。

③ ［美］约翰·J.麦休尼斯：《社会学》，风笑天译，中国人民大学出版社2009年版，第77页。

法治文化的形成过程中，新的法律文化要素转变为社会普遍接受的法治文化尤其依赖司法活动。例如20世纪美国兴起的工人最低工资诉求、废止种族隔离诉求，对于当时社会来说都是新兴的法律文化要素。这些新法律文化要素，最初只是少数人的利益诉求和价值理想，最终通过人们的法律实践活动，尤其是司法活动才将最低工资保障法和废止种族隔离制度转化为现实，从而改变人类生活方式实现文化的变迁。

（二）司法的属性决定其可以塑造法治文化

司法具有塑造法治文化的实践优势。现代社会的特质之一是社会分工的高度专业化和职业化。与传统社会相比，法律愈来愈发展为由专家、法官、律师等高度职业化群体垄断话语权的文化。弗里德曼曾区分的内行的法律文化和大众的法律文化（或称外行的法律文化）就非常犀利地指出了这一问题。在法律职业群体内部，崇尚法治、尊重规则和程序的法治思维、运用法治解决问题的法治方式是法律人共享的文化。但是一般社会公众接受、信仰法治文化则必须通过一定的实践渠道。司法活动是将内行法律文化传递给社会公众、塑造社会形成法治文化的最有效途径。尤其在社会转型期，法律的变化通常要滞后于社会变化，当经济结构、社会习俗和正义观念发生变化时，立法往往尚未反映出来，而司法活动则可能第一时间塑造公众的价值观念。例如，2014年国内第一例冷冻胚胎权属纠纷，法院在国内立法尚无对冷冻胚胎法律属性统一立法的情况下，判决冷冻胚胎由失独老人共同监管和处置①。2016年我国第一例同性婚姻案，法院以《婚姻法》和《行政诉讼法》的相关规定驳回了两位男性要求民政部门给予办理婚姻登记的诉讼请求②。这类随着社会发展出现的新兴权利诉求，总是在司法实践环节中更早地反映出来。法院必须以裁判回应这类新兴法律文化要素，以判决的形式塑造社会价值观念，从而达到塑造法治文化的

① 参见无锡市中级人民法院（2014）锡民终字第01235号民事判决书。

② 参见长沙市中级人民法院（2016）湘01行终452号行政诉讼判决书。

效果。

司法的权威性决定其可以塑造法治文化。人们善于运用法治的理念和思维指导自身行为，具有法治的行为模式是形成法治文化的表现。人们的行为模式构成或反映了文化的内容。很多法律文化的论述中经常将人们好讼还是厌讼的行为模式作为比较不同法律文化的一个维度。司法实践活动尤其审判活动能够影响人们的行为模式从而起到塑造文化的效果，这是司法的权威性决定的。司法的权威来源于法律的权威。根据拉兹对权威的论证，法律是一种正当性的有效权威，具有规范性权力即影响人们行为及命运的能力。[①] 西方学者倾向于将司法的教育功能作为社会主义法系的一个重要特色，认为法律改变个人的意识、教育人们具有社会主义的思想和行为是与马克思列宁学说有关的命题。事实上，司法塑造人们的价值观念和文化并非社会主义法系所独有，这一点通过观察美国法向全球扩张的历史可以得到佐证。美国在 20 世纪末向拉美国家输出了大量司法制度，旨在实现对拉美国家的价值观念和信仰塑造。有学者称其为"法律十字军"[②]，实质上也是利用司法制度塑造法治文化的一种策略。一般而言，司法权威包含作为公权力的权威和司法结果让人信服的威望。作为一种国家公权力，司法活动对人们行为进行规范性判断并受到国家的保障和实施，这本身就带有强制和教育的意味，与文化的"教化"含义是契合的。而司法结果是否具有公信力，则指向司法对人们的精神、信仰等更深层次的文化塑造。

司法的公开性决定其可以塑造法治文化。在现代司法制度中，司法机关应当在司法活动过程中向社会和参与人公开相关信息已经成为各国司法制度的共识。在英美法系国家中，司法公开改革已经逐步通过法官进行公共教育等方式增进司法机关与公众的接触，以此提高司法传播法治文化的效果。[③] 在欧盟法院和德国的司法实践中，也建立了判例公开制度及判例数据库，旨

---

① ［英］约瑟夫・拉兹：《法律的权威——法律与道德论文集》，朱峰译，法律出版社 2005 年版，第 7 页。

② 高鸿钧：《美国法全球化：典型例证与法理反思》，《中国法学》2011 年第 1 期。

③ 参见王禄生：《英美法系国家"接触型"司法公开改革及其启示》，《法商研究》2015 年第 6 期。

在实现司法信息的民主共享。[①] 司法公开本身也是一种文化传播的过程。人们生活在文化的环境中，人与人之间的互动行为都可以归于传播文化或者接受传播。法庭的公开审判以及相关媒体报道，执行的规范、程序和过程公开，裁判文书的说理公开等都能够实现司法机关向不特定社会公众传播法治文化、塑造社会形成法治文化的效果。在日常生活中，公众并不一定要走进法庭，也可以通过社交、媒体、网络等途径获取司法信息并接受法治文化。例如，陕西省的一位农村老汉就通过网上公开的裁判文书学习法律知识，不仅获得了案件胜诉还习得了法治文化。[②] 可以说，在法治国家中，无论何种方式进行的司法公开都在事实上将法治的理念和价值判断传播至公众，塑造着社会的法治文化。

（三）通过司法塑造法律文化是古今通例

回顾历史，通过司法塑造法律文化的情形是十分常见的。西汉时期，董仲舒开创了以《春秋》等儒家经典作为司法裁判依据的司法形式，强调“原心定罪”即按照当事人的动机、愿望等主观意图来确定是否有罪以及量刑。春秋决狱不仅对两汉及以后的司法制度具有指导作用，也对中国的法律文化产生了重要的影响。在董仲舒之后，以经断事或引经决狱在当时成为两汉朝臣中盛行的风气。[③]《史记》和《汉书》中对此均有多处记载，例如《汉书·食货志》中就曾经记载了公孙弘粿合儒法，善于以春秋之义治理臣下。更重要的是，春秋决狱开启并塑造了中国法律文化以理入法，追求天理、人情和国法合一理想境界的风格。更有学者认为，春秋决狱有利于提高法官的逻辑思维水平。[④] 而法律思维本身就是构成法律文化的基本要素之一。再比如，由于中国古代国家权

① 参见［德］F. 门策尔：《司法判例公开与德国当代判例数据库》，田建设整理，《法律文化信息与研究》2009 年第 4 期。

② 参见沈荣：《司法公开：让人民群众实实在在看到公平正义》，《人民法院报》2018 年 3 月 13 日。

③ 参见黄源盛：《中国法史导论》，广西师范大学出版社 2014 年版，第 198 页。

④ 参见武树臣：《春秋决狱新论——一种法文化的视角》，《人大法律评论》2018 年第 1 辑。

力难以渗透到乡村，基本上是宗族在国家默许或明示的情况下控制着乡村的司法审判权。明中叶以后，逐步形成了宗族内部的斗殴、户婚和田土争讼应当先由宗族进行第一级审判的社会风俗，如果违反会受到乡邻的耻笑甚至宗族的惩罚。① 足见，通过司法实践塑造法律文化在历史上并不鲜见。

现代以来，通过司法塑造法治文化在各国实践中都更加普遍。在英国，一些著名的大法官通过司法塑造了现代普通法的文化品格。18 世纪初，英国的衡平法院已经逐步运用灵活的司法管辖权来实现高标准的公平正义，产生了诸如秘密信托、防止遗嘱中的圈套协议、改变佃户的法律地位等一系列规则，形成了一定的衡平法学说。哈德威克任职衡平大法官时期，反对对宪法和普通法进行改革，坚持在实体法原则中衡平法应当遵从普通法。据说当哈德威克审判时，民众会为了旁听涌入法庭，并将其宣读的判决当作至理名言，由此可以看出当时司法对英国法治文化的影响力之大。他为很多衡平法原则确立了最终形式，奠定了后来英国的法治文化的基本格局。在日本，法院在 20 世纪 50 年代后也变得更为能动，积极在社会发展方面塑造法治文化。可见，通过司法塑造法律文化已经是现代司法中比较常见的现象。

按照文化符号学的理解，文化是人类自己编织的意义之网，通过象征性形式表达有关的知识和态度。② 法律文化所表达的也就是人类群体对法律实践的态度和认知。司法是塑造人类的法律态度和认知的重要法律实践形式。世界上形成了不同类型的法律文化，这与一国的具体司法实践有直接关系。在比较不同司法制度的研究中，达玛什卡区分了纠纷解决型司法和政策实施型司法两种截然不同的法律程序。在纠纷解决型司法中司法仅仅意味着解决纠纷，而在政策实施型司法中法官对一件可疑案件主动展开调查则是非常自然的，这种不同的司法定位对人们的法律想象产生着重大影响。③ 法律文化实质上正是这类法

---

① 参见高其才：《多元司法》，法律出版社 2009 年版，第 38 页。

② ［美］克利福德·吉尔兹：《文化的解释》，韩莉译，译林出版社 1999 年版，第 5 页。

③ 参见［美］米尔依安·R. 达玛什卡：《司法和国家权力的多种面孔》，郑戈译，中国政法大学出版社 2015 年版，第 116 页。

律想象的现实化，不同的法律文化传递出人们对法律的理想和价值期待具有差异性。在政策实施型司法中，人们对司法寄予了纠纷解决之外的更多期待，例如促进社会福利、实现政治目标等等。因而，纠纷解决型司法的国家和政策实施型司法的国家其法律文化呈现出一定的差异。正如吉尔兹所说，法律文化是一种地方性知识。一个国家和地区的司法活动塑造了这种地方性知识。因为“司法在于对意志的主观训诫……或者在于对行为的和谐调整——或者在于阐明那些蕴含于先例、法例和宪法中的公共价值”①。不同历史时期、不同国家和地区中，司法的制度设计、司法理念、司法组织和司法程序具有明显的差异，这既是文化的结果也塑造着不同的法律文化。

第三节　法治文化对国家治理现代化的作用

一、国家治理现代化的观念基础

纵观世界上迈入现代化的国家，无不是法治国家。从世界范围来看，现代化首先发轫于17—19世纪的欧洲和北美地区，随后在19—20世纪扩展至南美、亚洲和非洲。这些地区在步入现代化之前的国家形态，有的是封建专制的国家，有的是殖民地国家，但是在现代化的过程中，都纷纷选择了法治作为治理国家的根本方式。英国在17世纪资产阶级革命后，通过了《权利请愿书》和《王位继承法》，形成了君主立宪的政体。在19世纪对英国的政党制度和议会制度进行了现代化的改进，成为以自由民主法治为核心的现代法治国家。18世纪美国通过宪法创造了强有力的中央政府，并维持各州自治和保障人权，在世界

① ［美］克利福德·吉尔兹：《地方性知识：事实与法律的比较透视》，邓正来译，载梁治平编：《法律的文化解释》，生活·读书·新知三联书店1994年版，第129页。

法治国家发展的历史上具有开创意义。在后来的《权利法案》中，以宪法修正案的方式限制国会立法权力、确立了正当程序，再一次推动了美国法治的发展。法国《1789年人权和公民权利宣言》深受卢梭等启蒙思想家的影响，宣布人是生而自由、权利上是平等的，所有政治联合的目的是保护人的权利。在大革命之后，逐步发展了法国的法治。德国自18世纪提出法治国概念以来，历经第二次世界大战的畸变和重生，在战后重新形成了实质意义的法治国家。明确了法治国家必须建立在正义的基础之上，必须具有民主的内涵，必须具有自由、平等、人权等价值。19—20世纪在亚洲率先进入现代化国家的日本、韩国和新加坡也无一例外地建立了现代的法治国家。一个国家的法治状况和发展水平反映了国家政治现代化的水平。

现代国家治理都奉行法治原则。现代化是从传统社会向现代社会转变的过程，作为世界性的历史过程，现代化主要表现为由工业革命直接导致的一系列人类社会变革。“就历史的观点而言，现代化是社会、经济、政治体制向现代类型变迁的过程。”①对于现代国家来说，国家权威的确立不再依靠传统的宗教或礼俗秩序，而是成为马克斯·韦伯所说的“在特定领土上垄断合法使用暴力权的人类共同体”。现代国家的关键要素是国家主权和合法性，而法律是确立国家主权和合法性的直接依据。国家主权需要通过法律宣誓、确认一定的疆域并且获得国际社会的公认；国家主权范围内的公权力行使需要法治原则进行管理和制约。因此，法治成为现代国家治理的最普遍方式。与前现代国家相比，现代国家在政治参与、政治竞争、政治控制力三个核心问题②上具有明显的差异。传统国家向现代国家嬗递，首要表现为逐步实现民主的过程。对于公共事

① ［以］S.N.艾森斯塔特：《现代化：抗拒与变迁》，张旅平译，中国人民大学出版社1988年版，第2页。

② 政治参与、政治竞争、政治控制是中国现代国家形成与发展的三个主线问题，以这个结构作为方法可以分析所有的国家治理结构。参见［美］孔飞力：《中国现代国家的北京起源》，陈兼、陈之宏译，生活·读书·新知三联书店2013年版；燕继荣：《国家治理及其改革》，北京大学出版社2015年版。

务应当按照平等和多数人意志进行恰当的管理，而不是由特定的少数人把持，是一个国家是否“现代”的基本要素。在维持国家权力的同时，如何实现政治参与的有序化、最大化是现代国家首先要解决的问题。同时，国家权力更迭和行使等政治竞争问题、维持国家繁荣和应对挑战的政治控制力问题，都需要有效的规则进行约束以防止时起时落。法治是经过人类反复比较选择的治理国家的最优方式。通过法律形成规则化、程序化的民主模式，以法治保障民主、制约权力、实现国家和社会有序管理是现代国家在解决这三个核心问题上的根本出路。

现代国家治理都受法治文化影响。国家采用何种方式治国理政都以一定的文化和价值作为基础。现代国家治理的概念是现代工业社会、信息社会兴起才产生的特定概念，深受现代化的影响。诺斯提出制度的变迁大多都是渐进的，是“社会中非正规制约嵌入的结果”①，文化是典型的非正规制约，在制度变迁中具有不可忽视的重要作用。在国家治理现代化的过程中，法治的制度提供的往往是刚性的正式制度，而法治文化则为这种变迁提供了柔性的、嵌入式的支撑。当代制度法论者麦考密克为制度的这一文化语境做出了更为详尽的说明：“制度化的法律秩序依赖与规则有关的习惯”②，这些习惯是人们在具体的语境之下所维持的实践态度。

相比制度约束，治理者的意识、态度和习惯往往更多受制于“非正规制约”——文化的约束。意识、习惯对人们遵守法律的意义在法社会学中早已为人熟知。埃利希曾提出最重要的规范只是通过联想起作用。③守法效果更多是通过文化的嵌入式支撑而不是制度的刚性约束。因此，治理者是倾向于依法治

① ［美］道格拉斯·C. 诺斯：《制度、制度变迁与经济绩效》，刘守英译，生活·读书·新知三联书店1994年版，第8页。

② ［英］尼尔·麦考密克：《法律制度：对法律理论的一种解说》，陈锐、王琳译，法律出版社2019年版，第95页。

③ ［美］博登海默：《法理学：法律哲学与法律方法》，邓正来译，中国政法大学出版社2004年版，第148页。

理还是依其他社会规范治理，往往已为社会文化所框定。当社会中普遍存在法治意识时，依法治理就可能成为国家治理的习惯和常态。法治素养进一步将这种社会意识外化为依法治理的行为和能力，养成依法治理的行为模式。法治环境则为治理实践提供外部的鼓励和支持。由此，国家治理现代化转型才具有渐进性的、嵌入式的支撑。

总体来说，现代化引发了人们价值理念和文化的变迁。法治文化是与现代社会最为契合的文化形态，是现代法治的精神表达。法治文化所蕴含的规则文化、民主文化、程序文化和人权文化已经成为衡量一个国家政治良善与否的普遍标准。现代治理的含义强调对公共事务的多元、互动、高效、公平处理，而不是统治者向被统治者的单向输出。治理意味着人类对社会的管理朝向更规则化、程序化、更民主的方式发展。法治文化影响国家治理的目的、治理的方式和治理的水平，是现代国家治理的文化基础。

二、国家治理现代化的文化支撑

国家治理的运行基础是合理的制度。国家治理是运用一定的手段和方式，对国家和社会的活动进行管理、调整并使其达到理想状态的过程。理想的国家治理是建立在合理的治理结构基础上的，完善的制度体系是治理结构的前提。制度是组织人类共同生活、为了规范和约束人们的相互关系而人为设定的一系列规则。国家治理的核心是制度建构，包括制度设计和制度执行这两个关键要素。国家治理体系是一套规范社会权力、维护社会秩序的制度和程序系统。国家治理能力是执行制度系统的能力。二者组成一个有机、协调的整体，才能最大程度地发挥制度的功能优势。国家治理现代化包括国家治理体系现代化和国家治理能力现代化两个层面。国家治理体系现代化就是要改革那些在政治制度、经济制度和社会制度等方面的不合理因素，提高制度系统的协调性和有效性，建设更加成熟更加定型的制度体系。国家治理能力现代化的重心是提高制度的执行能力，设计得再好的制度，如果不能在实践中得到有效的执行，也只能是空中楼阁。

现代国家治理的逻辑前提是法治文化。“文化包括社会心理和社会意识形式两个层次。”① 社会心理是社会普遍的动机、态度和价值取向，是一种自发的、没有经过系统化的文化。社会意识形式是自觉的文化，包含政治、法律、道德等意识形态。从结构上分析②，法治文化包含法治心理、法治意识、法治思维和法治方式、法治理论体系四个层次。法治心理是人们对法治、法治的意义、特征和要求的态度、情绪等感性的、自发的认识。对于国家治理来说，法治心理反映出人们对国家治理的情感、态度和愿望，是一个社会中普遍的对政治制度的经验感受。这种自发的社会心理对国家治理的实践活动具有直接影响：人们对政治统治和政治制度的认同决定了国家权威的合法性；人们对政治决策和政治行为的评价影响国家治理的效能。由于法治心理是一种对于法治的感性的、自发的认识，有可能是建立在对法治不理性的认识基础上的，是缺乏理性的法治文化。对于国家治理来说，更需要理性的法治文化基础。法治意识、法治思维和法治方式、法治理论属于对法治、法治的意义、特征和要求的理性化的、自觉的认识。法治意识是人们对于法治的理性化认识。法治思维是执政党、国家公职人员、领导干部运用法律规则、原则和精神探寻解决现实问题的思维方式。法治方式是运用法治思维处理和解决问题的行为方式。法治理论是系统化、理论化的法治思想体系。法治意识、法治思维和法治方式、法治理论属于社会意识形式，既反映关于国家治理的社会心理，又能起到论证、维护制度合法性和改进、完善国家治理的指导作用。

现代国家治理的保障依靠法治文化。国家治理的基础是结构完善的制度体系。完整的制度体系包括根本制度、基本制度和重要制度。国家治理对制度的

---

① 马克思主义哲学编写组：《马克思主义哲学》，高等教育出版社 2009 年版，第 235 页。

② 对法治文化或法律文化进行结构分析的论述包括：刘作翔将法律文化的深层结构分为法律心理、法律意识和法律思想体系。张文显将法律文化的结构分为认知结构、评价结构、心态结构和行为模式结构。参见刘作翔：《试论法律文化的结构层次》，《西北政法学院学报》1988 年第 1 期。张文显：《法律文化的结构与功能分析》，《法律科学》1992 年第 5 期。

依赖性决定了，确立、保障和完善制度是实现国家治理现代化的基础条件。法治是国家治理现代化的根本途径，通过宪法和法律确立、保障和完善制度是现代国家治理的根本方式。根本制度是一个国家的立国之本，基本制度确立国家政治、经济生活的基本框架。对于根本制度和基本制度，必须通过宪法对制度加以明确和巩固，才能保证制度的长久性和稳定性。对于重要制度，应当通过法律加以明确，并适时地将长期实践检验具有重要作用的重要制度上升至宪法规定的高度。国家治理的过程也是对制度不断改革、完善的过程。根本制度、基本制度和重要制度的运行和修改应当严格按照宪法和法律规范、法定程序进行。良好的国家治理，制度是决定性的，但治理者的素质也至关重要。国家治理以制度为基础，也与治理者主体性的活动有关。制度的设计和制度的执行要符合法律规则、民主文化、程序文化、人权文化才能获得人们对制度的接受和认可，制度的规范作用才能得以发挥。另一方面，无论是治理者还是被治理者，只有具备了较高水平的法治文化时，才真正具备参与现代国家治理的能力和素质，国家治理的现代化水平才能提高。

三、国家治理现代化的时代表征

“治理”一词，在中西方历史上早已有之。传统的“治理”概念与现代国家治理的“治理”有着明显的不同。传统治理包括奴隶制国家的治理和封建制国家的治理，治理的含义与统治的含义基本一致。在传统的国家中，治理的文化基础可以是人治文化、德治文化或神治文化，这几种文化都能够起到证明统治合理性的作用。在现代国家中，只有法治文化能够起到论证国家合法性的作用。是否奉行法治文化成为国家治理的现代表征。现代治理包括资本主义国家的治理和社会主义国家的治理。从统治向治理的转变，与之相伴的文化也逐渐发生着价值观念的变化。

16—18 世纪，欧洲建立起一批现代民族国家，这些国家大多由专制君主统治。旨在调和国家统治和个人权利的冲突、以自然法为主要内容的法治文化是这一时期的主要趋势。1689 年光荣革命之后，英国建立了君主立宪政体的资本主义国家。建立一个现代国家应当回答国家服从何种权威的统治，英国在实践基础上提供了非常明确的法治文化范例。17 世纪英国首席法官柯克在与詹姆斯一世的争论中以“王居万民之上，惟居神与法之下”的名言形成了英国在治理国家中的法治文化传统。洛克则在《政府论》中明确地提出了法治的主张：立法机关作为国家的最高权力机关，“应该以正式公布的既定的法律来进行统治”①。法治即“无论国家采取什么形式，统治者应该以正式的和被接受的法律，而不是以临时的命令和未决定的决议来进行统治”②。孟德斯鸠围绕公民的政治自由与法律的关系，阐述了分权制衡理论，并最终在美国的法治实践中得以体现。卢梭则明确以是否实行法治作为共和政体的唯一标志。

19 世纪后期至 20 世纪初，资本主义国家逐渐形成了以实证法学派为主的法治文化，对法治的概念、原则和要素进行了系统的论述，为资本主义国家治理的再发展提供了资源。这一时期的法治文化所倡导的法治主要是形式法治，强调法治是国家治理的方法、国家的权力应当严格受到法律规则的约束。英国的戴雪提出“法律主治”的三项原则，强调法律至上、法律面前人人平等，对后来的法治理论产生了重要的影响。戴雪的法治观念建立在英国的政治制度实践基础之上，是对英国政治现实的总结，并且使法治成为解释英国普通法传统的文化基础。拉兹是形式法治的典型代表。拉兹提出了八项具体的法治原则：所有法律应当可预期；相对稳定；特别法的制定应当受一般规则的指导；司法独立；自然正义；法院审查权；法庭易于接近；不得滥用法律。他主张在政治法律中，法治即“政府应该依法律统治并服从法律”，认为法治具有限制或防止专断独裁，有助于稳定社会关系的作用。③这一时期新自然法学的富勒、芬尼斯也提出了各自的法治主张，但是其关于法治原则的论述中却并未体现自然

① ［英］洛克：《政府论》（下篇），叶启芳、瞿菊农译，商务印书馆 1981 年版，第 88 页。

② ［英］洛克：《政府论》（下篇），叶启芳、瞿菊农译，商务印书馆 1981 年版，第 86 页。

③ 参见［英］约瑟夫·拉兹：《法律的权威——法律与道德论文集》，朱峰译，法律出版社 2005 年版，第 187—190 页。

法，展示出形式法治的意蕴。

20世纪初，社会主义国家的建立为国家治理带来了新的发展。1917年，列宁领导革命建立了苏维埃政权，奠定了社会主义国家治理的制度基础。列宁继承了马克思主义的国家观，阐述和发展了马克思主义的国家和法律思想，包括在民主和法律的关系上“承认公民一律平等，承认大家都有决定国家制度和管理国家的平等权利”①。在党和法律的关系上，“在党的代表大会上是不能制定法律的”②。1988年，苏联第十九次全国代表会议正式提出建设“社会主义的法治国家”的目标。20世纪90年代初期，老挝、越南都相继在宪法中确立了社会主义法治原则。

20世纪90年代以来，西方政治学家、经济学家开始在现代意义上使用“治理”的概念。治理的概念被广泛应用于各个领域，国家治理、社会治理以及全球治理等概念的形成说明了在现代化过程中治理已经成为大势所趋。现代的治理要求国家、公共机构和公民共同参与、处置社会公共事务，倡导民主、法治、多元参与与合作。但是对于发达国家和发展中国家来说，国家治理的背景和追求目标不同。发达国家治理的背景是已经实现了现代化，目的是在此基础上解决配置资源时的自由市场和国家调控的失效。发展中国家治理现代化的任务则“一是建立一个独立的、强大的民族国家体系；二是铲除传统统治形式，建立起一个满足现代合法性要求的、有效的治理体系”③。中国的国家治理现代化同时承载着治理转型和法治发展的双重目标。治理效能的释放与法治的发展水平直接相关。当法治为治理提供恰当的观念基础时，可以更好地实现对治理的轨道作用。

无论是资本主义国家治理，还是社会主义国家治理，都要立足发展的现实推进现代化。国家治理现代化本身并不存在固定的标准，而法治文化却可以为国家治理现代化提供一个评价、衡量的尺度：一种“现代化”的治理，至少应

① 《列宁全集》第31卷，人民出版社2017年版，第96页。

② 《列宁全集》第32卷，人民出版社1958年版，第216页。

③ 江必新、鞠成伟：《国家治理现代化比较研究》，中国法制出版社2016年版，第3页。

当是符合法治的治理。国家治理现代化是全方位的现代化，是治理者、文化和国家的系统性互动过程。结构功能主义代表帕森斯曾提出行动理论的模型，详细分析了人的社会行为与文化之间的相互作用关系。文化系统只有保持自己特有的形构力量才能维持文化系统的存续。① 按照这一模型的理解，文化始终承担着形构治理者、国家和社会的功能。因此，当法治文化塑造治理者的观念和行动，就能够影响国家治理的制度建构和制度运行，一种现代化的国家治理才可能有效地运转。

由于人是现代化的核心，治理主体的法治文化水平也就直接影响治理的现代化水平。具体而言，法治文化为治理者的治理实践提供了行动意义和治理技术。治理者的法治意识指引治理主体的治理行为并为行为提供文化的解释意义，法治素养为治理实践提供解决具体问题的治理技术，法治环境则不仅塑造治理者的观念，也有益于社会形成多元共治的和谐氛围。

① [美] 兰德尔·柯林斯、迈克尔·马科夫斯基:《发现社会：西方社会学思想述评》，商务印书馆 2014 年版，第 335 页。

第七章　法治文化建设的中国模式

第一节　提炼法治文化建设的中国模式

一、法治文化中的建构与经验

法律的效力和意义并非外在于人们实践的工具，而是在实践过程中不断建构起来的。[①]实践中，人们不仅建构着法治的制度、体制，也建构着法治文化。建构（construction）意味着建设、建造及其构造物。从本质上来说，法治文化的建构总是呈现出借助强力割断传统并重构传统的理性人为作用，这使得法治文化的建构特质在大陆法系国家和后发型法治国家中较为突出。

企图根据个人理性对文化采取全盘设计和强行推行的理性建构主义（rationalistic constructivism）常常受到普通法系国家的诟病。他们认为文化只能是人们行动的结果而非有限理性设计出来的。[②]大陆法系国家和法治后发国家则在法治文化形成过程中呈现出较多的建构意图和建构实践。在建构论（construc-

① 参见朱景文主编：《法社会学》，中国人民大学出版社 2013 年版，第 53 页。

② ［英］哈耶克：《法律、立法与自由》（第二卷），邓正来等译，中国大百科全书出版社 2000 年版，第 500 页。

tionism）看来，[①] 一切社会存在物都是人类建构的产物。

建构的基本含义是展示、分析现实社会的互动，这些互动导致了社会中的实体和事实的生成。[②] 按照这一逻辑，特定国家、地区中的社会互动促成了具体法治文化的生成。即使以经验主义为导向的普通法国家，在法治发展的某一阶段中也存在着建构的迹象[③]，只是这种社会互动缺乏对个人理性设计的崇拜。而对法治的任何人为建构又并非只是凭空想象的产物，它总是立足于一定程度的经验基础之上的。法律秩序的实际过程，经验和理性一样有份。[④] 即使英国这样的内生型法治国家，其历史的某一阶段中也总有一些人为设计和建构的成分。因此，法治文化的建构就成为法治实践和理论中必须予以重视的问题。

二、提炼中国模式的可能性

法治文化是最契合现代社会的法律文化。在实践需求的背景下，法治文化建构成为法社会学和比较法学等领域关注的问题。世界各国的现代化进程中，法治文化建构方式存在一定差异。各国现实的政治、经济和传统造成的社会压力不同，促使法治文化建构呈现方式和效果的迥异。这些压力一类来自社会内部。美国 20 世纪五六十年代的激进社会运动、民主主义和社会主义复苏促使伯尔曼发出法律信仰缺失的深刻忧虑。[⑤] 几乎同一时期，弗里德曼关于法律文化的洞见开始在美国学术界发挥影响。他对法律职业者与普通大众在法律文

---

① 建构主义在英语等语言中常见的对应术语包括 constructivism 和 constructionism，constructivism 强调绝对抽象主义，借助长方形、直线等数理元素表现形式结构；constructionism 强调社会因素，认为知识是社会过程产生和支撑的，二者之间有差异又难以完全区分。参见林聚任等：《西方社会建构论思潮研究》，社会科学出版社 2016 年版，第 24—25 页。

② See Ian Hacking. *The Social Construction of What?* Cambridge, MA.: Harvard University Press. 1999, p.48.

③ 美国的宪法制定及宪法文化实属典型的建构产物。

④ 参见［美］罗科斯·庞德：《通过法律的社会控制》，商务印书馆 2010 年版，第 68 页。

⑤ 参见［美］伯尔曼：《法律与宗教》，梁治平译，商务印书馆 2012 年版，第 6 页。

化上的区分更透视了美国现代社会中的社会分化和社会冲突。① 另一类压力来自社会外部。在法律全球化浪潮中，欧洲、亚洲和拉美地区都受到他国法律概念、法律制度带来的法律文化挑战。面对外在于法律体系的压力，如何看待本国法治文化及其特色，如何在法律移植中化解文化冲突，都成为这些国家在法治文化建构中需要回应的问题。②

法治后发国家在法治文化建构上更具有经验。在法治的发展进程中，后发型法治国家可以通过移植、模仿、借鉴较快地建立法治制度和法治体制，但是传统、思维方式和价值观念等文化的深层结构则具有顽强的稳定性和延续力，成为阻滞法治整体发展的制约因素。在法治发展到一定阶段若要继续推动法治的整体发展，就必然突显出人为建构法治文化的必要性。由于缺乏法治的内生性因素，后发国家不得不通过人为设计更新法律制度以及相适应的文化。不同国家地区的方式、效果却不尽相同。其中，既包括日本近代脱亚入欧后建构日本法意识和法治文化的成功典范，也包括拉美地区移植美国法遭遇失败的惨痛教训。

法治文化建构缘何成功？又缘何失败？失败的原因错综复杂，成功的模式也各有千秋。新中国成立以来特别是改革开放以来，中国重视法治文化的建构问题。中国的法治实践成绩举世瞩目，这与中国法治文化建构的作用密不可分。中国自清末以降开始接触域外法治文化，在变法的过程中已经显现出人为建构法治文化的迹象和尝试。

中国模式是对中国本土经验的一种知识积累和文化自觉。仅仅从党的十一届三中全会恢复法制建设算起，中国的法治文化建构也积累了 40 余年的经验，已经逐渐形成了一系列法治文化建构的中国经验、中国特色和中国模式。模式

① 参见［美］弗里德曼：《选择的共和国：法律、权威与文化》，高鸿钧等译，清华大学出版社 2005 年版，第 13 页。

② 参见［英］约翰·贝尔：《法国法律文化》，康家昕等译，清华大学出版社 2012 年版；高鸿钧：《伊斯兰法：传统与现代化》，清华大学出版社 2004 年版；华夏、赵立新、［日］真田芳宪：《日本的法律继受与法律文化变迁》，中国政法大学出版社 2005 年版。

的论证能够揭示前人经验中隐藏的规律。近年来，对中国模式的论证已逐渐为中外研究重视。[①]就法治文化建构而言，使用中国模式的概念进行阐释意味着，中国的法治文化与其他法治文化在比较意义上显示出独特的一面，例如法国的法治文化、日本的法治文化、新加坡的法治文化等等。同时，对这些本土经验的思考和总结对中国未来的法治文化建设具有指导意义，还可能对其他国家产生一定的借鉴作用，尤其是后发型法治国家的法治化中总会遇到法治文化建构的问题。

笔者认为，运用模式的分析方法，对改革开放后中国法治文化建构过程进行勾勒提炼，展示这一现实社会的互动关系及其中的逻辑理路，呈现法治文化建构的中国实践智慧，对法治文化建设的理论和实践是十分有益的。具体而言，中国的法治文化建构具有政治先导、公众参与、德法共治、实践理性和成效显著等一系列模式化特征。

第二节 政治先导

政治是影响、形成不同法治文化模式的首要因素。观察世界各国法治实践可以发现，法治文化的萌生、进步和发展都与政治力量、政治活动紧密相关。粗略来看，政治因素是造成两大法系形成不同法治文化的原因之一。英国早在盎格鲁—撒克逊时代就已经产生了通过法律约束限制国王权力的思想，

① 多个学科形成了关于中国模式的相关研究，例如郑永年：《中国模式：经验与挑战》，中信出版社 2015 年版；赵剑英、吴波主编：《论中国模式》，中国社会科学出版社 2010 年版。法学相关研究，例如陈瑞华：《非法证据排除规则的中国模式》，《中国法学》2010 年第 6 期；冀祥德：《论育中国模式的初步形成》，《法学论坛》2011 年第 5 期；刘计划：《逮捕审查制度的中国模式及其改革》，《法学研究》2012 年第 2 期；李建伟：《〈民法总则〉民商合一中国模式之检讨》，《中国法学》2019 年第 3 期等。

在 1066 年威廉公爵入主英国之后，宣誓遵守过去已有的英国本土法律，这就使“王在法下”这一法治文化传统较为顺利地得以保持。而欧洲大陆从中世纪至资产阶级革命之间，王权与法律之间的高低关系几经变化，法治文化的形成过程就比英国曲折得多，内容也更富于理性化。法治与政治的密切关系决定了“那种认为法院和司法判决根据的是价值自由对情况采取政治上中立的评价的陈旧假定，目前已成了问题”①，任何一种法治模式都不能回避背后的政治逻辑。政治因素的影响和作用在中国的法治文化建构中格外鲜明。

政治权力和政治力量是法治文化建构的先导性动力。改革开放后，政治权力几乎主导了中国最初的法治文化建构过程。这一政治权力的主体主要包括政党、政府和人大。其中，政党作为现代政治运作的基石更成为法治文化建构的核心纽带。同时，由于任何政治活动又总是通过人的具体行动进行，领袖、党政干部等政治人物的政治活动在某些历史时期也可能产生一定影响。政治权力对法治文化的计划引导，不仅包含在执政理念、治国方略上从“法制建设”“依法治国”到“全面推进依法治国”的逐步深入，也包括在全民普法规划、法治政府实施纲要和全民教育等方面有计划、有步骤地推进法治文化建构。

一、政党的显著作用

政党是中国法治文化建构中最显著的政治力量。现代政治是政党政治，政党承担着国家和社会之间纽带的功能，通过法律程序将社会的愿望、利益和要求传导至政权机构。从政党与法治的关系来看，现代法治的建设总是与一个国家中执政党的执政和推动有密切关联。在中国政党制度的模式下造就了中国共产党的领导与法治相互促进，快速推进的局面，显示出政党对法治文化引导、推动和影响的巨大力量，这主要体现在：

① ［澳］维拉曼特：《法律导引》，张智仁、周伟文译，上海人民出版社 2003 年版，第 131 页。

（一）党的主张

党的主张是主导中国法治文化建构的最重要因素。党的主张是中国共产党在革命、建设、改革时期为实现一定的奋斗目标提出的理论、路线、方针和政策，体现了党的领导权威。[①] 中国的国家法律“被嵌套在更深层的规范当中，并受到党的政策的制约”[②]。实践中，党的全国代表大会的政治报告、中央全会的决定、决议和意见建议等传达了党在特定时期对社会发展规律和人民意志的把握和认识，这些党的主张基本都对当时的中国社会生活产生了重大影响，并且大多会转化为国家法律进一步巩固其成果。十一届三中全会前夕，邓小平在中央工作会议上发表了《解放思想，实事求是，团结一致向前看》的重要讲话，其中明确提出“为了保障人民民主，必须加强法制”，“应该集中力量制定刑法、民法、诉讼法和其他各种必要的法律”。1979 年，人大在两个月的时间里制定了包括刑法在内的七部法律，此后立法和司法逐步走上正轨。但是，当时的大部分领导干部和民众并不了解如何运用法律。[③]1985 年，中宣部和司法部报中共中央、国务院《关于向全体公民基本普及法律常识的五年规划》，后由国务院向人大常委会提出议案并通过了《关于在公民中基本普及法律常识的决议》，自此中国开始了五年为一个周期的普法工程。

党的十一届三中全会提出“加强社会主义法制”的号召和“有法可依、有法必依、执法必严、违法必究”的十六字方针，以此为起点中国开始恢复、重建法治。1979 年 9 月 9 日，中共中央下发《关于坚决保证刑法、刑事诉讼法切实实施的指示》[④]，第一次正式提出了“社会主义法治”的概念，直接推进了审判机关和检察机关独立行使职权的法治理念生成。此后中国学术界迅速开展

---

① 参见王伟国：《国家治理体系视角下党内法规研究的基础概念辨析》，《中国法学》2018 年第 2 期。

② ［加］帕特里克·格伦：《世界法律传统》（第三版），李立红、黄英亮、姚玲译，北京大学出版社 2009 年版，第 381 页。

③ 这段建构历史过程可参见邹瑜：《法制讲座走进中南海》，《百年潮》2009 年第 4 期。

④ 参见李步云、黎青：《从“法制”到“法治” 二十年改一字——建国以来法学界重大事件研究》，《法学》1999 年第 7 期；李雅云：《中国法治建设里程碑式的党的文件——纪念中共中央发布〈关于坚决保证刑法、刑事诉讼法切实实施的指示〉25 周年》，《法学》2004 年第 9 期。

了多次关于法治与人治的研讨会，使要“以法治国”的法治观念在政治层面逐步确立起来。1997年，党的十五大报告提出“依法治国，建设社会主义法治国家”，“深入开展普法教育，增强全民的法律意识，着重提高领导干部的法制观念和依法办事能力”；2002年，党的十六大报告从政治文明的高度再一次明确依法治国的基本方略，增强党委和领导干部的法制观念；2007年，党的十七大报告提出“坚持依法治国基本方略，树立社会主义法治理念”，“深入开展法制宣传教育，弘扬法治精神，形成自觉学法守法用法的社会氛围”。2012年，党的十八大报告提出“提高领导干部运用法治思维和法治方式”的能力。2017年，党的十九大报告提出“深化依法治国实践”。2022年，党的二十大报告提出“坚持全面依法治国，推进法治中国建设”。

这些党的主张在不同历史阶段均对中国的法治文化建构以及法治制度、体制建设起到了引导和推动的作用。2014年十八届四中全会提出“弘扬社会主义法治精神，建设社会主义法治文化”，使法治文化的概念正式得到明确；2017年十九大报告提出“建设社会主义法治文化，树立宪法法律至上、法律面前人人平等的法治理念”，突出了新时代建构法治文化的目标任务，法治文化的发展踏上了新的征程。

（二）党的领导

党的领导是推动法治文化建构的最重要动力。近代以来世界上不同国家和地区的政治、经济发展表明，现代民族国家的崛起需要借助一个强大有力的政治力量，一个强政府的后发国家往往更容易取得秩序的长期稳定和经济的增长。例如亚洲“四小龙”曾经在20世纪60年代后实现了短时间内的经济腾飞，但是韩国和中国台湾地区在经济起飞后转而采用美国民主模式，结果却不容乐观，腐败程度也急速攀升。[①] 法治后发国家由于缺少法治文化形成的先天

① 参见张维为：《中国震撼——一个“文明型国家”的崛起》，上海人民出版社2011年版，第95页。

环境，即使经济、政治在短时间内迅速现代化也不可避免传统中非法治的文化因素继续发挥作用，因此借助强有力的政治权力向社会强力推进法治文化是破除传统阻滞因素的有效方式。而政治权力的天然特性决定了它常常有一种突破法治限制、甚至破坏法治的冲动，一旦发生这种情况，则会使国家秩序、民主和经济遭受打击。这就造成了在现代国家中政治权力和法治之间总是存在一定的紧张关系，一方面，法治的核心要义是规范、约束和限制政治权力的行使；另一方面，法治的建构，包括法治文化的建构又总是需要一定的政治权力进行推进。如何使强大有力的政治权力按照合法的轨道运行是现代法治必须予以回答的问题，对这一问题的不同解答塑造了现代法治文化的不同模式。

在当代中国，中国共产党的领导权是国家社会中最强有力的政治权力。中国共产党领导权的确立具有自身的历史和国情因素，在 1982 年宪法序言中这一历史和国情得到了明确的记载："中国新民主主义革命的胜利和社会主义事业的成就，是中国共产党领导中国各族人民，在马克思列宁主义、毛泽东思想的指引下，坚持真理，修正错误，战胜许多艰难险阻而取得的。"历史中的种种国情因素决定了中国需要一个强大的政治权威促成国家的建立和秩序的塑造，新中国的建立过程也是先有党的领导再由党提议建立了人大，这与国外政党制度中先有议会后组建政党的顺序形成了鲜明的对比。这一渐进形成的法治文化传统被学者们冠以"政法传统"等学术话语用以描述其鲜明的中国品格。政治权力与法治的关系决定了，只有党的领导权与法治的关系处理得当才能确保法治在中国社会中的地位和法律权威。新中国成立以来，党在治国理政的法治实践中逐步找到了将党的领导权与法治统一起来的有效方法，在十八届四中全会中具体表述为"三统一"和"四善于"，即把依法治国基本方略同依法执政基本方式统一起来，把党总揽全局、协调各方同人大、政府、政协、审判机关、检察机关依法依章程履行职能、开展工作统一起来，把党领导人民制定和实施宪法法律同党坚持在宪法法律范围内活动统一起来；善于使党的主张通过法定程序成为国家意志，善于使党组织推荐的人选通过法定程序成为国家政权机关的领导人员，善于通过国家政权机关实施党对国家和社会的领导，善于运用民主集中制原则维护中央权威、维护全党全国团结统一。①

（三）党员干部的法治思维和法治方式

党员干部的法治思维和法治方式是法治文化建构的最重要表率。法治思维是法治文化熔铸于人的精神的重要表现，法治思维的主体以法治的精神作为信念，按照法治的具体内容来安排自己行动的思维方式，善于运用规则思维、程序思维和理性思维。法治方式是法治文化在人的行为方式上的重要体现，善于运用法治方式的主体在遇到具体问题时倾向于以法治思维处理问题和解决问题。

党员干部的法治思维和法治方式对法治后发国家格外重要。这是因为，法治后发国家的法治文化并非是在法治的演进过程中日益积累而成的传统文化，需要一个由非法治文化向法治文化变迁的过程。而不同文化群体之间的直接接触、言谈举止的效仿和影响可以进行文化传播从而起到促进文化变迁的作用。“效仿是一种强大的力量和行为的吸引力——一种社会聚合的模式。”②领袖、名人、先进人物具备法治思维和法治方式可以起到示范作用引起社会的效仿，成为推动法治文化传播的因素。中国的法治实践经历了从建设法治国家到细化至法治政府再到法治国家、法治政府和法治社会一体建设过程，意味着中国的文化变迁是由人治文化向法治文化的变迁，方式是自上而下的传播方向。国家机关的领导人员、政府职能部门的行政人员绝大部分都是党员身份，他们在具体的工作中运用法治思维和法治方式率先在党政机关中形成了一定的法治文化，通过党员的宣传工作、模范带头作用又可以将这一范围内的法治文化传播至整个社会。

---

① 参见《中共中央关于全面推进依法治国若干重大问题的决定》，《人民日报》2014年10月24日。

② ［美］弗里德曼：《选择的共和国》，高鸿钧等译，清华大学出版社2005年版，第131页。

二、人大和政府的作用

人大和政府在法治文化建构中发挥了先导作用。20 世纪以来，法律与社会变迁的关系成为现代社会中值得关注的法律命题。现代社会开始注重以国家法律作为社会变迁的工具来大规模促进经济发展、社会关系变革和塑造人们的态度和信念。① 在西方国家这种变迁多以立法和司法的方式进行，促进更加公平正义的法律文化导向，实现法律对人们的教育意义。反歧视法的形成就是一种典型的例子。英国主要通过立法方式进行反歧视规制，在 1965 年制定了第一部种族关系法，规定阻止体现种族偏见的行为来减少偏见和成见，旨在通过立法影响民众的观念意识。而美国则是通过司法实现这一目的，美国联邦最高法院在 1954 年布朗诉托皮卡教育局案中判决美国公立学校的种族隔离政策违宪，以实现法律的教育目的。法律的教育功能显示出，由于现代社会中的国家法律在形式意义上已经与社会其他规范逐渐分离，立法机关和政府作为国家法律的直接操作者可以运用法律实现调整社会、塑造文化的目的。立法机关和政府的这一作用在中国法治文化的建构中更加突出，主要表现为人大和政府在普法等活动中的先导作用。

从 1985 年至今的 30 多年间，中国一直进行自上而下式的普法活动。从最初定位于法律常识的启蒙和普及，到与市场经济、民主法制建设相配合，再到提高全民的法治意识和法治认同，人大和政府在每一轮普法规划中都设置了明确的定位和目标，显示出强烈的建构意欲。② 这样长时间、不间断、有计划地在亿万人民中开展自上而下式的普法运动方式，是国外法治实践中做不到事情 ③，

① ［英］罗杰·科特维尔：《法律社会学导论》，彭小龙译，中国政法大学出版社 2015 年版，第 44 页。

② 关于普法对法治文化的效果，学术界存在肯定、否定和中立的不同意见。例如卓泽渊：《中国“普法”二十年：回顾与前瞻》，《探索》2006 年第 1 期；张明新：《对当代中国普法活动的认识与评价》，《江海学刊》2010 年第 4 期。

③ 德国司法部长和美国司法部长来华访问时曾说中国的普法在西方是做不到的。参见邹瑜、夏莉娜：《“五年普法”的由来》，《中国人大》2016 年第 9 期。

可以说是中国在世界法制史上的独有创举。

三、政治权力建构法治文化的作用机理

从中国的法治文化建构过程可以发现，党对社会发展的敏锐捕捉不仅影响立法，也影响立法后的相关法治文化宣传，使党政权力成为法治文化建构的先导。党、政府和人大逐步形成了建构法治文化的有效联动，其运转方式一般是中国共产党针对一定奋斗目标提出路线、方针和建议，而后政府编制规划和实施方案，报人大审议通过再投入实施。在建构计划中往往设计明确的目标、定位和实施周期，到期总结计划的执行情况并开展下一轮计划。这种联动方式既从权力结构上保证了党政职能的分开，又保证了法治文化建构的延续性和渐进性。众所周知，党、政、法格局乃是本土创造的中国制度模式。透过这一制度，我们更应看到制度的形成总是伴随相关文化的建构，正如钱穆所说，“某一项制度之逐渐创始而臻于成熟……必有种种用意，来创设此制度”①。党、政、法制度本身是一种中国式的法治文化，而党政的权力优势也使其建构法治文化的用意成为可能。

政治权力总是具有超越于法治之上行使的冲动，法治也正是为了驯服政治权力而设。由政治权力行使者积极建构法治文化似乎充满了悖论。也正因如此，一些国外研究者对中国的法治文化建构抱有悲观的评价。②政治权力何以能够建构法治文化？政治权力何以成为中国法治文化建构的先导？中国的政治权力如何率先建构法治文化？如果不能理解这一所谓悖论，就难以洞察中国

---

① 钱穆：《历代政治得失》，生活・读书・新知三联书店 2001 年版，第 5 页。

② 这种批判性的观点主要根据的是中国建构的法治不符合西方法治理念，以及认为中国共产党提出法治建构的目的是为统治提供意识形态基础。参见 Zachary Keck, “4th Plenum: Rule of Law with Chinese Characteristics”, *International Business Times* , 2014-10-20; Brian Holland, “Migrant Children. Compulsory Education and Rule of Law in China”, *Buffalo Human Rights Law Review*, Vol. 14. 2008, p.209.

的法治文化建构。在此背景下，我们观察中国这样一个后发国家的法治文化建构，需要明确以下几点：

（一）政治权力何以建构法治文化

法治文化以约束政治权力为圭臬，却往往需要依靠政治权力来引导。文化是人后天习得的结果，法治文化更是如此。每个人的意识、思想和价值观念都是社会教化的结果：家庭、学校、社区、工作环境等社会机制将文化模式注入人的头脑，塑造了人的社会角色。这种教化和塑造的背后，无疑隐藏着权力的引导、约束和控制。

在各国的法治实践中，政治因素影响法治文化建构并不鲜见。从比较法的法系划分标准上可以窥见这种影响。比较法中的社会主义法系划分方式基本都根据政治因素而来。对于划分不同法系的标准，法国比较法学家勒内·达维德毫不讳言政治因素的作用。他认为在众多法系的分类标准中只有意识形态标准和法律技术标准二者能够经得起任何关于分类标准的批判，其中最关键的因素就是意识形态标准所反映的哲学基础和正义观。在经典比较法著作《比较法总论》中，茨威格特和克茨也将“政治和经济学说或宗教信仰方面的思想意识”作为区分法系的一个主要因素。①

事实上，法系反映的是静态的、法治文化建构的结果。不同法系反映出的是法律文化的差异。如果我们倒推其形成的历史过程，不难发现政治因素的影响和政治力量的建构是造成这种差异的重要原因。即使同属普通法系国家，在现代国家形成过程中政治力量和政治活动的差异也能够导致英国和美国在立法理念、司法文化上具有相当程度的差别。阿蒂亚和萨默斯曾比较过英国法与美国法的差异，英国法官倾向于信任其他的“法律——政治机构”（政府部门、官吏和警察等），并以一种精英姿态拒绝信任代表公众的陪审团，但在美国则

① 参见［德］茨威格特、克茨：《比较法总论》（上），潘汉典等译，中国法制出版社 2017 年版，第 128—140 页。

恰恰相反。[①]可见，即使法律技术极其相似的国家其法治文化也不能回避背后政治力量的建构逻辑。

（二）政治权力何以成为建构先导

反观中国，政治因素不仅影响法治文化建构，更是建构的先导性力量。这一建构实践有其历史和现实根源：

其一，法治被赋予更多中国式理解。肇始于西方的现代法治，其核心理念莫过于“排除专断的权力、排除宽泛的自由裁量权”[②]。尤其在自由主义之下，形式法治观得以捍卫。正如拉兹所说：“法治理论的优点之一是：它并不服务于众多价值。”[③]在西方法治文化中，法治并非解救人类众多苦难的良方。其要义莫过于防止国家权力过分强大，保持个人与社会之间的恰当边界。法治之要义虽早已为中国法律人阶层了解，却被赋予更多中国式的文化解读。近代以来，中国法律在国家危难的背景下开始变革。后发国家对法治的追求，自始带有扭转国家命运和文化强国的政治理想。梁启超在一百多年前发出“法治主义，为今日救时惟一之主义”[④]的论断，今日学者论说“法治化是国家治理现代化的必由之路”[⑤]。法治的含义始终被附着了一种中国式理想：法治不仅是一种治理之术，亦是一种强国之法。

其二，后发国家的发展和秩序追求。改革开放后，中国社会再次恢复到经济发展的轨道上。经济发展与国家秩序的目标框定了法治文化建构的基本走向。20世纪后期，东亚地区韩国、新加坡、中国台湾等地的经济崛

---

① 参见［美］P.S.阿蒂亚、R.S.萨默斯：《英美法中的形式与实质——法律推理、法律理论和法律制度的比较研究》，金敏等译，中国政法大学出版社2005年版，第34页。

② David Clark,“The Many Meanings of the Rule of Law”, in Kanishka Jayasuriya , ed. Law ,Capitalism and Power in Asia : The Rule of Law and Legal Institutions（London : Routledge , 1999）28 at 30.

③ ［英］约瑟夫·拉兹：《法律的权威：法律与道德论文集》，朱峰译，法律出版社2005年版，第190页。

④ 范忠信选编：《梁启超法学文集》，中国政法大学出版社2000年版，第70页。

⑤ 张文显：《法治与国家治理现代化》，《中国法学》2014年第4期。

起和苏东剧变引发的“历史终结”，都促使中国对发展、秩序和法治的关系进行更多自主性认识。对后发国家而言，强有力的政治权力往往更利于组织动员社会成员并发展经济。这一点连福山也改变了过去的看法，承认“尤其是发展中国家，软弱、无能或根本缺失的政府是各种严重问题的根源所在”①。后发国家建构法治及其文化的动力首要来自促进国家发展和维持稳定的发展秩序，而非像西方一样来自强大起来的中产阶级要求约束上层权力。法治为发展和秩序提供了制度框架，而实现制度的有效运行则只能建构相应的法治文化。

其三，法治文化可使政治权力具备正当性。黄宗智曾就 1982 年宪法序言做过较为精辟的分析，认为宪法中用五句话概括了中国共产党权力正当性的历史基础，然后又用一句表述确立了党的意识形态正当性。② 笔者认为，在黄宗智的分析上仍可细致推进。考虑到 1982 宪法的制定背景，序言所说“今后国家的根本任务是集中力量进行社会主义现代化建设”可谓对政治权力做出指向未来的规范性约束。如果说强有力的政治权力在革命时期具有历史正当性；那么在和平时期，强有力的政治权力及其正当性不仅需要通过实现“社会主义现代化”的发展绩效获得人民的支持，更需要奠基于宪法之上的法治进行规约。按照韦伯的三种正当支配类型，即传统的、超凡魅力的（卡里斯玛）和法制的统治来分析，③ 在动荡时代卡里斯玛型领导是特别需要的，但在日常需要时保

① ［美］弗朗西斯·福山：《国家构建：21 世纪的国家治理与世界秩序》，郭华译，学林出版社 2017 年版，第 7 页。

② 五句话具体为：“一九四九年，以毛泽东主席为领袖的中国共产党领导中国各族人民，在经历了长期的艰难曲折的武装斗争和其他形式的斗争以后，终于推翻了帝国主义、封建主义和官僚资本主义的统治，取得了新民主主义革命的伟大胜利，建立了中华人民共和国。”后一句表述党意识形态正当性的话为“中国新民主主义革命的胜利和社会主义事业的成就，都是中国共产党领导中国各族人民，在马克思列宁主义、毛泽东思想的指引下，坚持真理，修正错误，战胜许多艰难险阻而取得的”。参见黄宗智：《中国的新型正义体系：实践与理论》，广西师范大学出版社 2020 年版，第 241 页。

③ 参见［德］马克斯·韦伯：《学术与政治》，冯克利译，商务印书馆 2018 年版，第 47 页。

持卡里斯玛则会遭遇难题。[①] 政治权力主动建构法治文化，可谓在卡里斯玛型和法制型两者之间寻求恰当的平衡。法治文化可以为权威披上法理的外衣，更能增进现代国家中人民对权威的文化认同。

在这种种因素之下，由政治权力最先主导改革开放后中国的法治文化建构，既是历史因袭之下的文化必然，也是变革时代的现实所需。

第三节　公众参与

政治的先导开启了当代中国的法治文化建构。但法治文化的实践生成，更需要社会多元主体的参与和互动。从根本上来说，社会公众是形成法治文化的根本因素。法治文化的形成取决于社会关于法治的共识以及社会整体对法治的接受和认同。多元主体何以能够建构法治文化？中国社会中的多元主体如何建构法治文化？如果忽略了这些主体的实践活动，就难以理解中国法治文化建构的民间生态。

文化在本质上是群体共享的价值观念，一个国家的法治文化建构如果没有社会公众的接受和认同，充其量只能是少数法律人、精英群体的理念和思想设计。清末戊戌变法的失败说明了单纯依靠自上而下建构、缺乏社会公众支持的新兴文化必然无法在一国的实际环境中获得生机。18 世纪法国的孟德斯鸠和洛克的法治思想也是因为获得美国民众的认同而率先在美洲转变为法治的现实。历史说明，法治文化的主体是一个社会中的亿万民众，法治的精神、价值和理念等是否能够成为一个社会中现实存在的文化最终取决于社会公众。中国的法治文化中，政治力量的先导作用体现出缜密周详的设计意味，

---

① 参见［美］莱因哈特・本迪克斯：《马克斯・韦伯思想肖像》，刘北成等译，上海人民出版社 2020 年版，第 234—236 页。

同时，社会公众的参与、建设和创造精神才是法治文化建构最坚实的社会基础。

一、公众的法治诉求

公众的理想、愿望和需要推动法治文化建构。法治的正当性来源于对人所追求的良善价值的保障。秩序、自由、公正和效率等维系人类社会存续的基本价值是任何一个国家的民众都需要和向往的。只有法治的精神和理念正视一个时代的公众需要、准确地反映公众需要、保障正当的公众需要才能获得公众的认同成为现实的文化。1978 年至今，中国的法治文化建构虽有着人为设计和创作的成分，然而其设计却是遵循着特定时代的公众需要和愿望而进行的，公众的需要和法治文化的建构之间具有一定的耦合性：

其一，1978—1997 年法治文化恢复重建时期。十一届三中全会后中国开始恢复重建法治，基于对“文化大革命”的反思，当时社会公众尤其期盼以民主法制恢复社会秩序、以经济建设提高生活水平，这一现实的需要成为推动中国法治文化建构的动因。中国陆续制定宪法、刑法、刑事诉讼法、民法通则和行政诉讼法等一系列重要法律，并通过对“四人帮”的世纪审判维护了法律的权威。立法的需要促进了法学研究的发展，中国法学从最初的法学幼稚到广泛吸收世界法律文化，逐渐成为能够为中国政治经济发展提供智慧的先进学科。市场开放后中国人迫切地需要了解世界，这直接促进了 20 世纪 80 年代多种海外译介的热潮①，而在文化交流碰撞中，建构中国的精神文化自然就成为题中之义。

其二，1997—2012 年法治文化推进建设时期。经过法治文化的恢复重建，中国社会已经初步形成了尊重法律、依法办事的社会风气，法律成为社会生活

① 参见欧阳雪梅：《新中国社会主义文化建设的演进及基本经验》，《当代中国史研究》2019 年第 5 期。

中重要的调整规范，公众的法律意识和权利意识普遍增强。① 民主政治、市场经济的发展，促使公众希望通过法律确认其政治、经济社会文化权利，这就突显出政党、政府的执政和行政方式接受法律制约的重要性。十五大确立“依法治国方略”“尊重和保障人权”、十六大提出“依法执政”、2004 年国务院提出《全面推进依法行政实施纲要》，都是在特定的时段对公众法治愿望和需要的回应。同时，这些施政纲要又进一步推动尊重和保障人权、依法治国、依法行政等法治观念在社会中的普及和流行。

其三，2012 年至今法治文化繁荣建设时期。新时代以来，中国政治、经济和社会发展的环境和问题日益复杂，公众对腐败、社会矛盾、贫富差距 ②、司法公正等问题 ③ 普遍关注。这一时期，互联网、智能平台使公众获得了前所未有的民主、自由、人权发展空间，公众的价值观念、评价认识日趋多元化，社会共识的形成比以往时代更加困难。法治文化以法治的精神和原则为内核，作为社会价值评价、化解纠纷矛盾的方式在现代社会中成为最优的选择。公众对公平正义、美好生活的向往和需要推动了中国进一步的法治文化建构，2014 年，党的十八届四中全会明确以法治文化来促进社会进步的法治氛围，更好地实现国家治理。2021 年，《关于加强社会主义法治文化建设的意见》明确提出把建设社会主义法治文化作为建设中国特色社会主义法治体系、建设社会主义法治国家的战略性、基础性工作和建设社会主义文化强国的重要内容。

---

① 例如仅 1993 年中国名誉权案件就比 1992 年增长 29%。参见苏力：《〈秋菊打官司案〉、丘氏鼠药案和言论自由》，《法学研究》1996 年第 3 期。

② 根据学者调查，2014 的数据显示中国民众对中央政府工作的满意度高于地方，仅 17.68%的城市居民和 12.63%的农村居民认为民众意见对本地县（市）政府的决策影响较大或非常有影响。在政府工作评价的几个指标（公共基础设施建设、反腐倡廉、缩小贫富差距和健全公民利益诉求渠道）中，城市居民满意度评分倒数第二和第三的工作是反腐倡廉和缩小贫富差距。农村居民评分最低的政府工作为反腐倡廉，其中 48.72%表示很不满意或较不满意，25.78%认为一般。参见刘天俐等：《近年来我国城乡居民社会心态的调查分析》，《人口与发展》2018 年第 1 期。

③ 参见王人博：《中国法治：问题与难点》，《师大法学》2017 年第 1 期。

二、公众的法治实践

公众的法治实践建构法治文化。民主和法治相伴而生，中国的法治文化建构绕不开民主的实现。总的来说，民主是法治的目的，是现代国家必须给予重视和努力实现的目标，而民主可能出现的失误和危险又决定了民主“确实是人类伟大的冒险……无论宪法和规则多么复杂，民主都会超越其上”[①]，只有民主和法治协调促进，才能实现二者的价值。如何实现民主和法治的良性互动构成了各国法治发展的主题之一，不同国家对此处理方式的差异形成了世界上风格各异的民主法治发展类型，主要包括演进型的英美模式和突进型的法国模式。二者在民主和法治的发展顺序上侧重不同，英美国家是先发展法治后发展民主，而法国则恰恰相反。中国的民主法治发展环境不同于18、19世纪的西方国家，面临着更富挑战的时空压力，在风格上不同于当今世界上主要的两种民主法治模式，形成了法治和民主齐头并进的模式。

具体而言，中国的民主制度由人民代表大会制度、协商民主制度、民族区域自治制度和基层民主制度构成，形成了“一体多元”格局[②]，以人大的代议制民主为一体和以参与民主、基层民主、党内民主和协商民主为多元民主实现机制。公众除了通过民主选举人大代表的代议制方式影响法治文化建构，可以更多地通过参与民主、协商民主的方式在政治权力运作之外的社会生活中实践法治文化的建构。

事实上，中国的法治文化建构是由社会中的多元主体合力促进而成的。在与政治权力相对的意义上，公民个体，社会群体，通过结社形成的各类社会团体、组织，是社会领域中推动法治文化建构的重要主体。虽然公民个体的力量在法治文化建构中看上去微弱，但并非毫无作为，个体的法治实践和法治意识

① ［日］猪口孝等编：《变动中的民主》，林猛等译，吉林人民出版社1999年版，第101页。

② 参见王锡锌：《参与式治理与根本政治制度的生活化——“一体多元”与国家微观民主建设》，《法学杂志》2012年第6期。也有学者总结为“一元多线”，参见何增科：《民主化：中国政治发展的中国模式与道路》，《宁波党校学报》2004年第2期。

如果能够在群体中引起较高的关注和认可，可以由点及面地起到文化传播的作用。改革开放后一些典型个案，例如孙志刚案、泸州遗产案，到近年来的许霆案、于欢案，通过媒体、网络等途径显示出的民意在中国的司法判决中始终是一股不可小觑的社会力量[①]。同时，通过法律成立的各类社会主体，包括社会基层群众性组织（农村基层组织、城市社区居民组织）、各类事业企业组织、各类社会团体组织作为基层的社会权力，在调解纠纷、制定章程、帮助维权等民主、自治实践中，实际地建构中国法治文化的乡土资源。

三、公众的多元规范

体现公众智识的多元规范建构法治文化。人们在社会生活中承认的行为规则是多种多样的，“伦理规则、宗教规则、习俗规则、荣誉规则、礼仪规则……是在社会起作用的力量的产物”[②]。因此，法治文化的来源必然不仅仅局限于国家制定法，制定法之外的多元社会规范反映出的公众常识、民间智慧、良善价值也是法治文化不可缺少的组成部分。法治文化在法治与文化之间架起一座桥梁，将社会多元规范所反映的文化要素输送进国家法的规范体系之中。体现公众智识的社会规范影响国家制定法是各国法治实践中都存在的现象，无论是埃利希的“活法”、庞德的“行动中的法”还是哈贝马斯的“商谈理论”，都说明了法律与社会环境之间的关联性。中国传统法律文化中本身就存在着国家法与习惯法、民间法的多元结构，民间社会规范对公众的约束影响传统由来已久。新中国成立后，中国的法治实践经过长时间的摸索和经验总结，确定了“多层次多领域依法治理”的法治社会发展方向，为体现公众智识的多元规范创造发展空间。社会生活中的习惯、公共政策、市民公约、乡规民约，社会团体制定的团体章程，企事业组织制定的行业规则等都实际起到建构法治文化的

---

① 参见孙笑侠：《司法的政治力学——民众、媒体、为政者、当事人与司法官的关系分析》，《中国法学》2011 年第 2 期。

② ［奥］欧根·埃利希：《法社会学原理》，舒国滢译，中国大百科全书出版社 2009 年版，第 42 页。

作用。具体而言，以下几类较为典型。

其一，习惯。人类社会发展中逐步形成的礼仪、风俗、禁忌和习惯在法治文化的建构中仍然发挥着作用。习惯是重要的法律渊源，不仅在英美法中具有重要的权威，即使大陆法国家法典化过程中也高度重视习惯的作用。中国的地域广阔，各少数民族、基层乡村中在生活习俗和民事活动中具有多样的风俗习惯，现代民商事交易中也仍在不断形成大量的新习惯。2017 年，民法总则第十条规定“处理民事纠纷，应当依照法律；法律没有规定的，可以适用习惯，但是不得违背公序良俗”，可以说正式确认了习惯在中国民法中的渊源地位。而在这之前，习惯一直按照民法通则和司法解释的规定影响着中国的法治实践尤其是基层审判。例如将有关婚约彩礼、赡养和家庭财产分割等方面的善良风俗引入审判工作①，按照商事习惯解释合同、推定事实以弥补法律的不足②。体现民众智识的习惯一直发挥着对法治文化建构的作用。

其二，公共政策。公共政策是以解决公共问题为目的导向的政治决议。公共政策涉及的范围极为广泛，教育、医疗、房地产、税收、环保安全等特定社会问题总会关涉到相关公民、组织的切身利益，因此民众参与是公共政策民主化的必然要求。公众影响公共政策的方式是多种多样的，一般方式例如座谈会、听证会、论证会。

其三，软法。虽然目前关于软法的内涵和外延、表现形式和效力范围等问题③，学界尚未形成完全统一的认识，但是软法所包含的多种表现形式在中国的法治实践中确实早已存在并且发挥着建构法治文化的作用。例如像律师、医

① 例如江苏省姜堰市（今江苏省泰州市姜堰区）人民法院审判委员曾在 2007 年通过《关于将善良风俗引入民事审判工作的指导意见（试行）》，参见公丕祥主编：《审判工作经验（三）》，法律出版社 2009 年版，第 337 页。

② 例如有学者调查以商事习惯解释合同的方式在有效样本中占比 37.5%，是较为平常的现象；以商事习惯实现推定事实的功能在有效样本中占比 26.8%。参见陈彦晶：《商事习惯之司法功能》，《清华法学》2018 年第 1 期。

③ 参见姜明安：《软法的兴起和软法之治》，《中国法学》2006 年第 6 期；江必新：《论软法的效力——兼论法律效力之本源》，《中外法学》2011 年第 6 期。

生、会计等行业的行业协会和高校等社会组织制定的章程、规则；村民委员会和居民委员会等基层群众组织制定的村规民约；公会、青年团、妇联、消协等社会团体的章程和规则等都属于软法的范畴，这些章程、规范基本由民主、协商的方式制定，对特定主体的行为起到了规制作用。软法不仅能够填补特定行业、区域中国家制定法供给不足的问题，并且民主参与程度相对较高，更能够反映民众的智识和价值追求。

四、公众建构法治文化的作用机理

（一）多元主体何以建构法治文化

文化是社会群体共享的价值观念。法治文化的概念预设了法治的精神理念不只是少数法律职业群体或社会精英阶层的小圈子文化，而是社会绝大多数成员之间存在关于法治的共识，尊重、信任法治并乐于接受法治对行为方式的形塑。不同社会主体之间的参与和互动是形成法治共识的根本途径。“我们人类的大部分生活就是由社会互动构成的。”①个人之间、群体之间、个人与群体之间存在着广泛的社会互动，主体间的社会互动构成了现实的社会并塑造了文化。

法治文化的形成离不开多元主体的参与和互动。互动的方式是多样的，合作、协商、竞争、融合等积极方式和博弈、冲突、调适等消极方式都构成了互动的具体情形。不同国家的社会成员在对待法律的态度、运用法律的方式上的现实互动塑造着各国的法治文化。例如在继受西方法律制度一个多世纪后，日本人在民事诉讼上的回避倾向仍十分明显，与西方国家形成明显的差别。绝大多数日本人在潜意识里更喜欢通过平和的、人情味更浓的方式解决纠纷。②第二次世界大战后，日本政府和美国盟军是主导日本继受西洋法的主要推动者，

① ［英］安东尼·吉登斯：《社会学》，李康译，北京大学出版社 2009 年版，第 851 页。

② 参见华夏、赵立新、［日］真田芳宪：《日本的法律继受与法律文化变迁》，中国政法大学出版社 2005 年版，第 252 页。

而公众在民事纠纷解决上的“日本式”态度则以消极对待的方式形成了对日本法治文化的建构。日本人的这种法治文化使日本企业在好讼的美国遭受极为深刻的教训，日本经营者只得转变观念运用诉讼才能维持企业在美国的生存。

在对不同法文化进行比较时，法社会学常将提起诉讼的途径、提起诉讼的频率等司法实践差异作为基本的比较要素。① 这正是从法律运用最直观的司法环节入手，观察不同法治文化中的社会互动方式。从主体互动的角度观察法治文化，可以发现所谓的日本厌讼文化并不是绝对的，社会中主体的交往和互动实际建构着具体的法治文化。虽然文化具有深刻持久的稳定性，但法治文化的具体样式，尤其表层文化却可以根据社会主体的互动发生一定的改变，只是这一过程较之法治制度的变迁要迟缓得多。

（二）多元主体的互动建构

中国法治文化的形成有赖于社会整体对法治的共识和认同。与其他外发型法治国家一样，法治文化是一种外在于中国传统社会的新兴文化，虽由少数阶层引导推动却往往缺乏社会内部的广泛共识。法治文化在中国落地生根必然会遭遇到认识、争论、接受或融合的过程。这一过程的现实展开，因社会多元主体的建构活动映射出中国独特性的一面。

其一，建构主体的多元性。当代中国的法治文化建构与改革同步进行，经济、政治的社会变革较之先发国家的法治进程要迅速、激烈得多。急速的社会发展带来社会群体的分化、社会分层结构的变迁和价值观念的差异。改革开放后，新中国成立初期的四大阶级结构（工人阶级、农民阶级、民族资产阶级和小资产阶级）逐步转向多元的社会阶层。② 不同社会阶层之间财

---

① 参见［德］托马斯·莱赛尔：《法社会学导论》(第4版)，上海人民出版社2008年版，第284页。

② 社会学者将其总结为十个阶层：国家与社会管理者阶层、经理阶层、私营企业主阶层、专业技术阶层、办事人员阶层、个体工商户阶层、商业服务人员阶层、产业工人阶层、农业劳动者阶层，以及城市无业失业和半失业人员阶层。参见陆学艺主编：《当代中国社会阶层研究报告》，社会科学文献出版社2002年版，第63页。

富、社会资源的差距加大，价值观念也变得多元和分散，这为当代法治共识的形成带来挑战。曾有学者分析过当代中国法治共识的缺失，并认为法治知识传播的智识屏障是造成缺乏共识的主要原因。① 笔者深以为意，但却认为依靠单向传播形成法治共识难以实现，也不符合真实的社会经验。政治权力的引导和精英阶层的鼓动的确是强大的建构动力，但其与公众、法学家阶层、企业、社会组织等多元主体的社会互动才是达成法治共识、形成法治文化的根本原因。多元主体的现实社会互动共同建构了当代中国的法治文化。

其二，公众的正义观念。正义是法律的核心价值，不同的正义观念造成法律文化的差异。中国传统法律文化的正义观念是一种合理的正义观。“理”即正义的标准，基本内涵是适宜、公平、合理的观念。② 法律正义与纲常礼教、道德和情理相通，需要辩证地看待平等并追求实质正义。有学者研究过“理”在中国的意义变迁，认为中国文化一直以常识理性作为正当性论证结构，现代常识理性仍是当代中国社会行动的正当性论证根据。合理的正义观是中国传统法律的法理依据，并且持久支配着中国从传统延续至今的社会生活。当代中国公众的正义观念仍主要是合理的正义观，这与形式法治理念常常形成一定冲突。在涉及民生利益的纠纷和关注度较高的司法个案中，公众朴素的正义观念构成了外在于法治的社会压力，这无疑迫使法治对其做出有效的回应。虽然普通民众的个体力量薄弱，但就 14 亿多人口的总量而言，公众的社会行动仍是建构法治文化不可忽视的力量。社会公众的正义观念促使中国的法治文化只能是一种回应型法治。

其三，民间主体的规范事实。民间主体在日常生活中形成的一系列社会规范，在与国家立法相对的意义上成为规范中国民间社会的秩序根据。民间规范在事实上起到补充国家立法漏洞，延伸治理范围的功能。③ 自古以来，中国的

① 参见顾培东：《当代中国的法治共识的形成及法治再启蒙》，《法学研究》2017 年第 1 期。

② 参见张中秋：《传统中国法理观》，法律出版社 2019 年版，第 119 页。

③ 此处坚持规范法学立场，以民间规范替代民间法、习惯法等类似的概念。

传统法律文化一直秉持“皇权不下县”的治理理念，使民间规范得以调节“户婚田土钱债”和日常纠纷一类为治者忽略的细微节目。[①] 步入现代法治以来，成文化和理性化使国家权力可以更多地通过立法强化对私人活动的规制。但是，即使高度发达的《民法典》也难以覆盖私人领域的全部社会生活，这就为民间主体创造规范秩序留下了空间和可能。实践中，民间金融活动中的“银背”“钱中”等金融合约[②]、各类商会自治章程、乡村中的亲属关系和婚嫁丧葬制度[③]、城市中的治理规则[④]中都存在大量民间主体形成的规范事实。社区、乡里、企业、团体等民间主体在生活中所形成的社会规范不仅在事实上形成了自生自发的社会秩序，也通过向立法和司法的渗透建构当代中国的法治文化。

其四，法学家的理性关怀。法治的专业性和实践性决定了与之相关的思维方式、价值观念总是最先形成于法律人阶层，而将实践中分散的、零碎的法治经验系统化、理论化的工作则只能由法学家来完成。法学家是任何一种法治文化形成都不可缺少的社会主体。在西方法律文化史上，五大法学家为首的罗马法学家对罗马法的形成起到了关键作用，近代以来，英美德法等法治国家中为世界熟知的法学家更是比比皆是。可以说，法学家建构法治文化并无多少奇特之处。

而分析中国法学家的建构角色，需从理解中国知识分子的特点入手。曾有学者比较中国与欧洲知识界的区别指出，中国的知识分子多为统治者贵族阶级工具的士人，而欧洲多为各类职业中人。[⑤] 法学家作为知识分子的一部分，既擅长法律人特有的技艺理性，也兼具知识分子的忧国忧民情怀。中国法学家的

---

① 参见梁治平：《清代习惯法：社会与国家》，中国政法大学出版社 1996 年版，第 16 页。

② 参见张翔：《民间金融合约的信息机制：来自改革后温台地区民间金融市场的证据》，社会科学文献出版社 2016 年版，第 32 页。

③ 参见高其才：《规随时变的丧葬习惯法——以浙江慈溪蒋村为对象》，高其才主编：《变迁中的当代中国习惯法》，中国政法大学出版社 2017 年版，第 56 页。

④ 参见李瑜青、张玲：《民间法在国际大都市社会治理中的运用及其思考——以上海市浦东新区合庆镇“草根宪法”实践为例》，《民间法》2016 年第 1 期。

⑤ 参见章清：《“学术社会”的建构与知识分子的“权势网络”——〈独立评论〉群体及其角色与身份》，《历史研究》2002 年第 4 期。

法治文化建构正是在这种现实中展开。充当公共知识分子获取社会关注①，或者通过法律解释向社会展现法律魅力②，都是法学家们在当代努力建构法治文化的尝试。

第四节　德法共治

近代以来，世界的法治发展大多追求法律与道德的分离。尤其西方国家的法治，往往不仅有信仰法治和坚守法治的历史传统，也倾向于借助宗教增强奉行法治的文化氛围。在这类法治文化中，法治的正当性并不必然依赖于道德论证，甚至还应谨慎地防止法律的边界受到道德的干扰。在当代中国的法治文化建构中，政治权力和社会公众分别以各自的方式建构着当代中国的法治文化。虽然二者有时表现出貌合神离甚至紧张的关系，但事实上二者运用着相同的建构逻辑，背后有着共同的价值基础。在这一纵向的建构线路之外，其他社会规范也在影响着法治文化的建构。其中，最为鲜明的就是道德规范。中国逐渐形成以道德滋养法治文化，推动法治文化建构的方式。道德为法治文化的具体建构提供了共通的价值准则，形成德法共治的独特方式。

一、德法共治的传统基础

德法共治的法治文化建构方式经过了一定的历史发展过程。道德和法治相结合一直是中国传统的治国之道。中华法系的一大特色就是儒家思想支配了一切古代法典。汉朝以后，中国的治理模式并非单纯的德治或法治，而是一种德

① 参见苏力：《中国当代公共知识分子的社会建构》，《社会学研究》2003 年第 2 期。

② 参见强世功：《宪法司法化的悖论——兼论法学家在推动宪政中的困境》，《中国社会科学》2003 年第 2 期。

刑并用的礼法之治。法典的制定并非出自法律家之手，而是享有精通法学美誉的儒臣之手。①这使儒家礼的规范通过立法得以树立和强化。道德作为维持礼教的力量，可以起到检视君王统治的正统性以及约束政治权力的作用。同时，道德也通过士人君子的行为产生示范效应，潜移默化地将道德约束力延伸至治理的基层。对执法、司法和守法的运行而言，道德提供了润物细无声的文化支撑。可以说，德主刑辅、礼法合治的模式塑造了中国在治理方式中以道德和法治紧密结合的文化风格。

现当代以来，中国共产党对思想政治工作的重视为道德和法治相结合奠定了基础。例如，中国共产党提倡“为人民服务”、1949 年《中国人民政治协商会议共同纲领》提出“爱祖国、爱人民、爱劳动、爱科学、爱护公共财物”的“五爱”，都起到奠定社会道德观念的作用。尤其是“五爱”后来直接演化为社会主义道德的基本要求。倡导这些观念，不仅塑造了公众对一个崭新社会中好公民的道德评价标准，也对同一时期的法律制定产生了鲜明的导向作用。在其后的五四宪法中，就明确提出“一切国家机关工作人员必须努力为人民服务”以及“中华人民共和国公民必须尊重社会公德”。十五大确立依法治国、建设社会主义法治国家的基本方略后，法治的建构进程明显加快。2001 年，中共中央印发了指导性文件《公民道德建设实施纲要》，旨在推动社会普遍形成良好的社会道德风尚。其中提出“坚持尊重个人合法权益与承担社会责任相统一”“坚持道德教育与社会管理相配合”等原则，初步奠定法治与德治相结合的雏形。尤其是提出“把道德建设与法制建设紧密结合起来”的要求，体现出中国在治理过程中综合运用多种规范和方式的传统治理逻辑。2006 年，十六届六中全会明确提出建设社会主义核心价值体系的战略任务。社会主义核心价值体系是中国社会主义文化的内核，体现着社会主义制度的价值规定，其提出不仅旨在增进当代中国社会的普遍共识，也为道德和法治相结合提供了更为系统的道德规范。

---

① 参见瞿同祖:《中国法律与中国社会》，商务印书馆 2010 年版，第 368 页。

步入新时代以来，法治文化中德法共治的建构逻辑逐渐鲜明。十八届四中全会审议通过了《中共中央关于全面推进依法治国若干重大问题的决定》，提出全面推进依法治国必须“坚持依法治国和以德治国相结合”的原则，明确了“以道德滋养法治精神、强化道德对法治文化的支撑作用”的建设要求。2016年，《关于进一步把社会主义核心价值观融入法治建设的指导意见》强调“社会主义核心价值观是社会主义法治建设的灵魂”，要求增强法治的道德底蕴。2021年，《关于加强社会主义法治文化建设的意见》再次强化了德法共治在法治文化建构中的重要性，提出“坚持法安天下、德润人心，把社会主义核心价值观融入社会主义法治文化建设全过程各方面”的工作原则。

二、德法共治的现实依据

德法共治的法治文化建构方式有其现实根据。使法治的普遍规律在本国文化土壤中生根发芽，形成符合实际又能促进社会发展的法治文化并非易事。对法治后发国家而言，现代法治的规则之治往往缺乏本土文化的滋养和实践基础。如果脱离本土实践、强行建构法治文化极易引发建构实践的失败。20世纪拉美地区法律移植运动的失败证明，传播承载域外经验的法治文化并非难事，而想要开花结果则需要扎根后发国家的文化传统和本土实践。强行推进域外的法治文化，甚至可能引发本国经济社会的动荡并使社会出现无效治理。因此，在现实的治理环境中寻求法治要义与本土实际的有效结合是较为稳妥的建构方式。

当代法治文化建构的社会环境是复杂而立体的。从治理策略上来看，法治一直是多种治理方式中的一种。虽然法治的兴起和如火如荼的建设是当代中国国家治理方式中最为醒目的实践，但是运用综合治理的方式一直是当代中国更为现实的选择。综治的首要目标是维护社会治安、解决治理难题，故而法律的、道德的或思想教育的方式都可以理解为实现“社会控制”的方法。在法社会学看来，法律和道德都属于社会控制的一种形式，区别仅在于社会控制的层次不同。道德观念为我们提供了一个理想，在制定法律规则、寻求判决依据、解释法律规则和司法裁量权中都不得不加以衡量。[1]尤其是司法和行政的实际效果格外受到实践的限制，借助道德这类社会控制方法而非单纯依赖法律手段，反而更能收获好的效果。

选择综治的治理方式有其历史和现实的双重考量。就历史而言，中国的传统文化一直崇尚不局限于一种治理方式、发挥多种治理方式优势的思路。例如，道德在法律中占据主导地位，这可以说是中国治理方式最鲜明的文化传统。道德不仅为政治权威提供正当性论证，也通过道德教化将治理有效延伸至县以下的基层组织。德法共治、德主刑辅的治理结构塑造了中国传统法律文化的风格。这一中国式的政治和文化传统不仅是法治文化建构的现实国情，也决定了正视道德在治理结构中的重要作用、将法治要义与道德规范有效结合起来，才更易于使法治获得文化传统的支撑和滋养，从而使建构成为可能。就现实而言，刚刚起步的法治建构难以单独支撑起改革开放后庞大的治理诉求。维护社会稳定、促进经济繁荣等改革目标的实现必然需要诉诸其他社会规范的调节作用。例如20世纪80年代，侵犯财产安全犯罪、扰乱社会秩序犯罪以及青少年违法等治安问题大量出现。单纯运用刑事制裁方式打击犯罪不仅难以从根本上解决问题，也缺乏充足的法治资源应对这类迫切的治理难题。在此情形下，运用道德教化社会、提高社会整体的精神层次显示出更有效的治理价值。

道德规范是推进中国法治文化建构的重要本土资源。根本而言，中国形成德法共治的法治文化建构方式，关键在于道德为法治提供了“善”的价值，从而获得正当性。建构法治文化的关键在于社会公众对法治的认识、评价和接纳程度。综治的实践背景下，公众对法治的认知和理解往往以社会整体效果为出发点。通过伦理论证赋予法治正当性显得尤为重要。如果以同心圆的结构理解法治及其与外部系统的关系，法治文化起到了连接和缓冲作用。从法治的内部组成看，法治文化的形成依赖于法治的制度和法治实践，同时也能够为法治的制度和法治实践提供价值基础和文化支撑。而从法治的外部环境看，法治的整体，尤其法治文化受

① ［美］罗斯科·庞德：《法理学》（第二卷），封丽霞译，法律出版社2007年版，第225页。

到社会系统的影响。道德要求、政治约束等社会规范通过法治文化渗透至法治的内部，为法治的规则要义补充更多的“地方性知识”。同时，浸润了地方性知识的法治文化在为法治提供正当性论证时更可能获得公众的认同。

三、社会主义核心价值观的引导

通过社会主义核心价值观引导法治文化建构。清末以来，中国开始接触世界法治文化，在这一过程里并没有完全照搬某一种法治文化，而是广泛地吸收了包括英美法系、大陆法系以及苏联的多种法律文化。这种看似无序的大杂烩式文化融合并未在中国形成严重的冲突，也没有吞噬掉中国的文化传统，而是经由中国人的实践理性逐渐由建构走向内生，形成了当代中国的法治文化。其中一个重要原因就在于，中国的法治文化建构没有脱离中国的实际，始终以社会认同的价值观念作为基础。因此，可以说德法共治是法治普遍规律与本国具体国情的最佳结合点。

把社会主义核心价值观融入法治建设，是德法共治建构逻辑的具体体现。法治文化是文化的组成部分，必然体现着文化蕴含的价值追求。社会主义核心价值观是当代道德要求的凝练表达，在中国的治理结构中占据着重要的地位。在世界多元文化和思想交锋的背景下，中国提出社会主义核心价值观有助于凝练当代推崇的价值追求，也有助于提高中国特色社会主义文化的国际竞争力。社会主义核心价值观融入法治建设的过程中，融入的范围、方式和效果直接关系到德与法在治理中共同发挥作用的优劣。2016 年《关于进一步把社会主义核心价值观融入法治建设的指导意见》中，明确提出将社会主义核心价值观融入立法、执法、司法和法治教育等环节。2019 年的《新时代公民道德建设实施纲要》则强调要通过道德的舆论、引导作用促进社会的法治意识、规则意识和责任意识，营造社会讲法治、重道德的良好环境。由此观之，社会主义核心价值融入法治的建设要求，直接体现了德法共治的建构逻辑。社会主义核心价值观融入法治建设，至少包含着两个层次：一是通过社会主义核心价值观为法治提供价值基础、增进社会对法治的共识，提高法治建设的内驱力；二是通过法治保障社会普遍认可的价值、激励社会意欲弘扬的道德风尚，提高道德建设的规范性。对于法治的制度和实践而言，法治文化和社会主义核心价值观都起到了教育公众、营造外部环境的积极作用。

第五节　实践理性

一、中国法治文化建构的实践理性

实践理性是中国法治文化建构的主要哲学基础。法是实践理性的表达，在实践理性的运用上，存在两种不同的法治文化思路，一种是英美国家的经验主义、实用主义的实践理性；一种是欧洲大陆的理性主义的实践理性。① 中国传统法律文化的哲学基础是一种体现实践智慧的实践理性，既不过分关注普遍的法律文本，也不忽略法律的具体运用，而是注重法律普遍规律与具体运用的结合点。②

一般而言，实践理性是人类在既定的条件下，为了达到某种目的，利用一切有利的手段解决困难的能力。法律的实践理性则具体表现为实践主体在思想和观念中全面、综合、有效地构造和筹划具体法律实践活动的能力，运用法律的实践理性可以积累法律的实践智慧。③ 按照亚里士多德对人类活动的划分，实践的活动区别于理论的活动和创制的活动，主要是为了实现“善”的伦理道德活动和政

① 波斯纳认为美国实用主义的实践理性属于第三种实践理性，本书因为英美法系的诸多共同特质和相互渗透仍把英美的实践理性归为一种类型。参见［美］波斯纳：《法理学问题》，苏力译，中国政法大学出版社 2002 年版，第 91 页。

② 参见武树臣、武建敏：《中国传统法学实践风格的理论阐释——兼及中国法治实践学派的孕育》，《浙江大学学报（人文社会科学版）》2013 年第 5 期。

③ 参见姚建宗：《中国语境中的法律实践概念》，《中国社会科学》2014 年第 6 期。

治活动。近代以来，培根将制作和技艺的创制活动纳入实践活动之中，形成了西方道德实践论和技术实践论两种实践哲学传统，也引发了价值理性和工具理性的分裂。① 中国法治文化建构的实践智慧在于始终注重价值理性和工具理性的交融和统合，既以法治的价值取向、法治的原则指引法治文化的建构，也不断在具体的情境中注重法治文化建构的手段和方法。在当代中国的话语中，这种实践智慧更生动的表述莫过于“实事求是”“一切从实际出发”，对普遍规律的过分强调极易走向僵死的教条主义，而忽视规律一味强调经验则容易走向盲目。因而，法治文化的建构总是需要主体综合考虑社会的政治、经济、文化、社会环境等时空因素，在具体的实践中运用思维、选择和行动的能力寻求法治普遍规律与本国具体国情的结合点，具体表现为建构的计划性、有序性和整体性。

二、法治文化建设的计划性

中国的法治文化建构具有计划性。计划性主要表现为以政治力量为主导对法治文化的发展作出划分时间阶段、有目标、有任务、有重点的具体建构方案。新中国成立后，毛泽东创造性地提出中国经济发展“两步走”的战略思想，十一届三中全会后，邓小平在继承毛泽东“两步走”② 思想的基础上提出具体的“三步走”③ 战略思想。此后，针对经济与社会发展的特定目标，以相

① 参见丁立群：《实践哲学：两种对立传统及其超越》，《马克思主义与现实》2012 年第 2 期。

② 第一步，用十五年的时间，即在 1980 年以前，建成一个独立的比较完整的工业体系和国民经济体系；第二步，在本世纪内（20 世纪），全面实现农业、工业、国防和科学技术的现代化，使我国国民经济走在世界的前列。“两步走”战略最初由毛泽东构想提出，在 1964 年第三届全国人大会议上，周恩来在政府报告中进行过具体的阐述。

③ 第一步（1981—1990），实现国民生产总值比 1980 年翻一番，解决人民的温饱问题，这个任务已经基本实现。第二步（1990—2000），使国民生产总值再增长一倍，人民生活达到小康水平。第三步（2000—2050），人均国民生产总值达到中等发达国家水平，人民生活比较富裕，基本实现现代化。邓小平在十一届三中全会后逐步继承发展了毛泽东的“两步走”战略，1987 年党的十三大报告中正式提出了“三步走”战略。

应时间阶段筹划建构未来发展的传统在中国逐步形成起来。在法治文化的建构上，这样的计划性安排也十分突出。十一届三中全会后，不仅在党的历届报告中对民主政治、法治（法制）建设进行总的部署筹划，在中央和地方的政府工作上也进行以特定时间为阶段的法治建设规划。在法治观念上，从 1986 年“一五”普法至今“八五”普法，每五年为一个阶段对普法活动进行部署，每一届普法规划都对普法的目标、对象、内容进行具体的计划，在结束时对照计划反思普法的效果和经验，并在此基础上制定下一届普法规划。各地方政府在贯彻普法规划时，也多采用这种制定计划的方式结合本地区实际细化普法的目标和方式。① 在依法行政理念上，为了适应党的十五大、十六大关于依法治国的任务，2004 年国务院颁布了《全面推进依法行政实施纲要》，旨在以 10 年为期基本实现法治政府，具体规划未来 10 年在制度上落实、弘扬依法行政理念的实施要求。2015 年，中共中央、国务院为了如期建成法治政府又颁布了《法治政府建设实施纲要（2015—2020 年）》，再一次将依法行政的思想观念落实为行动的蓝图。在人权保障理念上，2009 年国务院新闻办发布了中国政府保障和促进人权的政策文件《国家人权行动计划（2009—2010 年）》，不仅要求各级政府予以落实，也号召各类社会团体、非政治组织、新闻媒体和社会公众参与。此后，在如期完成目标的基础上，又再次制定了《国家人权行动计划（2012—2015 年）》《国家人权行动计划（2016—2020 年）》《国家人权行动计划（2021—2025 年）》，分阶段落实人权理念、开展人权教育和人权知识普及。

三、法治文化建设的有序性

中国的法治文化建构具备有序性。有序性主要表现为以中国的法治实践现

① 例如“三五”普法时，海南省及各市县、乡政府分级制定了具体的阶段性普法规划，内容包括具体的目标任务和奖惩措施。参见廖世健、袁正东、陈承洲：《加强农村法制建设 推动乡村的文明进步——海南省乡镇人民政府依法行政运作情况调查》，姜明安主编：《中国行政法治发展进程调查报告》，法制出版社 1998 年版，第 107 页。

实水平为起点，按照文化变迁的科学规律循序渐进、由弱及强地推进法治文化的建构。具体来说，主要表现为以下几个顺序变化：

其一，从人治文化到法治文化。中国的传统法律文化是以人治为根本精神的，新中国成立之后一段时期的法制建设也并未根除这一文化传统。党的十一届三中全会后，对于忽视法治造成的国家秩序混乱使中国的各个阶层都重新思考法治对于中国的重要性，这就为人治文化转向法治文化创造了契机。如果说在1978年前后还存在着中国是“要法治还是要人治”“法治与人治能结合吗”等疑问，① 在经历了法治文化建构40多年的当今中国，这些曾经的疑问已经形成了确定的答案。

其二，从法制文化到法治文化。党的十一届三中全会后，中国在政治话语和学术研究中还没有注重区分“法制”与“法治”。彼时中国的法制建设还处于百废待兴的状态，更需要的是与法律的制度建设相配合的法制文化以及全社会对法律制度的基本认同和信心。20世纪80年代末伴随着中国法学研究的深入，开始注重法制与法治的区别。党的十五大、十六大使“法治”作为一种文化逐渐为全社会所熟悉。

其三，从法治精神、法治理念到法治思维、法治方式。党的十七大前后，在全社会弘扬法治精神、法治理念成为中国法治文化建构的主题。② 法治精神是体现法治的内在价值、凝结了法治的科学规律的思想精华。在经过30多年法治制度建设基础上，在全社会弘扬体现法治核心价值的法治精神是继续推进中国法治建设的理性基础和实施指南。③ 法治文化的建构在注重法治科学规律的同时，也以体现时代性、传承性和政治性的法治理念来加强中国法治文化的自主性。④ 法

---

① 参见黎昌：《关于人治与法治问题讨论简介》，《法学杂志》1980年第1期。

② 胡锦涛同志在2005年提出弘扬法治精神，参见胡锦涛：《在省部级主要领导干部提高构建社会主义和谐社会能力专题研讨班上的讲话》，《人民日报》2005年6月27日。2006年中共中央政法委员会编写《社会主义法治理念教育读本》，中国长安出版社2006年版。

③ 参见江必新：《法治精神的属性、内涵与弘扬》，《法学家》2013年第4期。

④ 参见谢鹏程：《论社会主义法治理念》，《中国社会科学》2007年第1期。

治精神、法治理念最终要通过人的思维和行动才能转化为法治的现实。如果说法治精神、法治理念还主要是以制度正义为核心关注的文化构成因素，那么法治思维和法治方式则已经明确落实到文化的主体——人的思维和行动上了。党的十八大以来，法治思维和法治方式成为中国建构法治文化的关注重点，其中领导干部的法治思维和法治方式尤为重要，直接关系到法治国家和法治政府的建设。

其四，法治文化的整体建构。十八届四中全会在总结十一届三中全会以来中国法治建设成就基础上，明确了建设社会主义法治文化。可以说，以“社会主义法治文化”这一概念明确了中国法治文化建构的整体蓝图。在时间维度上，这一法治文化区别于传统的人治文化、法制文化，是蕴含民主、人权、法律至上等法治精神的现代文化。在空间维度上，这一法治文化区别于外国的法治文化，是以中国传统文化为底蕴、以新中国成立以来尤其是十一届三中全会以来中国的法治实践为基础的具有主体性的文化。在意识形态上，这一法治文化区别于资本主义法治文化，是体现中国的国体和政体、以实现人民当家作主为根本目的的法治文化。由此，法治文化建构的整体秩序得以基本显现。

四、法治文化建设的整体性

中国的法治文化建构具有整体性。整体性主要表现为综合、全面地考量政治、经济、社会、道德等多种因素，以整体的、系统的方法指导法治文化建构。系统是相互作用着的若干要素的复合体。以系统论的观点来看，法治至少是包含法治制度、法治体制和法治文化三个要素的整体。法治文化既是组成法治这个整体的一个部分，本身也是一个包含若干要素的子系统。法治文化的建构既受制于法治系统内部其他要素的发展，也受到法治系统外部的其他系统，例如自然环境、政治、经济、文化、道德等因素的制约。“要把握一个民族文化的真髓及其发展历程，必须首先了解这个民族得以繁衍的自然环境和社会条件，并对其进行综合的、动态的考察”①。从更广阔的社会发展角度来看，法治本身又是中国社会整体发展中的一个组成部分，只有与其他系统有序协调才能保持自身的良好运转。中国的法治文化建构从整体上需要把握历史的、国情的、社情的多方面因素，前述政治力量、民主参与状况、公众意愿、公众习惯等因素均是影响法治文化整体性建构的因素，此处仅从三个方面简略分析。

其一，法治文化自身的整体性。中国的法治文化建构注重法治文化内部各要素的整体性。从法治文化建构的时间顺序可以发现，从法律常识、法律知识、法制意识、法制文化、法治精神、法治理念、法治思维和法治方式到法治文化的整体，法治文化的建构所注重的要素是多方面的，层层推进的。这其中不仅有全面性的考量，更有科学性的认识。对于中国这样一个人治、德治传统悠久的国家，建构法治文化并非一日之功，如果在社会公众没有一点法律常识的情况下，法治文化的建构只能是空中楼阁。

其二，法治文化与法治制度、体制的整体性。法治的发展是一个整体，包含法治制度、法治体制和法治文化三个层次。在法治的发展过程中，这三个层次并非总是保持齐头并进的发展，而是彼此互动呈现出相互促进或者相互掣肘的状态，一个国家的法治发展总是需要关注这三者的协调和互动。1978年至今，中国的法治文化建构须臾不离法治制度、法治体制的建设，没有盲目激进地将法治精神教条化、神圣化，而是一直以中国法治制度、体制的实际发展水平提出切合本国实际的法治文化建构方案。法治文化总是被置于法治的系统工程中，通盘考量如何促进其与法治制度、体制的良性互动而进行建构的。

其三，法治文化与法治外部其他因素的整体性。法治整体外部影响法治文化建构的因素是多种多样的，例如经济因素、道德因素都是中国法治文化建构中不得不关注的问题。法治与改革作为中国发展的双轮驱动，对于法治

① 参见冯天瑜、何晓明、周积明：《中华文化史》，上海人民出版社2015年版，第9页。

文化建构的影响是深刻的，“市场经济是法治经济”“厉行法治是发展社会主义市场经济的内在要求”等一些经典的表述说明了这一点。道德与法律的关系也是中国法治文化建构中绕不开的问题。道德在中国文化传统中的重要性决定了，当代中国的法治文化建构要在国家治理的整体性上考虑法治与德治的关系。法治文化建构中的实践理性的运用就在于不拘于理论的教条，而是在具体的实践中综合考量各种因素、审时度势地寻找理论与实际的最好结合。

第六节　成效显著

中国法治文化建构的成效是十分显著的。论及法治的建设成效，不得不提近年来兴起的法治评估。法治评估为评价法治的发展水平提供了一定的标准，但是，由于法治文化必然包含着价值评价、意识形态属性和“地方性知识”①，从一定程度上来说对法治文化进行科学上的评价是不能完全实现的，甚至可能导致文化优越论的危险。

同时，法治文化的建设成效又总是难以与法治的制度和体制建设完全区别开来，法治文化的文化属性决定了其意识、精神、理念等难以确定完全客观的评价标准。但是，这并非意味着对法治文化的建构效果完全无法进行评价。这是因为，法治的精神、价值总是可以从法治的制度、体制和人的行为中显现出来；法治的制度、体制也总是按照法治的精神和价值为指导而运转的。因此，对法治文化建构的成效仍可以通过法治实践、法治理论、法治宣传教育和法治人才的发展状况得以观察。

① ［美］克利福德·吉尔兹：《地方性知识：事实与法律的比较透视》，邓正来译，梁治平编：《法律的文化解释》，生活·读书·新知三联书店 1994 年版，第 126 页。

一、法治实践呈现建构成效

从各国的法治实践和法治理念来看，法治总是在形式法治和实质法治的框架中延展，法治至少包含着规则之治和良法之治。因此，从这两个考察中国法治文化建构的成效可以得出基本的概括。

（一）规则之治体现法治文化

法治的要义首先是通过法律规则明确公权力的归属和边界。1959 年国际法学家大会通过的《法治宣言》在承认法治含义存在争议的前提下，将法治的概念界定为两个层次："首先，不考虑法律的内容，全部国家权力应来自法律并依法行使，其次，坚持法律本身应基于对人的个性至高价值的尊重。"[①]第一个层次指向了形式法治，也说明了即使是低限意义上的规则之治也意味着公权力的来源和行使要受到法律规则的约束。为了实现规则对权力的约束，各国的法治实践进程都充满了曲折和斗争。英国从 1215 年《自由大宪章》确认法律至上、王权有限，至 1689 年光荣革命成功在制度上肯定国王受到法律限制，经历了 400 多年的时间。在西欧大陆的法国，如果不考虑中世纪法律与王权关系的沉浮，16 世纪末至 1789 年法国大革命用时虽短，但其后法国宪制仍几经变迁。以宪法宣示法律约束政治权威的法治过程在任何一个国家都是充满艰辛的，这一点对于中国也不例外。1999 年通过的《中华人民共和国宪法》修正案将"依法治国"基本方略纳入宪法，是体现规则之治的重要时刻。如果从新中国成立起算经历了 50 年，从 1908 年《钦定宪法大纲》起算不到 100 年，就确立规则之治的时间而言，中国的法治文化发展速度是比较迅速的。

在行政权力的行使和公开方面，中国在恢复法治建设以后逐步形成了依法行政、阳光政府、"把权力关进制度的笼子里"等法治理念。2018 年，根据依法全面履行政府职能、民主公开合法决策、行政执法、政务公开、监督问责等

① 转引自高鸿钧等：《法治：理念与制度》，中国政法大学出版社 2002 年版，第 177 页。

指标对全国100个地方政府的法治水平调查显示，八成的城市已经达到合格水平，94个城市的市政府公布了厘清政府职能的权力清单，重点领域政府信息公开、依申请公开信息的规范性的评估得分已经在90分以上。①

在司法审判方面，经过审判方式改革、审判机制体制改革、全面深化司法改革三个阶段的司法改革，司法机关独立行使职权、罪刑法定、程序正义等法治观念早已深入人心。根据学者2015年进行的调查，在包含司法规范、司法适用、司法监督、司法保障和司法效果几个一级指标的框架下，中国司法的法治状况总体得分71.7分，② 虽然在司法适用和司法效果方面仍有较大提高的空间，总体成绩仍值得肯定。

（二）良法之治体现建构成效

早在亚里士多德的法治定义中，就提出了法治之法应当是良法的问题，而关于什么是良法，则牵涉到法治的科学性、现实性以及法治的价值判断问题。总体而言，良法意味着法治之法应当符合科学规律和标准；还要符合一国的国情、民情、社情等现实因素；同时法治之法还应体现正义和良善价值。中国这样伦理氛围浓厚的国家，一向注重法治的正义和善德，法治文化的建构也体现出对良善价值的推崇。

在公平正义方面，中国将"促进公平正义"③ 作为改革和发展的根据，形成了权利公正、机会公正和规则公正等法治理念。中国在1954年宪法中，就明确了公民一律平等、各民族一律平等、男女平等的平等权保护。而在美国，从1776年《独立宣言》至1920年第19条宪法修正案妇女才正式获得投票权，1954年才推翻了"隔离但是平等"的种族歧视原则。

---

① 参见中国政法大学法治政府研究院：《中国法治政府评估报告（2018）》，社会科学文献出版社2018年版，第4—9、144—146页。

② 参见朱景文：《人们如何评价司法——法治评估中司法指标的分析》，《中国应用法学》2017年第1期。

③ 《中共中央关于全面深化改革若干重大问题的决定》，《人民日报》2013年11月13日。

在尊重和保障人权方面，中国形成了保障广泛性、公平性和真实性人权为价值基础的人权观念。随着中国人权事业的发展，逐渐形成了“生存权和发展权是首要人权”“人权不是少数人的权利”“人民的幸福生活是最大的人权”等法治理念。根据联合国开发计划署的公布，1990—2018年，中国的人类发展指数（HDI）从0.501跃升到0.758，增长了近51.1%。中国由此进入到“高人权发展水平”国家之列。①

在抑制腐败方面，中国在十八大以来的反腐败建设中形成了“用法治思维和法治方式反对腐败”“坚持老虎苍蝇一起打”“以零容忍态度惩治腐败”等一系列法治理念。仅2018年，“各级法院审结贪污贿赂、渎职等案件2.8万件3.3万人，其中被告人原为省部级以上干部的18人，厅局级339人，县处级1185人。加大对行贿犯罪惩治力度，判处罪犯2466人”②。

总之，良法之治的价值判断因之与文化、意识形态、历史传统的关联，需要通过价值共识来实现普遍性和特殊性的最佳结合。十八届四中全会将良法总结为“以民为本”“贯彻社会主义核心价值观”“反映人民意志、得到人民拥护”等要素。这反映出中国的法治文化中既包含着法治普遍蕴含的自由、人权、民主、公正等文化要素；也包含中国传统的人本要素以及“以人民为中心”的社会主义要素。

二、法治理论体现建构成效

从法治理论来看，中国的法治文化建构成效显著。系统化、学理化的法治理论是法治文化的重要组成部分，法治理论不仅是对过去法治实践的科学升华，也是指导法治实践继续前进的明灯。一个国家只有在法治实践积累到一定

① 杨逸夫：《“中国取得的发展进步最为显著”——联合国开发计划署发布二〇一九年〈人类发展报告〉》，《光明日报》2019年12月10日。

② 《2018年最高人民法院工作报告（全文）》，中国法院网，2019年3月19日，https://www.chinacourt.org/article/detail/2019/03/id/3791943.shtml。

程度时才可能形成较为成熟的法治理论。新中国在经过了 70 多年的民主法律实践基础上，逐步形成了具有自身特色的法治理论，体现出法治文化建构的成效。

其一，中国特色社会主义法治道路、法治体系的理论。世界上较早实现法治的国家，均走出了一条符合历史传统、适合自身国情的法治道路，并形成了关于这种道路的法治理论。如果将中国法治建设大大小小的成就归结为一条，“就是开辟了中国特色社会主义法治道路”①。中国特色社会主义法治体系是全面依法治国的总抓手。法治道路和法治体系的提出是中国人在法治实践中运用中国特色社会主义理论自主形成的法治理论，是运用实践智慧将法治普遍规律与中国国情进行结合的产物。

其二，以人民为中心的法治理念。人民民主是社会主义的生命。“必须坚持法治为了人民、依靠人民、造福人民、保护人民”②。以人民为中心的法治理念不仅是中国共产党全心全意为人民服务的体现，也是中国特色社会主义法治文化屹立于世界法治文化之中的鲜明品格。

其三，依法治国与以德治国相结合的治理理念。法律与道德的关系是法治的经典问题，不同国家的法治理论对此问题的回答形成了多种多样的法学流派。道德是中国文化中的重要规范资源，经过中国人的实践智慧也成为现代法治的伦理基础。法律是成文的道德，道德是内心的法律，将依法治国与以德治国相结合是中国法治理论的创造。

其四，法治中国的文化主体性意识。文化的主体性意识是一种文化区别于其他文化的自我意识，是形成文化自觉、文化自信和文化自强的前提。历史上那些高度繁荣的文化都有着鲜明的主体性意识和自主性。法治中国的提出是新时代中国特色社会主义法治理论的重大创新，明确了中国未来法治建设的战略目标和科学定位，是一个极具文化主体性意识的理论概念。

---

① 习近平：《加快建设社会主义法治国家》，《求是》2015 年第 1 期。

② 习近平：《加快建设社会主义法治国家》，《求是》2015 年第 1 期。

三、法治宣传教育和法治人才体现建构成效

从法治宣传教育和法治人才来看，中国的法治文化建构成效显著。法治宣传教育是中国法治文化建构的重要事项。尽管对于普法的法治意义和实效学界评价不一，但仅用20年时间就将法律面前人人平等的法治理念转为全民共识就已经是了不起的成就。对于后发型法治国家而言，时间本身就是法治建设的成本，普法活动为民众了解法治常识创造了条件，对短时间内推进法治文化的确起到了推动作用。

专业化的法律职业群体是推动法治文化形成的重要力量，法学教育和法律职业群体的专业化、规模化促进了法治人才的形成。截至2017年，我国开设法学本科专业的高校627所，[①] 已经完成了法学教育从数量到质量的转变，逐步形成中国模式的法学教育。[②] 近年来，法律顾问和律师在保证行政决策的合法性中也发挥着越来越重要的作用。2018年3月的统计数据显示，“全国共有超过8000家党政机关、人民团体设立了公职律师，公职律师总人数达到3万余人，比2017年底增长近50%；全国省、市、县三级政府法律顾问也已基本实现全覆盖”[③]。

四、法治文化建构的动力来源

不同的法治文化虽有一定差异，但在总体精神品格上是具有相当程度共性的。法律文化研究先驱弗里德曼在20世纪90年代曾专门论述过现代法律文化的特质，并将其概括为六个方面：(1) 法律体系和社会制度都处于快速的发展之中；(2) 国家法是密集和无所不在的；(3) 法治的合法性依据是工具性的；

---

① 参见张文显：《中国法治40年：历程、轨迹和经验》，《吉林大学社会科学学报》2018年第5期。

② 参见徐显明等：《改革开放四十年的法学教育》，《中国法律评论》2018年第3期。

③ 张维：《五年间法治政府建设提档增速　法治政府建设已到“精耕细作”时》，《法制日报》2018年3月8日。

(4) 对基本权利的热烈信仰；(5) 个人主义是基础条件；(6) 法律文化趋向于全球化。[①] 这一概括与韦伯现代法治的精神与西方工业文明、市民精神法律文化现代化、工业化和西方化等要素一定时期以来，现代化、西方化和法治化之间的关联性甚至通约性似乎是不证自明的。

法治文化是一种现代的法律文化。法治文化的建构自始与现代社会的转型关联密切。韦伯、涂尔干包括马克思在内的古典社会学大师都曾洞察到法律的进化问题，并采用社会进化论的观点分析法律与现代性的关系。例如，韦伯曾分析前革命时期理性主义现代国家的法典编纂和革命时期的法典编纂都是从自然法信条中获得正当性，而随着法律实证主义和法律职业的发展，自然法逐步丧失了为法律制度提供基本依据的所有能力。[②] 由此，法律不再被自然法这类高阶规范所决定，而是根据法律与社会的关系来决定。法律与社会之间存在着因果关系，法律风格的基本变化由社会的结构变迁来决定。

在现代化进程中，传统的社会逐步瓦解并转变为复杂的功能分化社会。经济活动的复杂性和社会行为的理性化促进了社会的变迁。社会迅速增长的复杂性对法律提出了新的要求，法律必须变得更具可变性以适应多变的条件和结构。从根本上来说，法治文化的建构是传统社会向现代社会的转型过程发生的文化变迁。这一过程肇始于西方工业文明的萌生，在全球化推动下波及世界其他国家和地区。

法治文化的建构受到多种因素的影响。在理解文化和社会变动的关系上，结构功能主义大师帕森斯的行动总系统提供了一种理论模型。行动总系统（AGIL）包括文化系统、社会系统、行为有机体和个性系统四个子系统，而人类的交互行动构成了社会系统的基本单位。AGIL 之间存在着同时的、多向的交换关系，系统的存续必须始终能够解决 AGIL 四个方面的问题。由于行为有机体和个性系统反映的是人的自然属性和社会属性，因此 AGIL 实际反映的即

---

① See Lawrence M. Friedman, *Is There Legal Culture?* Ratio Juris Vol.7, No.2 July, 1994, p.117.

② ［德］马克斯·韦伯：《经济与社会》，阎克文译，上海人民出版社 2020 年版，第 1222—1224 页。

文化、社会和人的三者关系。文化作为一个因变量，始终面临系统内部的变化和系统外部的输入，人的互动行为和社会的变迁构成了文化系统发生变迁的外部因素。

关于法治文化建构的动力来源，弗里德曼早先的论述仍不乏洞见。在法律如何回应社会变迁的问题上，弗里德曼将法律体系构想为一个系统，通过输入和输出处理社会势力的压力和人们的利益诉求。“法律不是独立的强大势力，而是要对外界压力做出反应，从而反映施加压力的社会势力的愿望和力量。”① 法律文化则起到了调节作用，决定了哪些社会势力的愿望和力量能够得到法律的回应。而后发国家的法治文化建构则不仅面临被迫现代的境遇，也需同时应对一定后现代的危机。在法治的内部，法治的制度、体制和文化之间具有复杂的协调和配合机制；而在法治的外部，社会则可能对法治以及法治中任何一种构成要素形成社会压力。

在法社会学看来，法律文化是能够进化的。法律与一定社会秩序相适应，社会秩序、社会结构的变迁促使法律随之发生改变。法律制度以及与法律制度相适应的法律文化也因此发生变迁和进化。无论何种原因引发的法治文化建构，建构动力最终还是来自社会内部人的利益需要和互动行动。因此，社会中的人及互动行为构成了中国法治文化建设的最终动力来源。

根本而言，法治的意义不仅在于为人类社会提供了规则有序的生活，更在于人类所追求的良善价值依系法治得以不断实现。这也赋予了法治更多的文化意义。中国法治文化的发展过程由人为建构起步和推动，在吸收中国传统文化有益成分并借鉴世界法治文化优秀成果的基础上，随着法治制度和法治体制的建立逐渐形成了内生性发展的经验基础。在过去的法治文化实践中，中国人以政治先导、公众主体、德法共治和实践理性等方式实现了法治文化建构的显著成效，在未来发展导向上仍然显示出强大的建构意味。对过去实践经验的总结

① ［美］弗里德曼：《法律制度》，李琼英、林欣译，中国政法大学出版社 2004 年版，第 4 页。弗里德曼书原文为 legal system 而非 legal institution，译本中翻译为法律制度实际应为法律体系更准确。

形成模式化的思考，有助于我们对于法治文化建构规律的探寻。同时，我们也应当清晰地认识到文化的萌发、生成、发展和繁荣皆由人的实践产生，法治文化的建构离不开法治的实践，也不可能完全超越于法治的实践。

中国的法治还有很长的路要走，这也意味着法治文化建构的模式仍在形成之中。法治文化建构的中国模式不应成为束缚未来发展的教条，恰恰是不墨守成规、保持文化的开放性姿态造就了中国法治文化既往的成就。我们期待着法治文化建构的未来。

参考文献

一、经典文献

《马克思恩格斯全集》第 42 卷，人民出版社 1979 年版。

《马克思恩格斯全集》第 3 卷，人民出版社 2002 年版。

《马克思恩格斯选集》第 3 卷，人民出版社 2012 年版。

《列宁全集》第 31 卷，人民出版社 2017 年版。

《列宁全集》第 32 卷，人民出版社 1958 年版。

《毛泽东文集》第 7 卷，人民出版社 1999 年版。

《习近平谈治国理政》第一——四卷，外文出版社 2018、2017、2020、2022 年版。

《习近平关于全面依法治国论述摘编》，中央文献出版社 2015 年版。

《论坚持全面依法治国》，中央文献出版社 2020 年版。

《习近平法治思想学习纲要》，人民出版社、学习出版社 2021 年版。

二、研究性著作

袁贵仁：《马克思主义人学理论研究》，北京师范大学出版社 2012 年版。

李龙：《人本法律观研究》，中国社会科学出版社 2006 年版。

韩庆祥：《人学：人的问题的当代阐释》，云南人民出版社 2001 年版。

梁漱溟：《人心与人生》，学林出版社 1984 年版。

张文显：《法哲学范畴研究》（修订版），中国政法大学出版社 2001 年版。

舒国滢：《法哲学沉思录》，北京大学出版社 2010 年版。

陈瑞华：《论法学研究方法》，北京大学出版社 2009 年版。

胡玉鸿：《法学方法论导论》，山东人民出版社 2002 年版。

王铭铭：《文化格局与人的表述：当代西方人类学思潮评介》，天津人民出版社 1997 年版。

司马云杰：《文化社会学》，山东人民出版社 1987 年版。

张岱年、程宜山:《中国文化精神》，北京大学出版社 2015 年版。
钱穆:《中国文化精神》，九州出版社 2017 年版。
楼宇烈:《中国文化的根本精神》，中华书局 2016 年版。
高鸿钧:《法律文化读本》，清华大学出版社 2016 年版。
张中秋:《比较视野中的法律文化》，法律出版社 2003 年版。
刘作翔:《法律文化理论》，商务印书馆 1999 年版。
俞荣根:《文化与法文化》，法律出版社 2003 年版。
梁治平:《法意与人情》，中国法制出版社 2004 年版。
何勤华:《法律文化史谭》，商务印书馆 2004 年版。
曾宪义:《法律文化研究》，中国人民大学出版社 2006 年版。
信春鹰:《全球化与多元法律文化》，社会科学文献出版社 2007 年版。
范忠信:《中西法文化的暗合与差异》，中国政法大学出版社 2001 年版。
梁治平:《寻求自然秩序中的和谐》(修订版)，中国政法大学出版社 2002 年版。
吴秋林:《文化基因论》，商务印书馆 2017 年版。
杨鸿烈:《中国法律思想史》，商务印书馆 2017 年版。
沈家本:《历代刑法考》，中华书局 1985 年版。
何勤华:《西方法学名著述评》，武汉大学出版社 2007 年版。
俞荣根:《儒家法思想通论》(修订本)，商务印书馆 2018 年版。
张晋藩:《中国法制通史》，法律出版社 1999 年版。
何勤华:《法律文化史研究》，商务印书馆 2004 年版。
何勤华:《法律文明史》(第 7 卷)，商务印书馆 2019 年版。
武树臣:《中国传统法律文化》，北京大学出版社 1994 年版。
张晋藩:《中华法系的回顾与前瞻》，中国政法大学出版社 2007 年版。
李贵连:《1902：中国法的转型》，广西师范大学出版社 2018 年版。
郝铁川:《法治随想录：法治如何变革中国》，中国法制出版社 2016 年版。
蔡定剑:《历史与变革：新中国法制建设的历程》，中国政法大学出版社 1999 年版。
季卫东:《法治秩序的建构》，中国政法大学出版社 1999 年版。
周世中:《法的合理性研究》，山东人民出版社 2004 年版。
高鸿钧:《法治：理念与制度》，中国政法大学出版社 2002 年版。
苏力:《也许正在发生：转型中国的法学》，法律出版社 2004 年版。
吴玉章:《法治的层次》，清华大学出版社 2002 年版。
王人博:《法治论》(第 2 版)，山东人民出版社 1998 年版。
程燎原:《法治与政治权威》，清华大学出版社 2001 年版。
李林:《中国特色社会主义法治发展道路》，中国法制出版社 2017 年版。
潘维:《信仰人民：中国共产党与中国政治传统》，中国人民大学出版社 2017 年版。

林聚任：《西方社会建构论思潮研究》，社会科学文献出版社 2016 年版。

杨昌宇：《俄罗斯法治进程中的文化影响力研究》，法律出版社 2016 年版。

苏力：《送法下乡：中国基层司法制度研究》，中国政法大学出版社 2000 年版。

何帆：《大法官说了算：美国司法观察笔记》，中国法制出版社 2016 年版。

王利明：《司法改革研究》（第 2 版），法律出版社 2001 年版。

高其才：《多元司法：中国社会的纠纷解决方式及其变革》，法律出版社 2009 年版。

江必新：《辩证司法观及其应用》，中国法制出版社 2014 年版。

罗荣渠：《现代化新论：世界与中国的现代化进程》，商务印书馆 2004 年版。

燕继荣：《国家治理及其改革》，北京大学出版社 2015 年版。

俞可平：《中国如何治理？通向国家治理现代化的道路》，外文出版社 2018 年版。

程曼丽：《对外传播及其效果研究》，北京大学出版社 2011 年版。

刘小燕：《政府对外传播》，中国大百科全书出版社 2010 年版。

三、翻译性著作

[美] 罗斯科・庞德：《法理学》，余履雪译，法律出版社 2007 年版。

[美] 罗斯科・庞德：《法律与道德》，陈林林译，中国政法大学出版社 2003 年版。

[英] 约瑟夫・拉兹：《法律的权威：法律与道德论文集》，朱峰译，法律出版社 2005 年版。

[美] 塞缪尔・亨廷顿、劳伦斯・哈里森：《文化的重要作用：价值观如何影响人类进步》，程克雄译，新华出版社 2010 年版。

[美] 克拉克・威斯勒：《人与文化》，钱岗南、傅志强译，商务印书馆 2004 年版。

[美] 克利福德・格尔茨：《文化的解释》，韩莉译，译林出版社 2014 年版。

[德] 安斯加・纽宁维拉・纽宁：《文化学研究导论：理论基础・方法思路・研究视角》，闵志荣译，南京大学出版社 2018 年版。

[美] 托比・米勒：《文化研究指南》，王晓璐译，南京大学出版社 2018 年版。

[美] 沃斯诺尔：《文化分析》，李卫民、闻则思译，上海人民出版社 1990 年版。

[英] 菲利普・史密斯：《文化理论：导论》，张鲲译，商务印书馆 2008 年版。

[英] 马克・J. 史密斯：《文化：再造社会科学》，张美川译，吉林人民出版社 2005 年版。

[美] 杰里・D. 穆尔：《人类学家的文化见解》，欧阳敏、邹乔、王晶晶译，商务印书馆 2009 年版。

[美] 克利福德・格尔茨：《地方知识：阐释人类学论文集》，杨德睿译，商务印书馆 2016 年版。

[英] 托尼・本尼特：《本尼特：文化与社会》，王杰强、东红等译，广西师范大学出版社 2007 年版。

[美] 戴维・斯沃茨：《文化与权力：布尔迪厄的社会学》，陶东风译，译文出版社 2006 年版。

［美］迈克尔·科尔：《文化心理学：历史与未来》，洪建中、张春妹译，人民出版社2018年版。

［美］保罗·卡恩：《法律的文化研究：重构法学》，康向宇译，中国政法大学出版社2018年版。

［荷］弗雷德·布鲁因斯、［意］戴维·奈尔肯：《法律文化之追寻》，马明辉、李霞译，清华大学出版社2011年版。

［意］D.奈尔肯编：《比较法律文化论》，高鸿钧译，清华大学出版社2003年版。

［比］马克·范·胡克：《比较法的认识论与方法论》，魏磊杰、朱志昊译，法律出版社2012年版。

［德］伯恩哈德·格罗斯菲尔德：《比较法的力量与弱点》，孙世彦、姚建宗译，清华大学出版社2002年版。

［法］皮埃尔·勒格朗、［英］罗德里克·芒迪：《比较法研究：传统与转型》，李晓辉译，北京大学出版社2011年版。

［英］约翰·贝尔：《法国法律文化》，康家昕、周青阳、李鹿野译，清华大学出版社2012年版。

［加］帕特里克·格伦：《世界法律传统：法律的持续多样性》，李立红、黄英亮、姚玲译，北京大学出版社2009年版。

［美］卜德克拉伦斯·莫里斯：《中华帝国的法律》，朱勇译，中信出版社2016年版。

［日］千叶正士：《法律多元：从日本法律文化迈向一般理论》，强世功等译，中国政法大学出版社1997年版。

［英］约翰·贝尔：《法国法律文化》，康家昕、周青阳、李鹿野译，清华大学出版社2012年版。

［德］弗朗茨·维亚克尔：《近代私法史：以德意志的发展为观察重点》，陈爱娥、黄建辉译，上海三联书店2006年版。

［德］赖因哈德·齐默尔曼：《罗马法、当代法与欧洲法：现今的民法传统》，常鹏翱译，北京大学出版社2009年版。

［德］罗尔夫·克尼佩尔：《法律与历史：论德国民法典的形成与变迁》，朱岩译，法律出版社2003年版。

［美］萨利·安格尔·梅丽：《诉讼的话语：生活在美国社会底层人的法律意识》，郭星华、王晓蓓、王平译，北京大学出版社2007年版。

［美］戴维·奥布莱恩编：《法官能为法治做什么：美国著名法官讲演录》，何帆译，北京大学出版社2015年版。

［美］约翰·H.威格摩尔：《世界法系概览》，何勤华译，上海人民出版社2004年版。

［英］尼尔·麦考密克奥塔·魏因贝格尔：《制度法论》，周叶谦译，中国政法大学出版社1994年版。

[日] 川岛武宜:《现代化与法》，申政武译，中国政法大学出版社 1994 年版。

[美] 劳伦斯·M. 弗里德曼:《法律制度：从社会科学角度观察》，李琼英、林欣译，中国政法大学出版社 1994 年版。

[美] 弗朗西斯·福山:《国家构建：21 世纪的国家治理与世界秩序》，郭华译，学林出版社 2017 年版。

[美] 约翰·J. 麦休尼斯:《社会学》，风笑天等译，中国人民大学出版社 2015 年版。

[英] 安东尼·吉登斯:《社会的构成：结构化理论纲要》，李康、李猛译，中国人民大学出版社 2016 年版。

[德] 马克斯·韦伯:《社会学的基本概念》，胡景北译，上海人民出版社 2020 年版。

[德] 斐迪南·滕尼斯:《社会学引论》，林荣远译，中国人民大学出版社 2016 年版。

[美] 彼得·L. 伯格托马斯·卢克曼:《现实的社会建构：知识社会学论纲》，吴肃然译，北京大学出版社 2019 年版。

[美] 爱德华·希尔斯:《社会的构建》，杨竹山、张文浩、杨琴译，南京大学出版社 2017 年版。

[美] 塔尔科特·帕森斯:《社会行动的结构》，张明德、夏遇南、彭刚译，译林出版社 2012 年版。

[奥]尤根·埃利希:《法律社会学基本原理》，叶名怡、袁震译，九州出版社 2007 年版。

[德] 卡尔·曼海姆:《重建时代的人与社会：现代社会结构研究》，张旅平译，译林出版社 2011 年版。

[美] 奥斯汀·萨拉特帕特、丽夏·尤伊克:《法社会学手册》，王文华、刘明、刘冬影等译，法律出版社 2019 年版。

[德] 托马斯·莱赛尔:《法社会学基本问题》，王亚飞译，法律出版社 2014 年版。

[美] 唐·布莱克:《社会学视野中的司法》，郭星华等译，法律出版社 2002 年版。

[美] 卡多佐:《司法过程的性质及法律的成长》，张维编，北京出版社 2012 年版。

四、论文

汪太贤:《论中国法治的人文基础重构》，《中国法学》2001 年第 4 期。

夏新华:《德国法律文化的特性》，《德国研究》2005 年第 4 期。

李德顺:《法治文化论纲》，《中国政法大学学报》2007 年第 1 期。

周叶中、祝捷:《论中国特色社会主义法治文化》，《武汉大学学报（哲学社会科学版）》2008 年第 7 期。

李林:《社会主义法治文化概念的几个问题》，《武汉大学学报（哲学社会科学版）》2008 年第 7 期。

缪蒂生:《论中国特色社会主义法治文化》，《中共中央党校学报》2009 年第 8 期。

韩大元:《亚洲文化多样性与人权发展》，《人权》2009 年第 2 期。

刘斌:《中国当代法治文化的研究范畴》,《中国政法大学学报》2009 年第 6 期。
刘斌:《法治的人性基础》,《中国政法大学学报》2008 年第 2 期。
刘作翔:《法治文化的几个理论问题》,《法学论坛》2012 年第 1 期。
王金霞:《论当代中国的法治文化概念》,《中国政法大学学报》2014 年第 1 期。
舒国滢、冯洁:《作为文明过程的法治》,《中共中央党校学报》2015 年第 2 期。
郑永流:《“中国问题”及其法学辨析》,《清华法学》2016 年第 2 期。
杨建军:《西方法治的文化成因》,《法律科学》2017 年第 3 期。

结　语

法治强国，是中国现代化进程中始终追求的目标。按照当今世界的理解，强国既不是依靠地理广袤，也不是依靠人口众多，而是以文化为代表的软实力作为支撑。文化是衡量一个国家是否是强国的重要尺度。法治文化是法治的灵魂。社会主体成为法治的忠实崇尚者、自觉遵守者、坚定捍卫者，是建立起法治强国的文化基础。

法治文化是法治中国建设重要的文化支撑。2014 年，《中共中央关于全面推进依法治国若干重大问题的决定》提出“弘扬社会主义法治精神，建设社会主义法治文化”，突显出法治中国建设中弘扬法治文化的时代背景和实践意义。一是中国的法治文化不同于西方的法治文化，坚持以人民为中心诠释了中国特色社会主义法治的本质要求及其区别于西方资本主义国家法治的根本所在。二是中国的法治文化不同于中华优秀传统法律文化，是在传承中华优秀传统法律文化基础上，从中国革命、建设、改革的实践中探索，同时借鉴国外法治有益成果形成的现代法律文化。

中国与世界、传统与现代，构成了当代中国法治文化建设的时空维度。法治强国的目标、法治现代化的时空压缩，都决定了中国的法治文化建设是不同于其他国家的实践探索。中国文化是一种“内求”的文化。文化的一切问题皆由“人”而起，又皆可由“人”而解。人即主体，是法治文化研究的重要视角。主体构成了理解法治文化概念、观察法治文化建设实践、建构法治文化理论以及连接法治文化与其他法学概念的核心。主体包括作为个体、群体和社会整体的人。个体的人是法律概念的基点，也是理解法治文化的最小单元。两个以上的个体之间的交互行为构成了主体—文化系统的基本单元，是观察法治文化建设实践的有效方法。群体的人是开展法治文化研究的常用视角，对政党、政府、法律人阶层、青年群体等特定主体的关注为发现法治文化的建设实效提供了基本的社会经验。社会整体的人是抽象意义上的主体概念，是理解中国法治文化"以人民为中心"价值追求的关键。

基于主体视角、以人的人性和人的权利为基点，为我们开启了一条理解法治文化的全新窗口。世界范围内，法治文化的多样性根源于法律对人的人性、人的本质以及人情的理解迥然不同，由此建构起人的权利体系也必然形成差异。在文化多元和文化交锋的现实之下，主体不仅是汇通中国近代以来吸收多元法治文化的基础，也是连接法治文化中传统与现代的核心枢纽，更是实现当代法治文化认同的根本要素。在法治强国的追寻中，人的现代化决定了一个现代社会的实际样貌，决定了国家治理现代化意欲实现的善治目标。在此实践中，中国逐步形成了以主体为核心，以主体自上而下和自下而上的社会互动为主线的法治文化建构模式。

形成强大的法治文化才算得上真正的法治强国。强大的法治文化依赖于中国法治向世界展现出中国独特的文化内涵和价值观。这一目标，不仅是近代以来以法救国的知识分子在文化之争中艰苦寻求的答案，亦是当代每一个致力于建构"成熟中国法学"的研究者所努力追求的学术贡献。学术是时代的文化精华。法学研究能做的仅仅只能是观察、总结以及引导中国的法治文化。而广泛的社会主体才是中国法治文化生成、发展和繁荣的根基，以主体为视角研究法治文化的空间仍然十分广阔。目前，世界正经历百年未有之大变局，我国发展处于重要战略机遇期，建成法治国家、法治政府、法治社会，实现中华民族伟大复兴，离不开法治文化的复兴。中华民族历史上最繁盛的时代也是中华法系在世界范围内最具有文化影响力的时代。要让中国法治文化传承中华优秀传统法律文化、为法治中国提供强大的精神动力，必须充分发挥法治文化的支撑作用、夯实治国理政的法治文化基础。在一定意义上可以说，中国的法治文化重新回到世界法治发展的舞台中央之时，也就意味着中国进入了法治强国行列。

后　记

本书是近年来我关于法治文化的研究积累。基于主体研究法治文化，源于我此前的学术积累和社会观察。2017 年，我由一名法学专业教师调入北京外国语大学马克思主义学院工作。也是在这一年，我开始了法治文化的理论研究。博士期间，我的研究方向为人权法。因此，“人”，“人”的本质、本性和权利等问题一直是我的研究兴趣。文化的核心是人，由对“人”的关注转向对法治文化的关注似乎是必然的。但或许，又是工作和生活中一系列的偶然观察和思考促成了这种必然。我在学校主要教授的是《思想道德与法治》这类公共课，也曾开设过《人权与法律文化》这样的研讨课。这类课程的教学对象与法学专业教育具有鲜明的差别，其功能大抵是对大学生展开的一场普法活动。这些教学工作也给我提供了一种理解和观察普通人（常人）的法治认知和法治意识的可能性。我发现，那些法律人认为理所当然的法治理想与普通人的法治理想之间是存在一定鸿沟的。过去，法学研究往往将这种鸿沟定义为“公众的法治意识普遍偏低”。而事实上，以这一论断解释法治中国建设当下的普通人观念，甚至是高校学生群体对法治理想的认知，显然过于简单化了。由此，我开始思考法治共识、法治文化认同等问题，并逐渐拓展至法治文化的其他方面。可以说，我是基于对“人”的观察经验开始、并由“人”为视角打开了法治文化研究的一道窗口。

举凡文化研究者，定是饱读诗书、涉猎极广的大家。对青年学者而言，参与法治文化研究注定了难以在短时间内形成丰厚的成果。同时，法治文化研究又是一项交叉学科的研究。文化学、社会学、人类学、文化哲学和文化社会学等都是法治文化研究必不可少的“知识补给”。这几年来，研究和教学的需要都决定了我的阅读和认知从法学理论逐渐拓展到其他社会科学领域。有时候也会为自己似乎丢失了法律人常有的那类精英锋芒而怅惘，有时候又觉得自己似乎正跳出了法律系统的自我观察、进行着法律系统的自我描述。所幸，为此项研究的努力还是收获了一些成果的。这本《基于主体视角的法治文化建设研究》，正是我对法治文化一些初步研究所得。

法治现代化是中国现代化的组成部分。身处这一现代化进程之中，我们每一个人都有机会观察并思考法治之于当代中国的意义。对“人”的本质、本性和人情的关注，牵引着我基于主体视角对当代中国的法治文化展开了这样一场观察、分析和思考，期望这些用心耕耘的文字能够对法治文化研究有所助益。

最后，感谢我的家人，让我一直在呵护和关爱中进行写作；感谢北外，为青年教师的发展提供了宽广的平台和支持；感谢齐延平老师、李洪雷老师、吴岩老师、吴以扬老师、于贺清老师和张琮军老师，在我从事法治文化研究的过程中给予了我无私的指导和鼓励；感谢王若磊教授、林珊珊博士给予的学术之谊，让我在学术之路上体会到友爱和温暖，感谢责任编辑余平为本书出版的辛苦付出。

王曼倩

2023 年 3 月于北外国内大厦

责任编辑：余　平
封面设计：姚　菲

图书在版编目（CIP）数据

基于主体视角的法治文化建设研究 / 王曼倩 著．— 北京：人民出版社，2023.6
ISBN 978 − 7 − 01 − 025917 − 8

I. ①基…　II. ①王…　III. ①社会主义法制 − 建设 − 研究 − 中国　IV. ① D920.0
中国国家版本馆 CIP 数据核字（2023）第 165677 号

基于主体视角的法治文化建设研究
JIYU ZHUTI SHIJIAO DE FAZHI WENHUA JIANSHE YANJIU

王曼倩　著

人民出版社 出版发行
（100706　北京市东城区隆福寺街 99 号）

北京新华印刷有限公司印刷　新华书店经销

2023 年 6 月第 1 版　2023 年 6 月北京第 1 次印刷
开本：710 毫米 ×1000 毫米 1/16　印张：17.75
字数：231 千字

ISBN 978 − 7 − 01 − 025917 − 8　定价：68.00 元

邮购地址 100706　北京市东城区隆福寺街 99 号
人民东方图书销售中心　电话（010）65250042　65289539